Entre a Moral e o Direito

A CONTRIBUIÇÃO DE KELSEN, DWORKIN, HART E MACCORMICK

2022

Melanie Merlin de Andrade

ALMEDINA

ENTRE A MORAL E O DIREITO
A CONTRIBUIÇÃO DE KELSEN, DWORKIN, HART E MACCORMICK
© Almedina, 2022
AUTOR: Melanie Merlin de Andrade

DIRETOR ALMEDINA BRASIL: Rodrigo Mentz
EDITORA JURÍDICA: Manuella Santos de Castro
EDITOR DE DESENVOLVIMENTO: Aurélio Cesar Nogueira
ASSISTENTES EDITORIAIS: Isabela Leite e Larissa Nogueira
ESTAGIÁRIA DE PRODUÇÃO: Laura Roberti

DIAGRAMAÇÃO: Almedina
DESIGN DE CAPA: Roberta Bassanetto

ISBN: 9786556276229
Setembro, 2022

Dados Internacionais de Catalogação na Publicação (CIP)
(Câmara Brasileira do Livro, SP, Brasil)

Andrade, Melanie Merlin de
Entre a moral e o direito : a contribuição de Kelsen, Dworkin, Hart e MacCormick / Melanie Merlin de Andrade. -- São Paulo, SP : Almedina, 2022.

Bibliografia.
ISBN 978-65-5627-622-9

1. Direito 2. Direito constitucional 3. Direito e ética 4. Direito - Aspectos morais e éticos 5. Pluralismo jurídico 6. Positivismo jurídico I. Título.

22-115151 CDU-34:17

Índices para catálogo sistemático:
1. Direito e ética 34:17
Eliete Marques da Silva - Bibliotecária - CRB-8/9380

Universidade Católica de Brasília – UCB
Reitor: *Prof. Dr. Ricardo Pereira Calegari*
Pró-Reitora Acadêmica: *Profª Drª Regina Helena Giannotti*
Pró-Reitor de Administração: *Prof. Me. Edson Cortez Souza*
Diretor de Pós-Graduação, Identidade e Missão: *Prof. Dr. Ir. Lúcio Gomes Dantas*
Coordenador do Programa de Pós Graduação em Direito: *Prof. Dr. Maurício Dalri Timm do Valle*
Editor-Chefe do Convênio de Publicações: *Prof. Dr. Marcos Aurélio Pereira Valadão*

Este livro segue as regras do novo Acordo Ortográfico da Língua Portuguesa (1990).

EDITORA: Almedina Brasil
Rua José Maria Lisboa, 860, Conj.131 e 132, Jardim Paulista | 01423-001 São Paulo | Brasil
www.almedina.com.br

Entre a Moral e o Direito

Dedico este livro ao Professor Cesar Antonio Serbena,
que ensina diariamente às suas alunas e aos seus alunos
o verdadeiro significado da palavra Mestre.

Eu, que nada mais amo
Do que a insatisfação com o que se pode mudar
Nada mais detesto
Do que a insatisfação com o que não se pode mudar

(Bertold Brecht)

APRESENTAÇÃO

SOBRE A MORALIDADE INSTITUCIONAL[1]

J.J. Moreso[2]

Em novembro de 2020, tive a sorte de participar como membro da Banca no ato solene de leitura da tese de doutorado de Melanie Merlin de Andrade, graças ao convite do professor Cesar Antonio Serbena, o orientador do trabalho. Também conheci a nova doutora em setembro de 2018, em uma visita pelo período de uma semana a Curitiba, mais uma vez a convite do meu amigo Cesar, ocasião em que ministrei um curso e vários colegas brasileiros, entre os quais Melanie, discutiram gentilmente algumas de minhas ideias.[3] Portanto, o convite para escrever este prefácio é o meu terceiro convite curitibano. E, de verdade, estou muito agradecido por isso. Recordo-me com saudades daquela semana no sul do Brasil, quc coincidiu com a pré-campanha eleitoral à presidência que tão comentada foi e ainda é no mundo; aliás enquanto eu estava em Curitiba, na Faculdade de Direito da Universidade Federal do Paraná, o professor Noam Chomsky

[1] Prefácio traduzido para a língua portuguesa por Melanie Merlin de Andrade, com revisão de Cesar Antonio Serbena e aprovação de J. J. Moreso.

[2] J.J. Moreso, Catedrático de Filosofía del Derecho. Universitat Pompeu Fabra, Barcelona (España). *e-mail:* josejuan.moreso@upf.edu.

[3] Cesar e a *Universidade Federal do Paraná* decidiram realizar uma publicação desse evento: C.A. Serbena (ed.), ***Colloquia Philosophica***. *Diálogos com Josep J.* Moreso, Curitiba: Universidade Federal do Paraná, 2019.

também esteve na cidade para visitar seu amigo Lula da Silva, encarcerado na mesma cidade. Mas vou contar uma anedota mais acadêmica: em uma manhã antes das aulas, perdi-me em um mercadinho em frente à Faculdade, onde vendiam livros, e ali adquiri um libro do grande lógico Willard van Orman Quine, a sua primeira contribuição para a lógica, que foi escrita em português e publicada pela primeira vez em 1944.[4] Sabia da existência desse livro, porém nunca o tinha visto, e agora está em minha biblioteca.

No átrio do libro de Melanie, o que há que se assinalar primeiro é que quem adentrar em suas páginas encontrará uma apresentação muito articulada e perspícua de alguns dos debates mais relevantes da filosofia jurídica contemporânea. Do positivismo jurídico de Hans Kelsen à teoria institucional do direito de Neil MacCormick. Uma visita altamente recomendada. Todavia, a tese não somente contém esse atrativo *sightseeing*, mas também inclui a defesa de uma posição própria: a concepção da *moralidade institucional* como pano de fundo que há de permitir a adequada interpretação e aplicação do direito em conformidade com a constituição. Uma defesa que a autora reconstrói a partir das ideias de MacCormick[5] e, pelo que sou muito grato, pelas minhas próprias.[6]

Neste prefácio, tratarei de dizer algo sobre a moralidade institucional, algo que deve ser lido como algumas anotações à margem do texto de Melanie, que consegue precisar essa noção e torná-la útil, creio eu, para iluminar as questões de interpretação e aplicação do direito, para nos oferecer uma visão mais robusta do raciocínio judicial.

Como bem explica a autora em seu livro, no âmbito do que se conhece como *positivismo jurídico inclusivo*, que eu tenho reivindicado e reivindico,[7] defende-se a chamada *tese da incorporação* (*'ethica more iuridico incorporta'* como eu tenho dito muitas vezes), que podemos formular [do seguinte modo]:

> Quando as fontes do direito (a Constituição, a legislação, os precedentes judiciais) incluem considerações morais, o que o direito estabelece tem de ser identificado por meio do uso da argumentação moral.

[4] Willard v.O. Quine, **O sentido da nova lógica**, 1 ed. 1944, Curitiba: Editora UFPR, 1996.

[5] Vide, por exemplo, Neil MacCormick, ***Instiutions of Law.*** *An essay in Legal Theory,* Oxford: Oxford University Press, 2007.

[6] Pode-se ver: J.J. Moreso, ***Lo normativo: variedades y variaciones.,*** Madrid: Centro de Estudios Políticos y Constitucionales, 2020.

[7] Por exemplo, J.J. Moreso, ***La Constitución: modelo para armar***. Madrid: Marcial Pons, 2009.

Duas objeções, conectadas entre si, que são colocadas frente a esta tese são as seguintes: a) Não há uma moral, mas sim muitas morais e, portanto, o que o direito resulta nesses casos radicalmente indeterminado e b) A remissão à moralidade produz um incremento insuportável do ativismo judicial, dado que os juízes em tais casos tenderão a impor sua moral pessoal aos demais, algo que, por outro lado concorda mal com a democracia, onde é a maioria legítima que toma as decisões.

É fácil perceber que a segunda objeção pressupõe a primeira. Pressupõe o relativismo na Moral, e que há muitas morais. Por essa razão, a discussão sobre o relativismo que o livro contém é muito oportuna.

Em outros lugares, como nos livros citados nas notas anteriores, critiquei o relativismo moral e defendi um objetivismo moral, a ideia *rawlsiana*, agora que se cumprem cem anos do nascimento do grande John Rawls, de que há princípios e pautas morais que todas as pessoas racionais e razoáveis aceitariam. Esse é o espaço da objetividade. A objetividade não provém de qualquer doutrina compreensiva, nem religiosa, nem secular. Um católico está convencido da verdade da sua doutrina, é óbvio, mas não pode apresentá-la como uma doutrina que todas as pessoas racionais e razoáveis aceitariam, porque os que não são católicos não seriam, em tal caso, tratados com *reciprocidade*. E o mesmo se passa, por exemplo, com um marxista. Tanto uns quanto outros têm de apresentar as suas razões no foro público, de modo que os demais sejam tratados com reciprocidade. Não é que o católico não possa argumentar a favor da penalização do aborto, nem que o marxista não possa argumentar a favor da socialização dos meios de produção. Podem fazê-lo, mas devem fazê-lo com argumentos que outros possam aceitar, com argumentos não partidários.

Como é que isto pode ser feito? Bem, esta é precisamente a função da *moralidade institucional*. A moralidade institucional é aquele conjunto de pautas morais que está pressuposto por nossa prática constitucional e que é capaz de constituir-se no conteúdo do que John Rawls precisamente denomina *a razão pública*[8]. Direi com uma metáfora, a razão pública não impede

[8] Vide, por exemplo, John Rawls, **'The Idea of Public Reason Revisited'**, *The University of Chicago Law Review*, 64 (1997): 765-807. Mas não somente de Rawls, também uma ideia presente em Jürgen Habermas, 'Reconciliation through the Public Use of Reason: Remarks on John Rawls's *Political Liberalism*', ***The Journal of Philosophy***, 92 (1995): 109-131. Tratei de aplicar as ideas de Rawls à argumentação dos juízes recentemente em J.J. Moreso, 'Rawls, El derecho y el hecho del pluralismo', ***Anales de la Cátedra Francisco Suárez***, 55 (2021): 49-74.

que nosso raciocínio ascenda aos conteúdos que procura, mas constitui um filtro: há escadas que estão proibidas, pelas quais não se pode ascender. E, claro, isto limita o tipo de argumentos que os juízes podem oferecer em seus raciocínios, eles não podem introduzir argumentos que deixem de fora de seu âmbito determinadas pessoas, porque a reciprocidade é a medula da razão pública. Portanto, o ativismo judicial resulta limitado, posto no seu lugar, por assim dizer.

Ao final do livro, Melanie aplica estas ideias a alguns casos do raciocínio judicial no Brasil. E o faz de um modo convincente e adequado. Em tempos nos quais a cultura brasileira em geral, e a cultura jurídica em particular, parece terrivelmente dividida, é mais urgente do que nunca a geração de um espaço público das razões, um espaço inclusivo onde as razões de todos sejam levadas em consideração, um espaço que nos ajude a encontrar os conteúdos que nenhuma pessoa, racional e razoável, rejeitaria. E este livro nos ajuda claramente na construção do espaço de uma razão pública para todos.

Barcelona, fevereiro de 2021.

SUMÁRIO

1. INTRODUÇÃO 17

2. A TESE DA SEPARAÇÃO ENTRE A MORAL E O DIREITO 21
2.1. O Positivismo Jurídico Clássico: Uma Introdução 21
2.2. A Posição de Kelsen: Sistema Fechado e Autorreferente 24
2.2.1. Direito como ele é: a Teoria Pura como estrutura social adequada a uma realidade pluralista 24
2.2.2. Norma Jurídica: sua natureza, validade e eficácia 27
2.2.3. A norma fundamental e o sistema dinâmico 30
2.2.4. Direito e moral na Teoria Pura do Direito de Kelsen 31
2.2.5. Interpretação Jurídica 36
2.3. O Positivismo Jurídico de H. L. A. Hart: a Textura Aberta 39
2.3.1. Estrutura do Sistema jurídico: dimensão interna e externa das regras 42
2.3.2. Textura aberta: a virada hermenêutica de Hart 44
2.3.3. A regra de reconhecimento 46
2.3.4. Positivismo e a separação entre direito e moral para Hart 48
2.4. Entre Kelsen e Hart: Semelhanças e Diferenças 52

3. CINDINDO O POSITIVISMO JURÍDICO: O ATAQUE DE DWORKIN AO POSITIVISMO DE HART 61
3.1. O Ataque de Dworkin ao Positivismo Jurídico de Hart 61
3.1.1. A Teoria de Dworkin apresentada em Levando os Direitos a Sério 63
3.1.2. Modelos de regras I e II e princípios na concepção de Dworkin 66
3.1.2.1. O modelo de regras I 67
3.1.2.2. O modelo de regras II 74
3.1.3. "O Império do Direito": refinamento da teoria e defesa do interpretativismo 79

3.1.3.1. Mudança metodológica, "desacordos teóricos", "aguilhão semântico", interpretativismo e integridade do direito 80
3.1.3.2. Interpretativismo e integridade do direito: o método de Hércules 86
3.2. A Resposta de Hart a Dworkin 95

4. A TEORIA DO DIREITO APÓS O ATAQUE DE DWORKIN: O SURGIMENTO DO POSITIVISMO INCLUSIVISTA 111
4.1. Cisão entre Positivismo Jurídico Inclusivo e Exclusivo 111
4.1.1. Positivismo Jurídico Exclusivista 113
4.1.2. Positivismo Jurídico Inclusivista 119

5. O POSITIVISMO INCLUSIVISTA DE MACCORMICK: A MORALIDADE INTITUCIONAL 127
5.1. O Positivismo Inclusivista de Neil MacCormick 129
5.2. Crítica de Maccormick a Dworkin 141
5.3. A Teoria da Moralidade Institucional 148
5.3.1. A moralidade institucional e as pressuposições do Positivismo Jurídico 152
5.3.2. A Racionalidade prática de Maccormick 156

6. PRIMEIROS PASSOS PARA UM INCLUSIVISMO NO BRASIL: A OBJETIVIDADE MORAL E O RESPEITO AO PLURALISMO COMO PRESSUPOSTO À CONSTRUÇÃO DA MORALIDADE INSTITUCIONAL 167
6.1. Moralidade Institucional e Constitucionalismo: a Concepção de Maccormick 167
6.2. Inclusivismo Latino e Constitucionalismo: a Teoria de J. J. Moreso 173
6.3. Pressupostos para a Construção e Identificação da Moral Institucional no Brasil a Partir de Moreso: Objetividade Moral e o Argumento *Reductio ad Ratzingerum* 180
6.4. A Construção da Moral Institucional Pensada para a Realidade Brasileira sob a Ótica das Três Teses Positivistas 190
6.4.1. Tese da separação 193
6.4.2. Tese das fontes sociais 196
6.4.2.1. Um exemplo do problema das fontes sociais no Brasil: o caso do Código Florestal brasileiro, a incoerência e falta de clareza na aplicação legislativa 201
6.4.3. Tese da discricionariedade 207

6.4.3.1. Um exemplo do problema da discricionariedade no Brasil e a disputa de conteúdo dos direitos: o caso das liminares de Lula e Moreira Franco 213
6.5. Positivismo Inclusivista e Moralidade Institucional: Uma Reflexão para o Aperfeiçoamento da Atuação das Cortes Brasileiras 222

7. CONSIDERAÇÕES FINAIS 227

REFERÊNCIAS 231

1
INTRODUÇÃO

Tratar-se-á no presente livro de uma proposta para o início da construção de uma teoria positivista inclusivista mais adequada à realidade brasileira.

Para tanto, apresenta-se inicialmente um percurso do positivismo inclusivista[9], partindo-se do positivismo clássico de Kelsen, talvez o principal positivista jurídico continental, com seu sistema fechado e autorreferente, para então tratar do principal positivista jurídico ânglo-saxão, H. L. A. Hart, e seu conceito de textura aberta do direito. A partir deles é que se fixam as teses positivistas, ou seja, aquelas que são aptas a definir se uma teoria se vincula ou não ao positivismo jurídico.

Em seguida, passa-se a tratar dos ataques formulados ao positivismo de Hart por seu principal opositor: Ronald Dworkin. Este último questiona as teses positivistas e formula uma nova teoria, que ele considera não positivista, acreditando ser mais adequada ao contexto anglo-saxão, ou seja, liberal.

Com isso, apresentamos as respostas de Hart a tais críticas, ao que ele repensa alguns pontos de sua teoria e, a partir desse episódio, que virá a se

[9] Neste trabalho, categorizamos o positivismo jurídico inclusivista (ou incorporacionismo), objeto do trabalho, como uma versão renovada do positivismo jurídico, que se desenvolveu principalmente no âmbito anglo-saxão, entre os discípulos de Hart. Ele surge como uma resposta às críticas de Dworkin a Hart com o objetivo de explicar a presença dos princípios morais nos sistemas jurídicos atuais e acaba sugerindo, de acordo com Etcheverry, que é possível dentro do modelo positivista hartiano que existam sistemas jurídicos cujos critérios de validade *incluam ou incorporem* normas morais substantivas. ETCHEVERRY, Juan B. *El caso del positivismo jurídico incluyente*. ***Persona y Derecho.*** *Revista Semestral de la Facultad de Derecho de Navarra*. Números 67. Navarra: 2012. p. 414.

tornar um posfácio à obra O Conceito de Direito, há uma cisão entre positivistas jurídicos, que passam a se classificar em exclusivistas e inclusivistas. Há aqueles que rejeitam as críticas de Dworkin e reafirmam o positivismo clássico e suas teses principais. São os chamados positivistas exclusivistas. De outro lado, há teóricos que acreditam ser possível acolher determinadas críticas de Dworkin, tal qual feito por Hart, mantendo-se positivista, apesar de permitir uma espécie de atualização do positivismo, ou seja, a despeito de suas diversas manifestações, permitindo a flexibilização da ideia de separação entre direito e moral, autorizando uma relação contingente.

Com esse arcabouço teórico posto, chega-se ao inclusivismo de Neil MacCormick. Para ele, a relação entre direito e moral se dá por meio da ideia de moral institucional. Contudo, tem-se que esse conceito não tem como ser aplicado sem que haja uma adequação para o contexto latino. Afinal, enquanto na Grã-Bretanha e no contexto de *commom law* em geral há um histórico de construção de costumes e uma clareza acerca do pré-compromisso moral das instituições, o Brasil revela uma realidade diferente.

No Brasil, os preceitos morais foram juridicizados e elencados na Constituição de 1988, firmando as bases para a nação que se idealizou após anos de Ditatura Militar. Logo, não se tratou de costume, mas de novos ideais num momento de ruptura. O conteúdo moral dos princípios ainda é objeto de disputa.

Contudo, o problema de não se atentar a essa questão, e de não ser possível identificar uma moral institucional brasileira, acaba por permitir um certo populismo nas instituições, e uma tendência de decidir ao acaso do instável desejo do grupo que está temporariamente no poder.

Nesta obra, formula-se a hipótese de ausência de reconhecimento ou identificação da moralidade institucional brasileira, o que faz com que a intersecção da moral no direito acabe se dando de forma incoerente, ao gosto do grupo político dominante, causando insegurança e incerteza, enfraquecendo as instituições e a compreensão e reconhecimento da seriedade do Estado Brasileiro.

Diante dessa problemática, compreende-se a necessidade de aperfeiçoamento da moral institucional a partir da ideia do também inclusivista espanhol Josep J. Moreso, inserido numa realidade latina de *civil law*, tal qual a brasileira. Logo, considerando que no Brasil pretende-se construir uma moralidade institucional, deve-se atentar a dois pressupostos apresentados por Moreso. O primeiro é o de que é possível a objetividade moral, para além de subjetivismo, e o segundo é que a democracia e o pluralismo são inegociáveis. Logo, aqueles que argumentam de forma a desrespeitar as premissas democráticas e plurais devem ser excluídos do debate público: é o que ele denomina de "Argumento *reduction ad Ratzingerum*".

Então, apresenta-se o comportamento do conceito de moral institucional aperfeiçoado a partir das três teses positivistas: tese da separação, tese das fontes sociais e tese da discricionariedade.

Ao final, formulam-se considerações acerca dos primeiros passos para a construção de um inclusivismo no contexto brasileiro, a partir de todo arcabouço teórico apresentado.

2
A TESE DA SEPARAÇÃO ENTRE A MORAL E O DIREITO

Neste capítulo inicial, tratar-se-á do positivismo jurídico clássico e da teoria de seus principais expoentes: Hans Kelsen e H. L. A. Hart. Ao final do capítulo, será apresentada a relação entre a ideia dos dois jusfilósofos para, então, seguir-se à apresentação do principal crítico do positivismo jurídico: Ronald Dworkin.

2.1. O positivismo jurídico clássico: uma introdução

Neste tópico, cabe-nos apresentar uma introdução ao positivismo jurídico, já que, neste livro, partir-se-á dele, para, então, tratar daquilo que se considera como seu aperfeiçoamento – o positivismo inclusivista – especificamente aquele proposto por Neil MacCormick e por Moreso para analisar o contexto brasileiro.

O positivismo jurídico é uma teoria que surge a fim de combater o jusnaturalismo jurídico que, segundo John Finnis[10] para a *Stanford Encyclopedia of Philosophy*, defende que o direito tem um caráter dual, pressuposto pelo conhecido *slogan* "leis injustas não são direito", ou seja, reduz a validade do direito à justiça[11].

Explica Finnis que uma teoria que trata do direito natural e de sua natureza busca tanto dar conta da facticidade do direito quanto responder

[10] FINNIS, John, ***Natural Law Theories***. *The Stanford Encyclopedia of Philosophy* (Winter 2016 Edition), Edward N. Zalta (ed.). Disponível em: https://plato.stanford.edu/archives/win2016/entries/natural-law-theories/. Acesso em 12 fev. 2019.

[11] BOBBIO, Norberto. **Teoria Geral do Direito**. Trad. Denise Agostinetti. 3ª ed. São Paulo: Martins Fontes, 2010. p. 47.

questões que permanecem centrais para o seu entendimento (e não são objeto das teorias positivistas). Essas questões são: que tipos de coisas poderiam contar como méritos do direito? Qual o papel que a lei deve desempenhar na adjudicação? Que pretensão o direito tem à obediência? Quais direitos devemos ter? E deveríamos realmente ter o direito?[12].

De acordo com Andrei Marmor[13], a escola do direito natural ou jusnaturalismo sustenta que as condições de validade da norma não se exaurem naquelas criadas por lei, atos e eventos. O conteúdo da norma, em especial seu conteúdo moral, também sustenta sua validade. A partir disso, um conteúdo normativo que não contém um limiar de aceitação moral não pode ser legalmente válido. Marmor cita o famoso ditado de Santo Agostinho: *Nam lex mihi ese non videtur, quae iusta non fuerit* (A mim não parece ser lei, a que não for lei justa) – ainda que esta visão seja atribuída à tradição cristã, trata-se de uma questão problemática que tem algum suporte filosófico.

Uma formulação mais recente da doutrina jusnaturalista pode ser encontrada na passagem de Gustav Radbruch[14]:

> Quando as leis conscientemente desmentem essa vontade e desejo de justiça, como quando arbitrariamente concedem ou negam a certos homens os direitos naturais da pessoa humana, então carecerão tais de qualquer validade, o povo não lhes deverá obediência e os juristas deverão ser os primeiros a recusar-lhes o carácter de jurídicas.

Em outro trecho, escreve ele que "*pode* haver tais leis com um tal grau de injustiça e nocividade para o bem comum, que toda a validade e até o carácter de jurídicas não poderão jamais deixar de lhes ser negados"[15]. Logo, em apertada síntese, a "teoria do direito natural é aquela que considera poder estabelecer o que é justo de modo universalmente válido"[16].

Como mencionado acima, o positivismo jurídico surge com o objetivo de combater essa corrente filosófica.

Andrei Marmor sintetiza o positivismo jurídico como a corrente que compreende que as condições de validade da lei são constituídas por fatos

[12] FINNIS, John, *Op. cit.* Acesso em 12 fev. 2019.

[13] MARMOR, Andrei. ***Philosophy of Law***. Princeton University Press. New Jersey: 2011. p. 4 e 5.

[14] RADBRUCH, Gustav. **Filosofia do Direito.** Trad. L. Cabral de Moncada. 6 ed. rev. Coimbra: Armenio Amado, 1997. p. 416.

[15] *Ibidem,* p. 417 (grifo no original)

[16] BOBBIO, Norberto. *Op. cit.,* p. 48.

sociais e a legalidade é constituída por um complexo de fatos relacionados a ações, crenças e atitudes das pessoas, e esses fatos sociais exaurem as condições de validade da norma. Ao que surge um aspecto muito importante do debate que trataremos nesse trabalho, a chamada tese das fontes sociais que, grosso modo, questiona: "é possível que as condições de validade da norma sejam reduzidas a fatos do tipo não normativo?"[17]

O direito positivo é uma ordem coercitiva que se transmuta no Estado, muito embora essa visão realista, não-personificativa e não-antropomórfica demonstra claramente a impossibilidade de justificar o Estado pelo direito, assim como é impossível justificar o direito pelo direito – com exceção da utilização do termo no sentido de direito correto (justiça).

> O direito, diz o positivismo jurídico, nada mais é que uma ordem de compulsão humana. Quanto à justiça ou moralidade dessa ordem, o próprio positivismo nada tem a dizer. O Estado não é nem mais nem menos que o direito, um objeto de conhecimento normativo e jurídico em seu aspecto ideal, como um sistema de ideias, o tema da psicologia social ou da sociologia em seu aspecto material, isto é, como um ato físico (uma força física) motivado e motivador[18].

O positivismo jurídico, assim, é o estudo do direito positivo, partindo da crença de que o direito é produto da vontade humana e não tem relação com vontades não humanas, como Deus, natureza, oráculos etc., bases das teorias jusnaturalistas ou de direito natural.

Conforme a tese positivista (em especial a de Kelsen), o direito não é neutro; é, em verdade, ideológico, é relação de poder, e tem várias fontes de poder, não reduzindo somente ao Estado como fonte. Justamente por isso o referido jusfilósofo constrói sua teoria, que almeja pureza (ausência de submissão a elementos extrajurídicos), tendo como objeto o que o direito é – e não o que deveria ser. Dessa forma, o positivismo jurídico é um determinado discurso sobre o direito que busca caracterizar o fenômeno jurídico concreto. Se é assim, fica claro que o positivismo não se relaciona com o conservadorismo ou a direita, por ser uma maneira de olhar o direito e não uma estrutura política para fazê-lo.

17 Marmor, Andrei. *Op. cit.*, 2011. p. 4 e 5.

18 Morrison, Wayne. **Filosofia do Direito** – Dos Gregos ao Pós-Modernismo. 2ª ed. Trad. Jeferson Luiz Camargo São Paulo: Wmf Martins Fontes, 2012. p. 381.

Isso posto, passa-se à análise do positivismo continental de Hans Kelsen, seguindo para o positivismo anglo-saxão, o de H. L. A. Hart e, a partir das críticas a ele formuladas por Ronald Dworkin, será demonstrado que haverá a cisão entre positivistas jurídicos exclusivistas e inclusivistas, sendo esta última corrente a que será explorada nesta obra, a fim de se firmar pressupostos para a formulação de um positivismo jurídico apto a sugerir a maneira de se delinear a forma que o direito se abre à moral no contexto brasileiro.

2.2. A posição de Kelsen: sistema fechado e autorreferente

Com a rápida explanação acerca do positivismo jurídico clássico, passa-se a tratar da teoria de um de seus principais expoentes: Hans Kelsen.

2.2.1. Direito como ele é: a Teoria Pura como estrutura social adequada a uma realidade pluralista

Hans Kelsen (1881-1973) defende a pureza do Direito como estrutura social adequada a uma realidade pluralista (o direito como ele é e não como deve ser), assim como a ideia de sistema dinâmico e autorreferente, com uma norma fundamental a sustentar o sistema jurídico, do qual decorre a validade e a eficácia das normas inferiores. Kelsen apresenta uma teoria lógica, bem construída e coerente.

Para combater os pressupostos jusnaturalistas, Kelsen foca sua análise no que o direito é e não no que deve ser, ou seja, ele estuda o direito positivo posto, e não avaliações e prescrições acerca do que o direito deveria ser (que é o cerne da abordagem jusnaturalista).

Conforme Palombella[19], ao se considerar o direito como um "fato" e não um valor a ser realizado, é possível alcançar a cientificidade da atividade do estudo do direito. Isso porque o caráter factual do direito é justamente o que possibilita sua submissão ao método científico – que exige a utilização, como critérios, dos princípios e da objetividade da ciência, conforme acontece com as ciências naturais (do real). O elemento central da ciência para Kelsen era o método e não o objeto, o que faz com que o cientista deva buscar uma teoria formal, não substancial.

Portanto, a teoria do direito deve ser "separada da moral exatamente porque o campo do dever-ser moral concerne a valorações, enquanto o cien-

[19] Palombella, Gianluigi. **Filosofia do Direito**. Trad. Ivone C. Benedetti. São Paulo: Martins Fontes, 2005.

tista do direito verifica, também com o auxílio da lógica, o direito como um fato, como um dado positivo, existente"[20]. Assim, não caberiam discussões e crenças subjetivas, especialmente impostas por um grupo pequeno dominando o restante com base em seus valores, favorecendo, portanto, um sistema plural e democrático. Justamente por essas razões, Kelsen isola o problema da justiça porque "o problema da justiça enquanto problema valorativo situa-se fora de uma teoria do direito que se limita à análise do direito positivo como sendo a realidade jurídica."[21] Morrison explica que, para salvar o humanismo das pressões dos primórdios do século XX, Kelsen reconhece a liberdade essencial do homem e despoja o direito dos perigos da tradição expressiva[22].

O direito, traduzido na legalidade, fornece o mecanismo que permite à sociedade criar redes de estruturação social. Logo, o estudo da teoria jurídica apresenta o caminho para a única técnica constitutiva que uma sociedade possui, pois somente na medida em que a consideração voltada para o social se mantém como um ponto de vista ético ou juridicamente normativo é que a sociedade pode se constituir como um objeto distinto da natureza[23]. Kelsen é claro no sentido de que se deve fazer uma escolha: ainda que seja reconfortante admitir que a ordem jurídica particular exprime os princípios, crenças sociais e políticas de determinada cultura/região e que esses resultam de movimentos históricos, o fato contribui para a subjetividade crítica, que deve ser interrompida com a utilização de uma abordagem científica rigorosa. Chiassoni[24] defende que a análise conceitual kelseniana realiza uma função terapêutica, pois propõe curar o pensamento jurídico de suas tendências (*biases*) ideológicas tradicionais. Em consequência, deve-se empenhar em criar uma ordem humana que seja dotada de legitimação e autoridade.

Nesse sentido, afirma Palombella[25] que "O direito kelseniano é mero procedimento que *parece* não implicar em si nenhuma consequência em

[20] *Ibidem*, p. 121.

[21] LOSANO, Mário G. Introdução à edição italiana, *in* KELSEN, Hans. **O problema da justiça.** São Paulo: Martins Fontes, 1998. p. VII.

[22] MORRISON, Wayne. *Op. cit.*, p. 383, 384,385.

[23] *Ibidem*. p. 385.

[24] CHIASSONI, Pierluigi. Wiener Realism. *In* ***Kelsen Revisited: New Essays on the Pure Theory of Law.*** D'ALMEIDA, Luís Duarte; GARDNER, John; GREEN, Leslie. Oxford: Hart Publishing. 2013, p. 157.

[25] PALOMBELLA, Gianluigi. *Op. cit.*, p. 165.

termos de 'justiça', de garantia de certa estrutura social bem como de interesses determinados". Essa tese é oposta à do direito oitocentista, que foi construído sobre os pressupostos de conteúdo que remontam aos ideais liberais, o que significa que eram dotados de um fundamento externo que implicava conceitos determinados de indivíduo, economia e justiça.

Coerentemente, o direito se revela como uma organização da força, da violência, o que, para Kelsen, é compatível com qualquer objetivo a que o direito se deva submeter. Se é assim, no plano das normas secundárias ou nos comportamentos previstos como ilícitos, o direito pode ter qualquer conteúdo. Contudo no âmbito da política, Kelsen irá tratar dos limites e do que pode ser direito, dado que, na sua concepção, há uma separação clara entre direito e política, de modo que este segundo tema, por motivos metodológicos, não poderia ser tratado em sua Teoria Pura[26].

Para concluir, Pietro Costa[27] defende que é Kelsen quem põe em crise o axioma estatalista. Para ele, o "Estado real" é mero fruto de uma metafísica pré-científica, que ignora o pressuposto epistemológico fundamental: a diferença entre ser e dever ser, entre fatos e normas. Nesse sentido, o Estado não é um ente real, mas tão-somente um ordenamento, um aparato normativo. Estado e direito coincidem, portanto. Essa concepção elimina um dos termos da tensão, ou seja, a própria ideia de Estado soberano. Para Kelsen, segundo Costa, o que existem são os sujeitos em carne e osso no plano do ser e, por outro lado, um sistema normativo que estabelece direitos e competências (aos quais se vinculam pessoas físicas ou entes coletivos).

Costa insiste que, em Kelsen, desaparece a noção de que a lei seria a expressão típica e incontestável da soberania. E o dispositivo teórico que ele utilizaria para isso é conceber o ordenamento de maneira dinâmica, a partir de uma estrutura gradual, ou seja, as normas que o integram não estão todas no mesmo patamar de grau e generalidade. Nesse contexto, não há uma oposição entre produção e aplicação do direito (o juiz pode aplicar o direito quando a sentença se coloca em relação à lei, mas ele também cria direito quando se coloca em relação com os atos jurídicos que devem ser cumpridos com base na lei – atos executivos).

[26] SERBENA, C. A. *Op. cit.*, 2019-A, p. 64.

[27] COSTA, Pietro. Democracia Política e Estado Constitucional *In* COSTA, Pietro. **Soberania, representação, democracia**: ensaios de história do pensamento jurídico. Curitiba: Juruá Editora, 2010, p. 241-274.

Se é assim, a lei, conforme indica Costa, não é mais o vértice do sistema, na medida em que ela mesma é aplicação de uma norma superior, a norma constitucional. Com essa construção, torna-se viável a submissão das leis ao controle de um órgão jurisdicional: da mesma forma que o regulamento não pode contrariar a lei, esta não pode contrariar a constituição. E se a lei se torna controlável, as maiorias parlamentares perdem sua eventual periculosidade. A degeneração tirânica é controlada por um duplo dispositivo: a superioridade da norma em relação ao poder (Constituição superior à lei) e a possibilidade de se controlar a atividade legislativa por um órgão jurisdicional.

Assim, Estado constitucional e democracia parecem finalmente compatíveis, ou melhor, complementares, pois, como ensina Costa, para Kelsen, a democracia significa proteção das minorias a partir dos dispositivos jurídicos do Estado constitucional: (i) exigência de maiorias "reforçadas" para ser modificada a Constituição, garantindo proteção aos direitos fundamentais; e (ii) a previsão de uma Corte de Justiça que controle a atividade do Poder Legislativo.

2.2.2. Norma Jurídica: sua natureza, validade e eficácia

A novidade introduzida por Kelsen é a de que o Estado (soberano) ultrapassa uma metafísica ou mística que o envolvia, transformando-se num ordenamento que trata do comportamento humano, mediante a organização social e da força. O Estado se revela a personificação do ordenamento jurídico, um agente detentor de funções a ele atribuídas pela lei, de modo que direito e Estado acabam por coincidir.

A norma é um juízo hipotético em que há a imputação de uma sanção a uma conduta considerada ilícita, sempre que ela aconteça. A prescrição, portanto, tem como destinatário não o autor do ilícito, mas o responsável por imputar uma sanção, ou seja, o Poder Sancionador (juiz). Desaparece o caráter imperativo da norma, a ideia de que é um comando direcionado ao cidadão e proveniente de uma autoridade dotada de vontade. Assim, como o ilícito é condição para aplicação da norma, ele é parte dela. "Segue-se daí que a ocorrência do ilícito é apenas a ocorrência (em termos positivos, portanto), de uma condição prevista pela norma primária para o dever-ser da sanção"[28].

[28] PALOMBELLA, Gianluigi. *Op. cit.*, p. 164.

Com a manutenção da objetividade da obrigação e da sanção, essa estrutura consegue privar o sistema jurídico de qualquer conteúdo psicológico e voluntarista.

O ordenamento jurídico estaria construído em forma de pirâmide, com normas hierarquizadas, havendo uma norma fundamental. As normas encontram sua validade por terem sido emanadas por um órgão autorizado e por estar em consonância com a norma fundamental. Kelsen, portanto, nega que a validade seja um conceito empírico.

Logo, a norma fundamental é a condição transcendental de validade de todo o sistema e de cada uma das normas. É o ponto último do ordenamento. A validade é conceitualmente autônoma da eficácia, porém, no conjunto, não é possível atribuir validade a um ordenamento que não decorra de uma constituição eficaz e vigente – no sentido jurídico-positivo.

A determinação correta desta relação entre validade e eficácia é um dos problemas mais importantes e ao mesmo tempo mais difíceis de uma teoria jurídica positivista[29]. Uma teoria jurídica positivista é posta perante a tarefa de encontrar entre os dois extremos, ambos insustentáveis, o meio-

[29] Bulygin crítica a teoria de Kelsen quanto à questão da validade, sob alegação de ambiguidade. Para ele, é possível distinguir dois conceitos muito diferentes a partir da ideia kelseneana de validade: pertencimento e obrigação. Pertencimento é um conceito descritivo (ou pertence ou não pertence, de modo que a afirmação é verdadeira ou falsa), enquanto a obrigatoriedade é um conceito normativo (a norma coercitiva expressa um padrão que não se pode considerar nem verdadeiro nem falso). Considerado a ambiguidade da ideia de validade, o problema da relação entre validade e eficácia, para Bulygin, deve ser tratado de forma separada, não havendo conexão entre pertencimento e efetividade. A norma fundamental de Kelsen somente necessitaria dos conceitos de validade e efetividade. Bulygin propõe o termo "*applicability*", porque a obrigação de ser interpretada como uma obrigação legal, enquanto um padrão (*standard*) se aplica quando uma norma positiva estabelece um dever ou faculdade para o juiz aplicar num determinado caso. Aplicabilidade não pode ser confundida com pertencimento, porque os juízes podem ser autorizados ou solicitados a implementar regras que não pertencem a determinado sistema jurídico. A análise da estrutura formal dos conceitos, para Bulygin, mostraria que, para Kelsen, a aplicação (*applicability*) é muito diferente da obrigação. Sua definição de mandatório pressupõe a obrigação absoluta, que leva à suposição da norma fundamental. A hipótese da regra fundamental é desnecessária para a vigência. Ainda, o conceito de vigência de Bulygin, também permite verificar as relações lógicas entre os sistemas jurídicos e, ainda que se defronte com contradições, a lógica não clássica, como a lógica paraconcistente, poderia ser aplicada. *In* CELLA, José Renato Graziero; OLIVEIRA, Marlus Heriberto Arns. ***The debate between Bulygin and Kelsen on the validity and efficacy of law.*** Revista Brasileira de Direito. Vol. 11 n. 02 (2005). Disponível em: https://seer.imed.edu.br/index.php/revistadedireito/article/view/955/955. Acesso em 19 fev. 2020.

-termo correto. Um dos extremos é representado pela tese de que, entre validade como um dever ser e eficácia como um ser, não existe conexão de espécie alguma, que a validade do direito é completamente independente da sua eficácia. O outro extremo é a tese de que a validade do direito se identifica com a sua eficácia. A primeira solução do problema tende para uma teoria idealista, a segunda para uma teoria realista.

A solução proposta pela Teoria Pura do Direito para o problema é: assim como a norma de dever ser, como sentido do ato-de-ser que a põe, não se identifica com este ato, a validade do dever ser de uma norma jurídica não se identifica com a sua eficácia da ordem do ser; a eficácia da ordem jurídica como um todo e a eficácia de uma norma jurídica singular são – tal como o ato que estabelece a norma – condição da validade. Tal eficácia é condição no sentido de que uma ordem jurídica como um todo e uma norma jurídica singular já não são consideradas como válidas quando cessam de ser eficazes. Mas também a eficácia de uma ordem jurídica não é, tampouco como o fato que a estabelece, o fundamento da validade.

Fundamento da validade, isto é, a resposta à questão de saber por que devem as normas desta ordem jurídica ser observadas e aplicadas, é a norma fundamental pressuposta, segundo a qual devemos agir em harmonia com uma Constituição efetivamente posta, globalmente eficaz e, portanto, em harmonia com as normas efetivamente promulgadas de conformidade com esta Constituição e globalmente eficazes[30].

A eficácia é o sentido de que deve acrescer ao ato de fixação para que a ordem jurídica como um todo, e bem assim a norma jurídica singular, não percam a sua validade. Logo que a Constituição e, portanto, a ordem jurídica que sobre ela se apoia, perde a sua eficácia, a ordem jurídica, e com ela cada uma das suas normas, perde a sua validade (vigência).

Uma ordem jurídica não perde, porém, a sua validade pelo fato de uma norma jurídica singular perder a sua eficácia, isto é, pelo fato de ela não ser aplicada em geral ou em casos isolados. Uma ordem jurídica é considerada válida quando as suas normas são, numa consideração global, eficazes, quer dizer, são de fato observadas e aplicadas.

E, de fato, uma norma jurídica pode perder a sua validade pelo fato de permanecer por longo tempo inaplicada ou inobservada, quer dizer,

[30] KELSEN, Hans. **Teoria Pura do Direito.** 3ª. ed. brasileira. Trad. João Baptista Machado. São Paulo: Martins Fontes, 1991. p. 205-207.

através do desuso. Se o costume é, em geral, um fato gerador de direito, então também o direito estatuído (legislado) pode ser derrogado através do costume.

Mas também as normas jurídicas individuais, através das quais é ordenado um ato de coerção singular, perdem a sua validade quando permaneçam por longo tempo por executar e, portanto, ineficazes, como já se mostrou a propósito da hipótese, acima referida, de um conflito entre duas decisões judiciais.

2.2.3. A norma fundamental e o sistema dinâmico

A norma fundamental de uma ordem jurídica pode ser traduzida da seguinte forma: "a coerção de um indivíduo por outro deve ser praticada pela forma e sob os pressupostos fixados pela primeira Constituição histórica"[31], dado que a norma fundamental delega na primeira Constituição histórica a determinação do processo para se estabelecer normas que estatuam atos de coação. Uma norma, para ser interpretada objetivamente como norma jurídica, tem de ser no sentido do ato posto por esse processo, em conformidade à norma fundamental – e tem que balizar um ato de coação ou estar em essencial ligação com uma norma que o balize. Assim, com a norma fundamental, pressupõe-se a definição nela contida de direito como norma de coerção.

Kelsen descreve um sistema dinâmico, havendo uma multiplicidade de fases de produção do direito, todas articuladas e interligadas de acordo com uma escala hierárquica, cujo topo é a Constituição. As normas de grau superior delegam poderes à instância inferior para a produção de uma norma inferior. A unidade desse sistema é garantida justamente pela norma fundamental, que permite a verificação da validade de cada norma e sua pertinência ao sistema: pertinência com base no conteúdo e com base em seu modo de produção (que é sempre um ato de vontade). Tem-se, assim, que o sistema é dinâmico em razão do nexo de delegação.

O sistema criado e descrito por Kelsen é autorreferente. A validade de uma norma pode remeter apenas à validade de uma outra norma, e a validade da Constituição se funda na validade da primeira Constituição histórica, ao passo que esta se funda na autoridade dada ao primeiro legislador para criar a Constituição. Essa é a norma hipotética fundamental.

[31] KELSEN, Hans, *Op. cit.* 1991, p. 54.

Nesse sentido, Palombella[32]:

> Kelsen considerou que se tratava de uma questão diferente, inerente à teoria pura do direito: quem se pergunta o porquê da obrigatoriedade das normas (ou melhor, da constituição) deve poder encontrar respostas dentro do sistema de direito e não fora dele, ou melhor, uma resposta "jurídica" auto-suficiente. O direito deveria conter em si mesmo as razões de sua obrigatoriedade. Kelsen não considera que o ordenamento obriga porque imposto por uma fonte superior à vontade humana; crê, ao contrário, que o homem pode não só "conhecer" as normas, mas também as impor. Portanto, o fundamento da obrigatoriedade é *buscado* (sem se levar em conta o sucesso de tal busca kelseniana) no interior do direito (ainda que não no interior do sistema das normas positivas). O direito é intrinsicamente portador de uma condição de obrigatoriedade, de todo peculiar, ou seja, diferente e separada da condição das normas de outro tipo, em especial morais.

Pode-se facilmente perceber que a ideia de Kelsen é justamente proteger o cidadão e a sua liberdade, gerando assim igualdade (que é um dos braços da justiça).

2.2.4. Direito e moral na Teoria Pura do Direito de Kelsen

Neste trabalho, interessa-nos a distinção feita por Kelsen quanto ao direito e a moral e isso está diretamente relacionado à "pureza do direito". Segundo Wayne Morrison[33], a teoria kelseneana é pura em dois sentidos: 1) por estar livre de qualquer ideologia e juízo de valor, de maneira que a concepção do direito justo não afeta a análise da norma jurídica; 2) tanto o estudo de influências políticas e históricas quanto o estudo sociológico da prática do direito estão além da esfera da teoria pura. Isso porque a teoria pura antecede qualquer outra investigação em direito, tentando responder à pergunta "o que é o direito" e não "o que deve ser o direito", apresentando-se como uma ciência, sem qualquer aspecto político. Se é assim, é coerente que ele trate o direito em sua estrutura formal.

É relevante pontuar que a Teoria Pura do Direito somente pode ser compreendida se considerada a preocupação de seu criador, na medida em que sua busca pela pureza do direito é um reflexo de suas preocupações

[32] PALOMBELLA, Gianluigi. *Op. cit.*, p. 221.

[33] PALOMBELLA, Gianluigi. *Op. cit.*, p. 221.

metodológicas e políticas. Kelsen, a partir de Kant, Weber[34] e Nietzsche, defendia uma visão humanista das pessoas em contraposição à tendência da época, reducionista da imaginação científica e do poder abusivo da burocracia. Morrison apresenta uma síntese da ideia de Kelsen nos seguintes termos: "o Direito é uma estrutura simples de coerção, um sistema hierarquicamente organizado de normas (não morais) que determinam as condições através das quais os agentes do Estado são habilitados (autorizados) a impor sanções"[35]. E ele o faz assim para possibilitar a compreensão de que os projetos humanos é que fazem avançar o direito.

A ciência jurídica está relacionada à moral na medida em que esta é entendida como conjunto de normas que regulam a conduta dos homens entre si (normas sociais). Porém, a ausência de distinção clara entre direito e moral coloca em risco a pureza de método da ciência jurídica "não só pelo fato de não se levarem em conta os limites que separam essa ciência da ciência natural, mas – muito mais ainda – pelo fato de ela não ser, ou de não ser com suficiente clareza, separada da ética"[36]. A moral regula a conduta interior, do íntimo do indivíduo, reprimindo suas inclinações, para que deixe de realizar seus interesses egoísticos, enquanto o direito está relacionado à conduta externa, aquela que diz respeito a outras pessoas, à coletividade, etc.

Também há a distinção no sentido de que a moral, apesar de também ser uma ordem positiva, não tem caráter coercitivo, enquanto o direito é uma ordem de coação, "isto é, como uma ordem normativa que procura obter uma determinada conduta humana ligando à conduta oposta um ato de coerção socialmente organizado"[37]. A moral, por sua vez, não estatui qualquer sanção desse tipo, pois elas consistem apenas na aprovação da conduta conforme as normas e na desaprovação da conduta às normas, não havendo utilização de força física para forçar determinado comportamento.

[34] Cabe salientar que Weber chega a desabafar no tocante à subjetividade da ciência e o acolhimento pela ciência de juízos de valor: "Que estes senhores, dentre os quais nenhum é capaz de renunciar (pois que assim estão as coisas!) a afligir o próximo com suas próprias valorações subjetivas, às quais dedico uma indiferença ilimitada, que estes senhores ajam por sua própria conta, se lhes agrada; por minha parte, já me cansei de apresentar-me sempre como o Dom Quixote de um princípio considerado irrealizável, provocando assim cenas desagradáveis". Losano, Mário G. Introdução à edição italiana. *In* Kelsen, Hans. *Op. cit.*, 1998, p. XII.

[35] Morrison, Wayne. *Op. cit.*, p. 383.

[36] Kelsen, Hans. *Op. cit.*, 1991. p. 64.

[37] *Ibidem*, p. 68.

Apesar disso, o direito pode ser tido como moral, ou seja, justo, porém, não tem necessidade de o ser, já que uma ordem social que não é tida como moral – consequentemente injusta – pode ser direito. É que, para Hans Kelsen, aceitar que o direito necessariamente está relacionado à moral é pressupor que existe uma única ordem moral, em outras palavras, um valor moral absoluto. Isso, segundo ele, não corresponde à realidade fática. A ilustrar essa posição, ele relata uma passagem da teoria de Santo Agostinho, representante do Jusnaturalismo, que considera que:

> [...] Justiça é a virtude que dá a cada um o que é seu (*Justitia porro ea virtus est, quae sua cuique distribuit*). Em que consiste, pois, a justiça dos homens que rouba o homem ao verdadeiro Deus e o submete a demônios impuros? Ou não é injusto aquele que subtrai ao comprador um pedaço de terreno e o dá a quem não tem qualquer direito a ele? É porventura justo aquele se furta a si próprio ao Senhor por quem foi criado e se põe ao serviço de espíritos maléficos? [38]

Ora, fica claro que, nessa hipótese, a única justiça por ele considerada é aquela que se reserva ao "verdadeiro Deus" – que é, para ele, o Deus judaico-cristão. Essa "verdade" a ele e só a ele pertence, a saber, a correspondente adoração, que adquire sua expressão no culto, e que uma ordem que não corresponda a essa exigência não pode ser direito. Nesse caso, chegaríamos à inconcebível conclusão de que o direito romano não tem caráter jurídico, pois não é justo consoante à moral judaico-cristã.

Na introdução de O problema da Justiça, Losano[39] esclarece que "O ponto de partida do raciocínio de Kelsen é que 'a justiça absoluta não é cognoscível pela razão humana'. Consequentemente, o ideal de justiça absoluta é irracional".

Outra reflexão interessante que Kelsen faz sobre a relativização da moral é a seguinte: Se a justiça é tomada como critério da ordem normativa a designar como direito, do ponto de vista do ideal comunista do direito, as ordens coercitivas capitalistas do mundo ocidental não seriam direito. E no mesmo sentido, a ordem coercitiva comunista da União Soviética não é direito do ponto de vista do ideal de justiça capitalista.

Um conceito de direito, utilizando-se de tais termos, não pode ser aceito por uma ciência jurídica positiva. Ou seja, jamais pode ser tido como cien-

[38] Agostinho, *Civitas Dei*, IV, 4. *Apud* KELSEN, Hans. *Op. cit.*, 1991, p. 53.
[39] LOSANO, Mário G. *Op. cit.*, p. XXV.

tífico. E, como já mencionado acima, a ideia de Kelsen é justamente individualizar o direito como ciência autônoma.

Logo, para Kelsen, a justiça e a moral, por serem relativas, não podem ser critérios a definir se uma ordem é ou não jurídica, não se podendo aceitar de modo algum "a teoria de que o Direito, por essência, representa um mínimo moral, que uma ordem coercitiva para poder ser considerada como Direito teria que satisfazer uma exigência moral mínima"[40]. Isso se dá justamente porque, como demonstrado, para Kelsen, não há como pressupor a existência de um conteúdo comum a todos os sistemas da moral positiva, tampouco uma moral absoluta, que seja determinada quanto ao conteúdo. Se é assim, "Do exposto, resulta que o que aqui se designa como valor jurídico não é um mínimo moral neste sentido, e especialmente que o valor de paz não representa um elemento essencial ao conceito de Direito"[41]. Justamente por isso, é possível se falar em uma Teoria Pura do Direito.

Note-se que, nesse contexto, "a ciência jurídica não tem que legitimar o Direito, não tem de forma alguma de justificar – quer através de uma Moral absoluta, quer através de uma Moral relativa – a ordem normativa que lhe compete – tão somente – conhecer e descrever"[42].

Há que se ressaltar, neste ponto, a posição de Morrison[43], segundo o qual, para compreender a postura de Kelsen, é preciso ter como pressuposto que não é possível justificar o Estado pelo direito, assim como é impossível justificar o direito pelo direito, a não ser que o termo seja usado ora em sentido positivo, ora no sentido de direito correto, justiça, dado que todo o Estado necessariamente é um Estado de Direito:

> O Direito, diz o positivismo, nada mais é que uma ordem de compulsão humana. Quanto à justiça ou moralidade dessa ordem, o próprio positivismo nada tem a dizer. O Estado não é nem mais nem menos que o Direito, um objeto de conhecimento normativo e jurídico em seu aspecto ideal, como um sistema de ideias, o tema da psicologia social ou da sociologia em seu aspecto material, isto é, como um ato físico (uma força física) motivado/a e motivador/a.[44]

[40] KELSEN, Hans. *Op. cit.*, 1991, p. 71.

[41] KELSEN, Hans. *Op. cit.*, 1991, p. 71.

[42] *Ibidem* , p. 75.

[43] MORRISON, Wayne. *Op. cit.*, p. 381.

[44] *Ibidem*, p. 381.

A noção de direito, por conseguinte, é apresentada a partir de um sistema jurídico fechado e autorreferente, de modo que é direito aquilo que o sistema diz que é direito.

Há que se deixar claro que a neutralidade é opção de Kelsen, afinal de contas, a neutralidade salvaria o direito e a atividade do jurista dentro da sua objetividade. Mas isso não significa dizer que Kelsen reduz o direito à lei, tampouco que a neutralidade do juiz exigida por ele é inocente (independência da justiça ou injustiça), ou ainda que é algo totalmente formalista (agir mecânico), consistente na mera declaração do direito e obediência irrestrita à lei, muito pelo contrário.

Essa relação, ou melhor, ausência de relação, entre direito e moral, tem impacto direto na estrutura do ordenamento jurídico. Ao que se retorna ao assunto da norma hipotética fundamental, que torna válida a norma jurídica sob o ponto de vista do positivismo.

A partir disso, há uma diferença entre princípio estático e dinâmico[45]: as normas de um ordenamento do primeiro tipo, estático, determinam uma conduta que é considerada como devida por força de seu conteúdo, enquanto o princípio estático de validade se refere a conteúdo, matéria, substância. Isso significa que, ao se referir ao fundamento de validade na perspectiva estática, está-se a falar de conteúdo, de conduta, do que se pode e do que não se pode fazer.

De acordo com o princípio de validade dinâmico, a norma apenas pode fornecer o fundamento e validade, não o conteúdo, formando um sistema dinâmico de normas. O tipo dinâmico é caracterizado pelo fato de a norma fundamental pressuposta não ter por conteúdo senão a instituição do fato produtor de normas, isso quer dizer, concede autoridade (poder de legislar) ao primeiro constituinte.

É possível concluir, então, que a norma fundamental se limita à validade, e não ao conteúdo, revelando-se uma composição transcendental. Se é assim, não há qualquer conduta humana como tal por força de seu conteúdo, que esteja excluída de ser o conteúdo de uma norma jurídica. Nesse ponto, reside uma das grandes questões práticas de uma construção positivista da validade jurídica: a norma hipotética fundamental, ao constituir apenas um fato condutor de norma, dá autoridade para alguém que crie normas, porém não diz que normas ele pode ou não criar. Em resumo, qualquer conduta humana pode ser objeto de uma norma jurídica.

[45] KELSEN, Hans. *Op. cit.*, 1991, p. 207-210.

Muito embora a norma possa reproduzir ou não o conteúdo moral presente na sociedade, ao que se reconhece uma sobreposição entre direito e moral, essa relação não é necessária.

O que Kelsen quer dizer é que algo não deixa de ser direito por ser repugnante ou moralmente indesejável ou injusto. Tal discussão estaria no campo da política e lá, naquele âmbito, é onde encontraria seus limites, não no direito, que é puro, formal. Em sua Teoria Pura, ele consigna:

> É interessante ainda referir a expropriação forçada quando um interesse público a exige, a aniquilação compulsiva de animais domésticos portadores de doenças contagiosas, a demolição compulsiva de edifícios quando ameaçam ruína, ou para impedir o alastramento de um incêndio. Segundo o Direito dos Estados totalitários, o governo tem poder para encerrar em campos de concentração, forçar a quaisquer trabalhos e até matar os indivíduos de opinião, religião ou raça indesejável. Podemos condenar com a maior veemência tais medidas, mas o que não podemos é considerá-las como situando-se fora da ordem jurídica desses Estados[46].

Apesar disso, em nenhum momento Kelsen afirma que existiria uma obrigação moral de obedecer ou aplicar toda norma jurídica, ou seja, não se vincula ao que Nino[47] chama de "positivismo ideológico", cuja tese seria a de que "o Direito positivo tem validade ou força obrigatória e suas disposições devem ser necessariamente obedecidas pela população e aplicadas pelos juízes, prescindindo de escrúpulos morais, qualquer que seja o conteúdo das normas"[48].

2.2.5. Interpretação jurídica

No capítulo oitavo da Teoria Pura do Direito, Kelsen[49] trata da interpretação jurídica. A interpretação é o sentido das normas dado por um órgão judiciário quando de sua aplicação a um caso concreto. Há interpretação da lei, da Constituição, do direito internacional, das sentenças judiciais, das ordens administrativas, dos negócios jurídicos etc.

[46] Kelsen, Hans. *Op. cit.*, 1991, p. 54.

[47] Nino, Carlos Santiago. **Introdução à Análise do Direito.** Trad. Elza Maria Gasparotto. São Paulo: Editora WMF Martins Fontes, 2010. p. 36-41.

[48] *Ibidem*, p. 36-37.

[49] Kelsen, Hans. *Op. cit.*, 1991, p. 363-371.

Ao se interpretar uma norma, a norma superior (em geral, a Constituição) determina eventualmente o conteúdo da norma inferior, ainda que de forma incompleta. Há uma margem livre de apreciação, havendo uma relativa indeterminação do ato de aplicação do direito.

É possível que a indeterminação seja intencional. "Assim, o estabelecimento ou fixação de uma norma simplesmente geral opera-se sempre (...) sob o pressuposto de que uma norma individual que resulta de sua aplicação continua o processo de terminação que constitui, afinal, o sentido da seriação escalonada ou gradual das normas jurídicas"[50].A indeterminação também pode ser não-intencional, quando há pluralidade de significações de uma palavra ou de uma sequência de palavras em que a norma se exprime, ou quando o aplicador acredita que há discrepância entre a expressão verbal da norma e a vontade da autoridade legisladora ou, ainda, quando há duas normas contraditórias que pretende valer simultaneamente.

Fato é que, em todos os casos de indeterminação, seja ela intencional ou não, abrem-se várias possibilidades à aplicação jurídica. O direito a aplicar "forma, em todas as hipóteses, uma moldura dentro da qual existem várias possibilidades de aplicação, pelo que é conforme ao direito todo ato que se mantenha dentro deste quadro ou moldura, que preencha esta moldura em qualquer sentido possível"[51]. Logo, a interpretação de uma lei não conduz a uma única solução correta, mas possivelmente a várias soluções que têm igual valor, ainda que apenas a enunciada pelo órgão julgador se torne direito positivo. Se é assim, conclui-se que Kelsen discorda de teorias de que há uma única interpretação correta ou que o aplicador do direito poderia realizar, mediante pura atividade de intelecção, uma escolha correta (justa) do direito positivo, ignorando sua vontade. Segundo ele, até então, todos os métodos de interpretação até agora elaborados conduzem sempre a um resultado apenas possível, mas não um único correto.

A questão de saber qual é a aplicação correta entre as que se apresentam não é uma questão dirigida ao direito positivo, mas um problema de política de direito, havendo discricionariedade. Para Kelsen[52], "a produção do ato jurídico dentro da moldura da norma jurídica é livre, isto é, realiza-se segundo a livre apreciação do órgão chamado a produzir o ato".

[50] *Ibidem*, p. 364-365.

[51] KELSEN, Hans. *Op. cit.*, 1991, p. 366.

[52] *Ibidem*, p. 369.

> Na medida em que, na aplicação da lei, para além da necessária fixação da moldura dentro da qual se tem que manter o ato a pôr, possa ter ainda lugar uma atividade cognoscitiva do órgão aplicador do direito, não se tratará de um conhecimento do direito positivo, mas de outras normas que, aqui, no processo da criação jurídica, podem ter a sua incidência: as normas de Moral, normas de Justiça, juízos sociais de valor que costumamos designar por expressões correntes como bem comum, interesse do Estado, progresso, etc. (...) a produção do ato jurídico dentro da moldura da norma jurídica é livre, isto é, realiza-se segundo a livre apreciação do órgão chamado a produzir o ato. Só não seria assim se o próprio direito positivo delegasse certas normas metajurídicas como a Moral, a Justiça etc. Mas, neste caso, estas se transformariam em normas de direito positivo.[53]

Na interpretação, há uma combinação daquela interpretação obtida por uma operação do conhecimento (cognoscitiva) com um ato de vontade do órgão aplicador do direito, ao que este efetua uma escolha entre as possibilidades reveladas. Como resultado, ou se produz uma norma de escalão inferior, ou se executa um ato de coerção estatuído na norma jurídica a ser aplicada. Portanto, a interpretação que é feita pelo órgão que aplica o direito é sempre autêntica, pois ele cria o direito.

Kelsen diferencia a interpretação do direito feito pela ciência jurídica – não autêntica – daquela realizada pelos órgãos jurídicos. A cientifica seria "a pura determinação cognoscitiva do sentido das normas jurídicas"[54], enquanto que a jurídico científica apenas estabelece as possíveis significações de uma norma jurídica, não podendo "tomar qualquer decisão entras as possibilidades por si mesma reveladas, mas tem de deixar tal decisão ao órgão que, segundo a ordem jurídica, é competente para aplicar o direito"[55]. Ao que reitera que esta segunda deve evitar com o máximo de cuidado a ficção de que uma norma jurídica permitiria apenas uma interpretação correta, pois se trata de uma ficção de que se serve a jurisprudência para consolidar o ideal de segurança jurídica, que somente é realizável aproximadamente.

Ainda que reconheça que essa ideia de única decisão correta possa ter vantagens, nenhuma delas serviria para justificar que se faça uso dessa ficção numa exposição científica do direito positivo, por se tratar de uma

[53] *Ibidem*, p. 369.

[54] KELSEN, Hans. *Op. cit.*, 1991, p. 370.

[55] *Ibidem*, p. 370.

interpretação que, de um ponto de vista político subjetivo, é mais desejável do que uma outra igualmente possível do ponto de vista lógico. Nessa hipótese, tem-se a apresentação falsa como verdade científica daquilo que é tão somente juízo de valor político. Explica Serbena[56] que "Tanto Kelsen quanto Tarello, por serem céticos em matéria de interpretação jurídica, não desenvolveram uma teoria da decisão judicial, por acreditarem que a adjudicação de sentido às normas jurídicas era uma atividade não racional".

Considerando Kelsen como o representante principal do positivismo jurídico continental, cuja teoria tinha como objetivo combater as premissas jusnaturalistas da necessária base moral do Direito, imperioso notar nesse tópico que, como se demonstrará no capítulo dois, Dworkin apresenta um terceiro ponto de vista sobre as condições da validade jurídica, para além dos jusnaturalismo e do positivismo jurídico. Marmor[57] explica que Dworkin se inspira na tradição do direito, mas com um grande diferencial: sustenta que a moral não é um conteúdo necessário da norma, mas pode ser suficiente. De acordo com Dworkin, a argumentação moral e política as vezes é suficiente para concluir que um determinado conteúdo normativo é legalmente válido e que faz parte do direito num determinado contexto.

Após essa rápida síntese das ideias de Kelsen, passa-se a expor a teoria de H. L. A. Hart, que é considerada como positivismo brando, pois aceita a possibilidade de abertura do sistema, forçando que seja revista a relação entre direito e moral proposta por Kelsen.

2.3. O positivismo jurídico de H. L. A. Hart: a textura aberta

Herbert Lionel Adolphus Hart (1907-1992) é considerado um dos maiores – senão o maior – representante do positivismo anglo saxão.

No presente trabalho, o foco recairá especialmente sobre as obras "O Conceito de Direito" e "Ensaios sobre Teoria do Direito e Filosofia", a fim de apresentar suas principais teses acerca do positivismo jurídico.

[56] SERBENA, Cesar Antonio. **Três Argumentos Sobre o Realismo Jurídico Europeu-Continental.** Tese apresentada como requisito parcial à progressão como Professor Titular de Filosofia do Direito do Departamento de Direito Privado do Setor de Ciências Jurídicas da Universidade Federal do Paraná. Curitiba: UFPR, outubro de 2019 – A, p. 4-6.

[57] MARMOR, Andrei. ***Exclusive Legal Positivism.*** COLEMAN, Jules L.; HIMMA, Kenneth Einar; SHAPIRO, Scott J. *The Oxford Handbook of Jurisprudence and Philosophy of Law.* Oxford University Press: New York, 2002. *Online publication*, 2012.

Em "O Conceito de Direito", Hart apresenta sua teoria jurídica, partindo de John Austin. Apesar disso, não ignora a posição de Kelsen, tampouco de outros jusfilósofos. Note-se que Kelsen, em sua obra, também dirige críticas a Austin, cujos principais aspectos estão em um artigo intitulado *The Pure Theory of Law And Analytical Jurisprudence*[58], publicado na *Harvard Law Review* em 1941.

Austin diferencia o direito positivo e a moralidade positiva pelo fato de que o direito positivo é constituído pelos comandos emanados por um soberano numa sociedade política independente. "Comandos são expressões da vontade que se manifestam por meio de um fato social observável, empírico e 'objetivo', isto é, um *fato bruto* do mundo"[59]. Logo, o comando é criado por um soberano, expressa uma vontade e atribui à sua não satisfação a imposição de uma sanção, traduzida na imputação de um mal. Para que se possa falar de soberania, dentro de sua teoria, é necessário que haja obediência habitual a um superior comum por um conjunto de indivíduos, bem como que esse superior não esteja subordinado nem deva obediência a qualquer outro superior humano. Nesse contexto, para uma norma ser jurídica, ela necessariamente nasceu de um comando emanado pelo poder soberano, caracterizado pelo fato bruto da obediência habitual a uma pessoa ou a um grupo.

Gianluigi Palombella[60] explica, em apertada síntese, a concepção de Austin, da seguinte forma:

> A concepção de Austin tenderia, por conseguinte, à redução de todo o direito a direito *legislativo,* expondo-se à objeção de não dar conta adequadamente da efetiva existência e do papel central desempenhado pelo direito *jurisprudencial* inglês. No entanto, ele não visa a destituir de validade o *direito judiciário,* mas a enquadrá-lo em moldes diferentes, ditados pela opção estatualista e legalista de sua teoria do direito. Austin afirma que o direito judiciário não é um poder *outro* e diferente, mas que é apenas um poder, delegado aos juízes, de proferir normas, que são diferentes de leis, porque não são gerais nem abstratas, porém particulares, referentes a controvérsias individuais.

[58] Kelsen, Hans. ***The Pure Theory of Law And Analytical Jurisprudence.*** *In* Harvard Law Review, vol. 55, n. 1 (nov. 1941) p. 44-70. Disponível em: www.jstor.org/stable/1334739. Acesso: 06 abr. 2017.

[59] Macedo Junior, Ronaldo Porto. **Do xadrez à cortesia:** Dworkin e a Teoria do Direito Contemporânea. São Paulo: Saraiva, 2013. p. 85-87.

[60] Palombella, Gianluigi. *Op. cit.,* p. 122.

O afastamento da *commom law*, contudo, é inevitável; Austin propugna uma codificação, de modo coerente, é óbvio, com a tese de que o direito positivo deve dizer respeito fundamentalmente ao Estado, deve ser unitário na fonte e provir de quem exerce a soberania (e dispõe da força).

Denota-se que, em Austin, o positivismo jurídico se caracteriza por a) um objeto certo, traduzido no direito como ele é, b) uma visão imperativa da norma, que é estruturada como comando, c) por uma concepção estatalista de direito (a fonte da norma é o titular da soberania, o órgão legislativo do Estado)[61].

Muito embora este não seja o objeto de análise neste trabalho, considera-se necessário, sob pena de incompletude, esclarecer que Hart combate tais concepções de Austin, afirmando que a) o modelo fundado na ideia de comando não capta algumas distinções do uso comum da linguagem e b) a ideia de reduzir a normatividade ao fato da obediência regular ou ao fator psicológico do sentimento de obrigação não convence.

Em rápida síntese, Hart aponta que o modelo austiniano falhou porque:

> *Em primeiro lugar*, tornou-se claro que, embora uma lei criminal que proíbe ou prescreve certas ações sob cominação de pena, se assemelhe mais, entre todas as variedades do direito, a ordens baseadas em ameaças dadas por uma pessoa a outras, tal lei mesmo assim difere de tais ordens no aspecto importante de que se aplica geralmente àqueles que a criam e não apenas aos outros. *Em segundo lugar*, há outras variedades de direito, nomeadamente as que conferem poderes jurídicos para julgar ou legislar (poderes públicos) ou para constituir ou alterar relações jurídicas (poderes privados), as quais não podem, sem absurdo, conceber-se como ordens baseadas em ameaças. *Em terceiro lugar*, há regras jurídicas que diferem de ordens no seu modo de origem, porque nada de análogo à uma prescrição explícita lhes dá existência. *Finalmente*, a análise do direito em termos de soberano habitualmente obedecido e necessariamente isento de todas as limitações jurídicas foi incapaz de explicar a continuidade da autoria legislativa característica de um sistema jurídico moderno, e a pessoa ou pessoas soberanas não puderam ser identificadas, nem com eleitorado, nem com o órgão legislativo de um Estado Moderno.[62]

[61] *Ibidem*, p. 122.

[62] HART, H. L. A. **O Conceito de Direito.** Pós-Escrito organizado por Penelope A. Bulloch e Joseph Raz. Trad. Antônio de Oliveira Sette-Câmara. São Paulo: WMF Martins Fontes, 2009, p. 23-31.MACEDO JUNIOR, Ronaldo Porto. *Op. cit.*

Todavia, Hart não só rebate essas ideias como também inova com o que Ronaldo Porto Macedo Júnior chama de "virada metodológica"[63], que é a impregnação da teoria do direito pela filosofia geral (em especial pela epistemologia e pela filosofia da linguagem). Essa virada metodológica se inicia com a "virada hermenêutica" de Hart, apresentando a noção de que o direito engloba um sistema jurídico aberto, de modo que se traduz num ordenamento em que a norma jurídica se expressa mediante regras primárias e secundárias, passíveis de interpretação mediante a textura aberta da linguagem expressa nas regras.

Ainda que Hart, tal qual Kelsen, concorde com a tese de que não há vinculação entre direito e moral, fato é que a versão anglo-saxônica do positivismo jurídico é positivista não só por isso, mas também porque analisa o direito a partir da noção de regra e obrigação jurídica. Hart defende que a constatação da legitimidade do sistema exaure-se na legalidade do procedimento de normativização/positivação, de modo que o direito é tido como um sistema autônomo e autorreferente, pois condiciona a validade da norma ao atendimento dos procedimentos prescritos juridicamente, ou seja, prescritos nele mesmo.

Entretanto, como mencionado acima, Hart amplia o campo de análise, introduzindo o paradigma hermenêutico na análise do fenômeno jurídico, de maneira que não basta a preocupação com aspectos sintáticos e semânticos, mas é necessária a análise dos aspectos pragmáticos da linguagem do direito (seus usos e funções).

Assim, pode-se dizer que as principais contribuições de Hart para sofisticar o positivismo jurídico, que inicialmente compreendia o sistema jurídico como fechado e autorreferente, foram: a estrutura do sistema jurídico com normas primárias e secundárias e a ideia de textura aberta do Direito.

Diante dessa breve introdução, passa-se, assim, a tratar da teoria de Hart.

2.3.1. Estrutura do sistema jurídico: dimensão interna e externa das regras

Uma grande contribuição de Hart para a teoria contemporânea do Direito consiste na "identificação e valorização da dimensão interna das regras, ou o ponto de vista interno do direito e sua crítica ao positivismo jurídico precedente"[64], em especial o de Austin e Benthan.

[63] , p. 66.

[64] Macedo Junior, *Op. cit.*, p. 71.

Desse modo, parte-se da estrutura do sistema jurídico, em que Hart explica que numa sociedade simples, sem poder legislativo nem juízes, existiriam somente normas primárias de obrigação, porque uma obrigação jurídica é, no entender de Hart, a noção pela qual o sujeito internaliza o caráter compulsório da obediência à norma jurídica. Se é assim, essa sociedade encontraria três tipos de problemas. O primeiro seria a incerteza, pois não há como determinar ou reconhecer quais regras devem reger a conduta do grupo. O segundo, o caráter estático das regras, já que não há autoridades para alterar, extinguir ou acrescentar novas regras. O terceiro seria a ineficácia da pressão social difusa, na medida em que os castigos pela violação da regra não são aplicados por uma instância especializada.

Para solucionar esses problemas, a sociedade introduz as regras secundárias ou metanormas, o que caracteriza a passagem do mundo pré-jurídico ao mundo jurídico. Essas regras são de três motivos: a) Regra de reconhecimento, que indica como reconhecer as demais regras do sistema e estabelece seus critérios de validade, de modo que tem uma natureza fática e funciona como fundamento do sistema, não sendo subordinada a nenhum critério de validade; b) Regras de alteração, que conferem poderes a pessoas ou órgãos para que modifiquem as regras do sistema; e c) Regras secundárias de aplicação ou regras de julgamento, que atribuem poderes judiciais para que o direito possa ser aplicado[65].

Quanto aos pontos de vista interno e externo da obrigação jurídica, denota-se a forte influência de Wittgenstein diante da análise das distinções e usos da linguagem comum, pressupondo que os usuários podem interpretar enunciados de diferentes maneiras e que a postura do destinatário pode assumir mais de um aspecto. Dessa forma, haveria o ponto de vista interno e o externo. O ponto de vista interno é o reflexo da maneira pela qual o grupo encara seu comportamento de acordo com as normas, que é a base para a sua conduta social. Ele justifica o tratamento hostil dado aos que violam as regras. Esse é o ponto de vista do participante, do membro do grupo. Já o ponto de vista externo corresponde ao do observador do sistema, podendo assumir diferentes formas: pode referir-se à forma pela qual os membros do grupo comportam-se de acordo com as regras (análise do ponto de vista interno), pode procurar padrões regulares de conduta em conformidade com as regras (e verificar que as ati-

[65] Hart, H. L. A. *Op. cit.*, 2009, p. 121-128.

tudes em desconformidade se seguem reações hostis). Seria o ponto de vista crítico, reflexivo[66].

2.3.2. Textura aberta: a virada hermenêutica de Hart

No que tange à textura aberta, e este é o ponto alto da teoria de Hart, o jusfilósofo de Oxford teoriza que todas as regras possuem uma textura aberta, de modo que seu conteúdo precisa ser preenchido por um processo de interpretação. Para ele, a linguagem jurídica, assim como a linguagem natural, apresenta uma infinita possibilidade de sentidos e, se é assim, o significado de uma proposição só é obtido de acordo com sua função em um contexto determinado.

Conforme Ronaldo Porto Macedo Júnior[67], costuma-se denominar "virada hermenêutica (*hermeneutic turn*) a mudança do paradigma teórico ocorrido na teoria do direito no século XX"[68]. Trata-se da abordagem que considera a produção de sentido da ação como um elemento para seu conhecimento.

Vale salientar que Macedo Júnior[69] sustenta que o pensamento positivista anterior a Hart é marcado pelo fisicalismo, encontrado em Austin, Benthan e Kelsen. O fisicalismo jurídico é a escola que pressupõe uma separação entre o subjetivo e o objetivo, ao que se propõe a descrever o mundo como ele realmente é. Ou seja: se tudo é físico, o mundo real contém apenas matéria e energia e os objetos possuem apenas propriedades físicas, promovendo-se uma associação a uma concepção absoluta do mundo, cuja realidade se reduplica no dualismo entre objetivo (exterior) e subjetivo (interior). Assim, no ideal moderno e cartesiano de objetividade, a descrição do mundo se dá de forma objetiva, independentemente de qualquer subjetividade ou percepção sensorial ou mental, havendo uma separação radical em objetivo e subjetivo.

Com a textura aberta, que é uma espécie de abertura do direito à moral, flexibilizando a teoria de Kelsen, a interpretação passa a ter uma excepcional importância. Por isso, Hart elabora uma Teoria de Aplicação do Direito pelos Tribunais. A partir dessa teoria, ele constata que é impossível

[66] HART, H. L. A. *Op. cit.*, 2009, p. 112-118.

[67] MACEDO JUNIOR, Ronaldo Porto. *Op. cit.*, p. 66.

[68] O termo é originariamente cunhado por Richard M. Rorty e explorado na obra The LinguisticTurn: Essays in Philosophical Method.

[69] *Ibidem*, p. 66-68.

criar regras jurídicas que esgotem todas as situações que podem ocorrer no mundo fático, concluindo que as possibilidades não podem ser esgotadas *a priori*.

Sem qualquer ingenuidade, Hart compreende que existirão casos que incidirão numa zona de penumbra normativa, em que não há como precisar se a conduta se enquadra ou não sob a norma. Portanto, para solucionar o problema da textura aberta e da zona de penumbra, Hart admite a existência de discricionariedade judicial (como outros positivistas, incluindo Kelsen). Afinal de contas, não haveria como superar o problema de forma segura, nem com o estabelecimento de regras de interpretação, pois também elas podem levar a incertezas.

Consequentemente, o juiz possui poder discricionário e está autorizado a criar o direito para suprir lacunas, sendo essa possibilidade de criação limitada pelo direito preexistente de duas maneiras: a) O ordenamento prevê a discricionariedade e o juiz só pode exercê-la nas matérias e nos limites por ele delimitados; b) O juiz deve respeitar os princípios subjacentes do ordenamento e preencher as lacunas visando sua integração. Este último tópico tem especial relevância no sistema de *common law* – vigente em países anglo-saxões, realidade em que Hart estava inserido.

De qualquer maneira, deve ficar claro que o juiz que atua criando o direito para preencher lacunas não inova o ordenamento, pois suas soluções valem somente para o caso *sub judice* e não para reformar o ordenamento preexistente. O poder discricionário só é exercido de forma intersticial – nas lacunas do ordenamento.

Cabe observar aqui que Serbena[70], apesar de concordar com a teoria mista de Hart, entende que o argumento poderia avançar,

> [...] no sentido de que há critérios analíticos, desenvolvidos pela linguística e pela filosofia da linguagem, que permitem distinguir quando uma disposição jurídica, ou o texto da lei, possui um significado apenas, ou mais de um. Dentro do âmbito estritamente legal e da interpretação jurídica, a disputa e a decisão por vários significados de um texto legal é decidida não exclusivamente por critérios puramente linguísticos, mas por variados critérios legais, que podem incluir diretrizes interpretativas positivadas, princípios legais e constitucionais, as intenções do legislador etc.

[70] SERBENA, C. A. *Op. cit.*, 2019 – A, p. 43.

Diante dessa rápida síntese da teoria de Hart, denota-se, como já afirmado, que se trata de um positivista, porque defende a separação entre direito e moral, pretende o desenvolvimento de uma teoria do direito geral e descritiva, justificando a ordem jurídica vigente num sistema autorreferente. Porém, inova no seguinte sentido: pensa a validade da ordem jurídica a partir daquilo que ele chama de regra do reconhecimento.

2.3.3. A regra de reconhecimento

Para reconhecer uma norma como tal ou identificar o direito válido, deve-se recorrer à regra de reconhecimento. Para o autor em questão, a validade do direito reside na regra do reconhecimento, que não é algo pressuposto, mas sim fático, que acontece na prática, na vida em sociedade, servindo de orientação para identificar o direito.

Hart, como já explicitado, inova em relação a Kelsen, tendo se autodeclarado um *"soft positivista"* (positivista brando)[71]. Em Hart, o sistema é aberto e autorreferente, enquanto em Kelsen é também autorreferente, mas fechado. Para Hart, a autorreferência está na regra de reconhecimento, pois é justamente essa regra que dá validade a toda norma jurídica. É aberto porque esta regra de reconhecimento pode colocar como critério padrões morais, ou seja, pode estabelecer que, para que a norma seja válida, ela se refira a padrões vigentes da sociedade. Quando diz que a regra é algo prático, fático, leva-se o problema da validade para uma perspectiva da moral, política etc. Logo, é justamente nesse ponto que se abre a norma jurídica em Hart, ainda que ele não o faça de forma explícita.

Para Hart, como já mencionado, há o ponto de vista interno e externo sobre as normas. O interno é o ponto de vista do participante, do membro do grupo, da pessoa que se considera membro do grupo; significa que a pessoa não apenas aceita para si um padrão de conduta, mas espera que todos os outros também se comportem dessa maneira. Ele é hermenêutico, pressupondo-se aceitação. Já o ponto de vista externo é aquele de um

[71] Hart utilizou o termo *soft-positivism* em seu Pós-escrito. Ele o fez no sentido de a regra de reconhecimento (critério de aferição da validade de uma norma) poder "incorporar, como critérios de validade jurídica, a conformidade com princípios morais ou com valores substantivos", com pretensão de responder às críticas de Dworkin. Hart se coloca como positivista apesar de admitir uma abertura singela do sistema jurídico aos valores. *In* Hart, H. L. A. *Op. cit.*, 2009. p. 322.

observador externo, de alguém que não se identifica como membro do grupo, mas até pode se comportar de acordo com a norma.

A regra de reconhecimento é usada como critério para reconhecer o direito válido. Hart vai fazer uma aproximação entre o direito e um jogo, comparando o direito a um jogo de linguagem.

Sobre a regra de reconhecimento (de Hart) e a norma hipotética fundamental (de Kelsen), é necessário tecer algumas considerações, a fim de clarear a compreensão acerca de suas similaridades e diferenças.

Enquanto a norma hipotética fundamental é uma hipótese e não algo concreto, escrito, palpável, a regra de reconhecimento não é algo pressuposto, mas sim algo fático, alguma coisa que acontece na prática, na vida em sociedade, servindo de orientação para identificar o direito. Em Kelsen, o sistema é autorreferente e fechado. Já em Hart, o sistema é também autorreferente, porém, é aberto, porque a regra de reconhecimento autoriza a existência de padrões morais como critério, podendo estabelecer que, para que a norma seja válida, ela se refira a padrões vigentes da sociedade.

A título de curiosidade, vale acrescentar que, para Waluchow[72], a ideia de regra de reconhecimento de Hart só precisa implicar que nós reconheçamos os mesmos critérios de validade, ou seja, elas não precisam implicar a interpretação igualitária das normas, nem tão pouco em uma mesma solução para casos concretos. A regra de reconhecimento não se comprometeu como uniformidade de aplicação, mas, sim, com a uniformidade de identificação do direito. Dessa forma, para Waluchow, ficaria em aberto se as regras poderiam ser complementadas por princípios não explícitos nas regras[73].

[72] W. J. Waluchow é considerado positivista inclusivista, e conforme Bolzani, em defesa do projeto positivista de Hart, "Wilfrid Waluchow, se apresenta como a melhor alternativa à ofensiva dworkiniana, colocando-se a meio caminho entre o exclusivismo de Raz e o interpretativismo de Dworkin, e incorporando, com sucesso, a análise dos limites e funções da moralidade no interior de sistemas jurídicos". Bolzani, Cesar F. **Coerência, Fontes e Incorporação**: Investigações sobre a relação entre direito e moral. Dissertação (Mestrado em Direito) – Faculdade de Direito, Universidade Federal do Paraná. Curitiba, Paraná, 2016. p. 13.

[73] WALUCHOW, Wil J., ***Four Concepts of Validity***: *Reflections on Inclusive and Exclusive Positivism* (November 6, 2008). *The Rule of Recognition and the United States Constitution*, Matt Adler, Ken Himma, eds., Oxford University Press, 2009. Disponível em: https://ssrn.com/abstract=1296840. Acesso em 03 nov. 2019.

2.3.4. Positivismo e a separação entre direito e moral para Hart

No artigo *Positivism and the Separation of Law and Morals*[74], publicado pela *Harvard Law Review* em 1958, Hart trata da separação entre direito e moral a partir da discussão sobre o que o direito é e o que o direito deve ser. No Brasil, esse artigo foi traduzido na obra "Ensaios sobre a Teoria do Direito e Filosofia", sob o título "Positivismo e a separação entre Direito e Moral". A discussão posta por Hart é feita a partir da crítica a utilitaristas – especialmente Benthan e Austin. Hart esclarece que há dois perigos que a distinção entre Direito e Moral nos ajuda a evitar: "o perigo que o direito e sua autoridade dissolvam-se nas concepções humanas daquilo que o direito deveria ser; e o perigo de que o direito existente possa suplantar a moral como critério último de conduta e que, assim, possa escapar de críticas"[75].

Tanto Benthan quanto Austin, segundo Hart, pretendiam afirmar duas coisas simples: a primeira é que na hipótese de não haver um preceito constitucional ou legal expresso, o fato de ocorrer uma violação dos padrões da moral por uma norma, não implica que ela deixe de ser jurídica; e a segunda é que o fato de uma norma ser moralmente desejável não implica que ela seja jurídica.

O artigo se divide em seis partes: a primeira é a introdução; na segunda, Hart trata da teoria do comando; na terceira, vem à tona a ideia de textura aberta e zona de penumbra do direito; na quarta, ele rebate as críticas formuladas pelo segundo Radbuch; na quinta, Hart insiste que um sistema jurídico que satisfizesse requisitos mínimos de direito natural poderia aplicar com imparcialidade leis odiosamente opressivas e negar a uma população escrava sem direitos os benefícios mínimos da proteção contra violência ou roubo e, por fim, na sexta parte, trata da relevância da distinção acerca do que o direito é e o que deveria ser.

Na segunda parte, sobre a teoria do comando, Hart esclarece que, para Benthan e Austin, a necessidade de obediência à lei decorria da teoria do comando (a lei é um comando), que Benthan traduzia na receita geral simples

[74] HART, H. L. A. ***Positivism and the Separation of Law and Morals.*** Harvard Law Review, Vol. 71, No. 4 (Feb., 1958), pp. 593-629. Disponível em http://www.jstor.org/stable/1338225. Acesso em 15 fev. 2019. A versão traduzida para o português encontra-se em HART, H. L. A. Ensaio 2 – O Positivismo e a Separação entre o Direito e a Moral. *In:* **Ensaios sobre teoria e filosofia do direito.** Trad. José Garcez Ghirardi e Lenita Maria Romoli Esteves. Rio de Janeiro: Elsevier, 2010.

[75] HART, H. L. A. *Op. cit.*, 2010, p. 58.

"obedecer pontualmente, censurar livremente"[76]. Logo, a lei seria o comando dos comandantes não comandados pela sociedade, ou seja, uma criação do soberano, a partir de sua vontade legalmente irrestrita, pois ele estaria acima da lei.

Porém, Hart adverte que nada de que o legislador faz se torna direito a menos que obedeça a regras fundamentais aceitas que especificam os procedimentos essenciais para a criação do direito. Além disso, a teoria do comando teria um defeito radical: o de não compreender a distinção entre regras jurídicas que correspondem a comandos e regras jurídicas que colocam direitos à disposição dos indivíduos, oferecendo estruturas de direitos e deveres para a condução da vida dentro da estrutura coativa da lei (contratos, testamentos, negócios fiduciários etc.).

Quanto a esse ponto, alguns críticos, como Salmond[77], defendiam que as normas que conferem direitos, embora distintas de comandos, precisariam estar envolvidas em noções de justiça. Hart critica essa ideia, sob alegação de que tais leis não precisam ser morais, tampouco com a moral necessitam coincidir.

Na terceira parte, vem à tona a ideia de textura aberta e zona de penumbra do direito. A partir de conclusões da escola dos realistas, Hart explica que "deve haver um núcleo de sentidos estabelecidos [*core of seetled meaning*], mas haverá, também, uma zona de penumbra de casos discutíveis nos quais as palavras nem são obviamente aplicáveis, nem obviamente descartadas"[78]. Nessa zona de penumbra, os argumentos e decisões jurídicas devem ser racionais, de modo que sua racionalidade não deve se fundar em algo que não a relação lógica com as premissas. Poder-se-ia argumentar que o critério que tornaria sensata uma decisão nesse caso, seria moral, porém isso está equivocado, como se verá.

Hart[79] defende que, para ser racional, em casos de penumbra, a decisão judicial não deve se socorrer da moral, ainda que deva ser construída a partir de alguma concepção do que o direito deve ser. Os juízes devem apelar para os objetivos, as políticas e os propósitos sociais extraídos do direito, em sentido amplo, de modo que suas decisões possam ser racionais. Consequentemente, ao se deparar com uma zona obscura, de maneira

[76] HART, H. L. A. *Op. cit.*, 2010, p. 57.

[77] HART, H. L. A. *Op. cit.* Acesso em 03 nov. 2019.

[78] HART, H. L. A. *Op. cit.*, 2010, p. 69.

[79] HART, H. L. A. *Op. cit.*, 2010. p. 74 e 75.

nenhuma os juízes estão autorizados a legislar, mas, sim, exercer uma escolha criativa entre alternativas, dado que as políticas sociais que norteiam as escolhas dos juízes estão postas a serem extraídas da regra, pois se ela for compreendida de forma adequada, será possível perceber que tal conclusão estava latente.

Assim, equivoca-se quem afirma que o positivismo é formalista e detém uma aplicação mecânica ou, ainda, que o sistema jurídico seria absolutamente fechado, ignorando as consequências da decisão judicial.

No ponto quatro, Hart rebate as críticas formuladas pelo segundo Radbruch, defensor do jusnaturismo. Hart explica que o positivismo sofreu ataques que se relacionavam menos a argumentos intelectuais e mais a apelos apaixonados fundados em lembranças da experiência do nazismo. Sustenta Hart que havia uma ingenuidade extraordinária em Radbruch em atribuir que a crença da separação entre direito e moral teria contribuído poderosamente para as barbaridades perpetradas em nome do direito na Alemanha nazista. Pois tudo o que ele diz dependeria, de fato, de uma:

> [...] enorme supervalorização da importância do simples fato de que uma norma possa ser considerada uma norma jurídica válida, como se isto, uma vez declarado, fosse conclusivo da questão moral final: 'Esta regra jurídica deveria ser obedecida'.[80]

Hart, então, exemplifica como os tribunais alemães aplicavam regras morais inclusive para justificar condenações. Conclui Hart:

> Pois, se adotarmos o entendimento de Radbruch, e, com ele e com os tribunais alemães, fizermos nosso protesto contra leis más na forma de uma assertiva que certas normas não podem ser leis devido à sua iniquidade moral, confundimos uma das formas mais poderosas, porque a mais simples, de crítica moral. Se, com os utilitaristas, falamos claramente, diremos que as leis podem ser direito, mas que são perversas demais para serem obedecidas. Esta é uma condenação moral que todos podem entender que solicita, de forma clara e imediata, atenção moral. Se, por outro lado, formulamos nossa objeção como uma afirmação de que essas coisas perversas não são lei, há aqui uma afirmação em que a maioria das pessoas não acredita e, mesmo que elas estejam dispostas a considerá-la, irá levantar toda uma série de questões filosóficas antes de ser aceita. Assim, talvez a lição mais importante a ser aprendida

[80] *Ibidem*. p. 81.

dessa forma de negação da distinção utilitarista seja aquela que os utilitaristas mais desejam ensinar; quando temos ampla possibilidade de um discurso simples não devemos apresentar a crítica moral às instituições como proposições de uma filosofia questionável.[81]

No ponto cinco, Hart insiste que um sistema jurídico que satisfizesse requisitos mínimos de direito natural – justiça procedimental e justiça na aplicação do direito – poderia aplicar com imparcialidade leis odiosamente opressivas e negar a uma população escrava sem direitos os benefícios mínimos da proteção contra violência ou roubo. Isso demonstraria que as razões (justiça da equidade – na aplicação do direito, e justiça procedimental – objetividade e imparcialidade na aplicação do direito), para se falar de uma certa suposição entre padrões jurídicos e morais como necessária e natural, não satisfariam ninguém que estivesse perturbado pela insistência de que o direito e a moral não são distintos.

Ao final do artigo, no ponto seis, Hart deixa claro que a questão da fusão entre o que o direito é e o que deveria ser não precisa ter qualquer relação com a moral, pois, em verdade, tudo isso se relaciona por meio da linguagem. Segundo ele, dentro de um direito bem estabelecido, existem muitas alternativas dentre as quais juízes e advogados devem escolher e nesses casos, sua forma de tornar apropriada e aproximar o direito do seu apelo é utilizar a linguagem para descrever as experiências que sentem ao interpretar seus próprios princípios de conduta, intenções, desejos, ou os de outros, quando não estão conscientes de fazer uma escolha deliberada, mas, antes, de reconhecer algo que se espera ser reconhecido. Utilizar, na descrição e interpretação do direito, a terminologia sugerida de:

> [...] uma fusão ou incapacidade de separação entre o que é e o que deveria ser servirá apenas (...) para encobrir os fatos, que aqui, mais do que qualquer outro lugar vivemos em meio a incertezas dentre as quais devemos escolher, e que o Direito existente impõe apenas limites à nossa escolha e não à própria escolha[82].

Isso posto, passa-se a tratar das semelhanças e diferenças entre Kelsen e Hart.

[81] Hart, H. L. A. *Op. cit.*, 2010, p. 84.
[82] Hart. H. L.A. *Op. cit.*, 2010, p. 95.

2.4. Entre Kelsen e Hart: semelhanças e diferenças

Neste tópico serão apontadas semelhanças e diferenças entre Kelsen e Hart, a fim de facilitar a compreensão de ambas as teorias. Note-se que houve um episódio de um debate ocorrido pessoalmente entre os dois teóricos, em novembro de 1961, na Faculdade de Direito da Universidade da Califórnia em Berkeley. Em tal ocasião, narra Hart que Kelsen teria observado que a disputa entre eles era "um tipo absolutamente novo porque, embora ele [Kelsen] concordasse comigo [Hartt], eu não concordava com ele"[83].

Tanto Kelsen quanto Hart são positivistas e focam sua análise a partir da noção de regra/norma (direito como sistema de regras ou normas). Carlos Santiago Nino[84] classifica esses autores como defensores de um tipo de positivismo que ele chama de "metodológico ou conceitual".

Muito embora a presença da teoria de Austin seja mais marcante em Hart, ela também permeia a obra de Kelsen. Ambos constroem uma teoria geral, ou seja, não voltada a uma ordem jurídica específica, permitindo-se a produção de algo que tem sentido além das peculiaridades de cada ordenamento. Precisamente por isso, tratam-se de teorias descritivas, sem a finalidade de justificar qualquer ordenamento, portanto, moralmente neutras.

Quanto à discricionariedade judicial[85], para Kelsen a norma só dá a moldura para a decisão, de maneira a reconhecer seu aspecto volitivo; já para Hart, reconhece-se a existência de uma textura aberta na norma, bem como de casos de penumbra, a partir da impossibilidade de precisar os significados previamente, sendo possível imprecisão até mesmo das normas de interpretação, que não expressam seu próprio significado.

Os dois reconhecem a finitude do ordenamento, compreendendo que ele não pode prever todas as situações. Porém, Hart se refere à zona de penumbra e Kelsen ao mínimo de liberdade.

Para os jusfilósofos, o juiz cria o Direito mas, em Hart, não inova a ordem jurídica, porque só o decide o caso discutido, e, em Kelsen, só cria uma norma individual e não geral. Em Kelsen, o direito exige força, coerção (é

[83] *Ibidem*, p. 323-347.

[84] NINO, Carlos Santiago. *Op. cit.*, 2010. p. 42-50.

[85] Como explicado acima, Serbena esclarece que Kelsen apresenta um viés realista, o que impacta diretamente na questão da discricionariedade, dado que, para ele, a adjudicação de sentido às normas jurídicas era uma atividade não racional. *In* SERBENA, C. A. *Op. cit.*, 2019-A, p. 28.

o que o diferencia de outros sistemas sociais); por outro lado, em Hart, o direito exige aceitação, baseado na regra de reconhecimento.

No debate[86] mencionado acima, Hart e Kelsen discutiram sobre "A expressão de Kelsen: 'Regras Jurídicas (*Rules of Law*)' em um sentido descritivo" e "A definição de delito".

Segundo Kelsen, a orientação de sua Teoria Pura do Direito e a da teoria analítica do direito era a mesma, ocupada com a análise e elucidação no sentido do direito positivo, distinguindo-se as razões pelas quais a Teoria Pura seria mais consistente e evitaria alguns erros como o de Austin na análise dos direitos e deveres e na relação entre direito e Estado. A Teoria Pura seria uma teoria geral que, de fato, diz ao jurista interessado em um sistema jurídico como "representar" ou descrever tal sistema; quais tipos de "conceitos" ele deveria usar e quais não e, de maneira geral, qual a forma que sua descrição ou "apresentação" do sistema jurídico deve assumir se deseja ser apta a ser considerada a ciência normativa daquele sistema. E é esse ponto que Kelsen introduz as noções que Hart considerava confusas:

> Bem, é nesse ponto que Kelsen introduz as noções que eu e outros consideramos tão confusas. Falando na condição de teórico puro, Kelsen diz ao jurista envolvido na ciência normativa de um sistema jurídico específico que sua descrição ou representação deve assumir a forma de "regras" ou "declarações de dever-ser", mas "em sentido descritivo". Isto é bastante surpreendente porque aquilo que naturalmente deveríamos esperar de um jurista que nos diz estar engajado na descrição ou apresentação do direito inglês ou californiano não seria um conjunto de regras ou declarações de "dever-ser", mas um conjunto de declarações explicando qual o sentido das regras, conforme se encontram, por exemplo, nas leis da Inglaterra ou da Califórnia. (...) Seriam declarações dos juristas *sobre* o direito, não pronunciamentos legislativos *de* direito.[87]

A saída seria inserir a distinção entre uso e menção das palavras, ao que se poderia dizer que "os órgãos legislativos, ao promulgarem leis, usam certas palavras, e que o jurista que se encarrega de nos explicar o que a lei diz *menciona* tanto as palavras da lei, como as palavras que oferece à guisa de

[86] Hart. H. L.A. *Op. cit.*, 2010, p. 333-339.
[87] *Ibidem*, p. 327-328.

paráfrase ou explicação de sentido"[88]. Logo, para Hart, Kelsen teria antecipado a importante distinção entre o uso e a menção de palavras, mas o teria feito de maneira infeliz, tendo-a expressado como uma distinção entre o sentido prescritivo e descritivo de palavras como "dever-ser". Porém, ao levantar essa discussão, Hart teve como reação que "Kelsen nem quis ouvir falar do assunto"[89]. O jurista austríaco insistiu que as declarações da ciência normativa do direito apresentando o direito de um determinado sistema *não* eram, de forma alguma, paráfrases: respondeu que não eram declinações de 'segunda ordem' sobre o direito e que as palavras eram mencionadas não usadas"[90]. Assim, defendeu sua terminologia de regras e declarações de dever ser "em um sentido descritivo".

No tocante à definição de delito (atos ilícitos penais, somente), Hart acredita não estar claro o que Kelsen desejava dizer ao insistir, por um lado, que a definição jurídica de delito se resumiria a de que um crime seria simplesmente o comportamento a partir do qual, de acordo com o direito, torna-se aplicável a uma sanção ao indivíduo que assim se comporte (e isso seria tudo que uma definição de delito poderia e deveria reconhecer) e, por outro lado, que essa definição pressuporia, segundo Kelsen, o caráter socialmente nocivo do delito, embora a ele não se refira e que só está correta se a condição assim pressuposta for satisfeita.

A Teoria Pura de Kelsen, na ótica de Hart, insiste que a tarefa classificatória de uma ciência normativa seja feita com elementos do próprio direito (sistema autorreferente), evitando-se conceitos morais, políticos, psicológicos, que não são parte do material jurídico.

Porém, para Hart, Kelsen não quer dizer que uma definição jurídica não possa nunca usar um elemento psicológico, pois, "nos casos em que o Direito mesmo torna tais elementos relevantes – por exemplo, a *mens rea* é uma condição da responsabilidade penal -, então a sanção se dirige a um delito psicologicamente qualificado"[91]. Essa seria a definição de Kelsen acerca da responsabilidade baseada na culpa, de modo que conclui Hart que Kelsen sustentaria sem dúvidas que esta se revela uma definição juridicamente sólida, muito embora utilize termos psicológicos, pois estes se encontram no direito relevante.

[88] HART. H. L. A. *Op. cit.*, 2010, p. 329.
[89] *Ibidem*, p. 330.
[90] *Ibidem*, p. 330.
[91] HART, H. L. A. *Op. cit.*, 2010, p. 335.

Hart não compreende o motivo pelo qual devemos nos prender às restrições que a Teoria Pura impõe, tampouco entende precisamente de qual maneira devemos determinar quais elementos podemos considerar como "encontrados a partir de um conteúdo da norma jurídica", ou expressos no conteúdo da norma ou da ordem jurídica, ou ainda no material produzido para criação de leis. Para Hart, há muita coisa sem explicação, ao que sugere que a concepção restritiva de Kelsen poderia estar relacionada de alguma forma com o realismo jurídico norte-americano, ainda que os elementos permitidos sejam diferentes nas duas teorias.

> A realista permite apenas elementos relevantes à previsão da sanção; enquanto Kelsen permite apenas elementos que, segundo a regra jurídica, são condições para que a "sanção" deva ser aplicada. Não obstante tais diferenças, a comparação realmente sugere uma crítica à definição de Kelsen de delito e, de fato, a todo o programa de sua definição jurídica severamente restrita.[92]

A crítica de Hart é que tais definições não serviriam a nenhum propósito útil, teórico ou prático, e que têm um potencial grande para gerar confusão em alguns pontos, como seria o caso, por exemplo, da diferenciação jurídica da exigência de pagamento de tributo e de uma multa, situação em que "teríamos que sair dos limites da definição jurídica para determinar quando um pagamento compulsório em dinheiro é uma sanção e quando não é"[93]. Pode-se presumir que se trata de uma sanção quando se objetiva, a partir de uma punição, desencorajar um comportamento socialmente indesejável. No entanto, esse elemento é justamente o que Kelsen consideraria estar excluído da definição jurídica de delito.

Hart afirma que Kelsen está ciente dessas dificuldades, porque "concebe que a definição jurídica apenas se mantém válida com base na pressuposição de que o comportamento, que é a condição da sanção, seja considerado nocivo à sociedade"[94]. Mas, para Hart, essa concessão apenas mostraria que a definição jurídica severamente restrita seria não só inútil, mas também confusa. Para ele, muitas das definições iluminadoras da Teoria Pura não são e não poderiam ser definições jurídicas, no sentido restrito postulado por Kelsen, duvidando se a definição de uma norma jurídica (afora da sua

[92] *Ibidem*, p. 337.
[93] *Ibidem*, p. 338.
[94] *Ibidem*, p. 338.

dependência da definição de sanção) se conformaria às exigências estritas da definição jurídica. Pois, ainda que uma norma possa ser expressão de uma ideia, não é certo que essa ideia corresponda a conteúdos ou elementos da norma, ou caiba em uma descrição correspondente a uma definição jurídica estrita.

Hart relata, contudo, que Kelsen não se sensibilizou com tais argumentos, e ensinou duas coisas importantes:

> A primeira é que Kelsen tem uma razão interessante e possivelmente boa para falar não meramente de uma ciência de normas, mas de uma ciência "normativa: do direito, e ela não está sujeita à crítica do professor Ross, embora possa estar sujeita a outras. A segunda é que qualquer um, como eu, que deseja trazer para a definição de crime ou de delito a ideia de que o comportamento ao qual se associam sanções não é igual ao comportamento que é simplesmente tributado, e que ele difere porque o primeiro é, de certa forma, condenado, deve tomar cuidado ao explicar de que maneira, no caso de qualquer lei específica, determina-se a presença desse fator de condenação. [95]

Passa-se então a tratar da relação entre direito e moral dentro do debate travado pessoalmente entre Kelsen e Hart.

Cabe relembrar, quanto a esse ponto, que Kelsen tem como fundamentação última a norma fundamental de caráter hipotético; já Hart tem sua fundamentação última na regra de reconhecimento, de caráter empírico. Hart tem uma perspectiva linguística mais avançada, inspirada na teoria da segunda fase de Wittgenstein, com a pluralidade de significados e com a dimensão pragmática.

Especificamente para esta tese, o questionamento que Hart coloca à Kelsen quanto à relação entre direito e moral é o ponto mais interessante da discussão realizada em Berkeley.

Relata Hart que Kelsen aduz que, diante de um conflito entre uma norma de direito positivo e uma norma de moralidade, tem-se que, para o direito positivo, como um sistema de normas válidas, a moral não pode influenciar o direito e o dever jurídico, isto é, ainda que possa ser considerado imoral, subsiste. De outro lado, se basearmos as considerações normativas na moral, há um dever de recusar o cumprimento de norma jurídica diante de sua imoralidade. "O jurista ignora a moral como um sistema de

[95] HART, H. L. A. *Op. cit.*, 2010, p. 339.

normas válidas, do mesmo modo que o moralista ignora o direito positivo como sendo um sistema"[96]. Defende Kelsen, segundo Hart, que uma contradição lógica é sempre uma relação entre os sentidos de julgamentos ou de declarações, nunca uma relação entre fatos, de maneira que o chamado conflito de normas ou de deveres significa o fato psicológico de um indivíduo estar sob a influência de duas ideias que impulsionam em direções opostas, de forma alguma significando a validade simultânea de duas normas que mutuamente se contradizem.

A partir disso, Hart sustenta que a posição de Kelsen parece excluir a possibilidade de se formular uma crítica moral ao direito, erro comumente imputado, de forma discriminada, aos positivistas jurídicos por seus oponentes.

A crítica de Hart centra-se em dois princípios centrais: em primeiro lugar, há uma doutrina destrutiva que defende que não pode haver uma relação entre direito e moral, em que está incluída a ideia de que não se admite conflito entre uma norma jurídica válida e uma norma moral válida; em segundo lugar, há uma explicação construtiva da ideia de colisão de deveres voltada a reconciliá-la com a doutrina destrutiva[97].

Quanto ao segundo ponto, Kelsen deixa de mencionar o conflito entre e direito e moral no tocante à crítica moral ao direito e, no entender de Hart, essa questão, tanto quanto o conflito de deveres, exige uma explicação de Kelsen, dado que afirma que duas normas contraditórias não podem simultaneamente serem válidas.

No caso da crítica moral ao direito, o conflito entre direito e moral não precisa se dar em um caso concreto ou quanto a um indivíduo particular e suas ações. Alguém que não esteja pessoalmente sujeito a uma norma pode condená-la moralmente. Nessa hipótese, a lei pode ser considerada válida, ainda que em conflito com a moral. Em razão da diferença havida entre os dois tipos de conflito, Hart analisa separadamente o impacto da teoria destrutiva de Kelsen.

Sobre o conflito de deveres, Kelsen explica que, embora seja possível acreditar de forma ingênua que uma norma jurídica válida está em conflito com uma norma moral válida, isso não ocorre de fato e nem é possível ocorrer. Deve-se, então, interpretar a declaração de que uma determinada pessoa tem de um conflito de deveres como simplesmente a referência ao

[96] HART, H. L. A. *Op. cit.*, 2010, p. 340.

[97] *Ibidem*, p. 341.

fato psicológico de que ela está sob a influência de duas ideias que a impulsionam em direções opostas. Porém, é logicamente impossível que as duas normas sejam simultaneamente válidas. Seu ponto de vista é o da facticidade e não o da normatividade.

Hart sustenta que esse ponto de vista está equivocado. Para se considerar a existência de um conflito de deveres morais e jurídicos, a regra jurídica válida precisa exigir que determinada pessoa faça algo e que um princípio ou regra moral exija que se abstenha de fazê-lo. Além disso, ela precisa acreditar que é impossível atender as exigências de ambas as regras, havendo um conflito de interesses de fato. Há que se considerar o sentido da regra jurídica e da regra moral, tratando-as para esse fim como declarações de dever ser.

Ao considerar a doutrina destrutiva de Kelsen, verificam-se duas razões principais, de acordo com Hart, para ele insistir que duas normas válidas não podem existir lado a lado nem conflitar. A primeira seria a de que o moralista ignora o direito positivo como um sistema enquanto o jurista ignora a moralidade como um sistema de normas válidas. Assim, sob ambas as óticas, não se poderia falar entre contradições de dois deveres simultâneos. Logo, nem o moralista nem o jurista fariam declarações sobre o conflito entre direito e moral. E Kelsen acrescenta que não haveria um terceiro ponto de vista.

Hart discorda, sob alegação de que nenhum ser humano é tão somente um jurista ou um moralista; alguns pensam tanto sobre normas jurídicas quanto normas morais, considerando ambos os sentidos como normas, entrando em conflito quanto a elas. O argumento de Kelsen em adotar o ponto de vista da facticidade, olhando o direito como um psicólogo ou sociólogo fariam, também não se sustenta, como se vê:

> A análise psicológica de Kelsen acerca do conflito entre direito e moral deve também fracassar, talvez de maneira mais óbvia, como explicação para o caso da crítica moral ao direito. Pois um crítico moral que condena a lei de seu próprio sistema, ou de outro, porque exige comportamento contrário àquele que é exigido por algum princípio moral não está comprometido com nenhuma declaração de fato psicológica a respeito de indivíduos que estão sob a "influência de ideias que os impulsionam em direções opostas". O crítico claramente considera o sentido daquilo que Kelsen chama de declarações de dever-se, entendendo-as como normas, e pensa que elas conflitam.[98]

[98] Hart, H. L. A. *Op. cit.*, 2010. p. 344.

O segundo argumento destrutivo de Kelsen, no entender de Hart, é o de que uma declaração de que uma norma jurídica válida e um princípio moral conflitam é, ela mesma, uma impossibilidade lógica. Hart esboça as principais críticas a esse argumento.

A primeira é a de que há uma confusão entre uma declaração sobre o direito com a da lei pelo legislador ou com a do jurista acerca de seu sentido, pois é uma teoria tolerável que o direito conforme declarado pelo legislador ou representado pelo jurista seja uma declaração de dever-ser. No entanto, a declaração de validade de uma lei se refere ao lugar dela dentro do sistema jurídico.

A segunda é sobre a ausência de reconhecimento de contradição entre uma norma moral e uma norma jurídica. Hart explica que haveria um sentido intuitivamente aceitável para "A deve ser feito" é o de que "há boas razões para se fazer A". Se for atribuído a esse sentido a palavra "deve", tem-se que "A deve juridicamente ser feito ao mesmo tempo que A deve moralmente não ser feito", o que equivale a "Há boas razões jurídicas para fazer A e boas razões morais para não fazer A". Portanto, temos um conflito, porque é logicamente impossível que uma pessoa ao mesmo tempo faça e deixe de fazer A. E não há nada contraditório ou logicamente impossível nessa formulação.

Hart então conclui:

> Por fim, eu deveria dizer que, em nosso debate, não nos aprofundamos nesse tema bastante complexo da relação entre direito e moral. Kelsen disse, contudo, que ele estava repensando a questão das relações lógicas possíveis entre normas, e, particularmente a possibilidade de uma norma conflitar logicamente com outra. Não o registro aqui para mostrar que Kelsen se impressionou com meus argumentos, pois acredito que ele tivesse em mente considerações bastante diferentes. Mas, havermos de esperar que, a respeito desse tema dificílimo, possamos ter mais reflexões do autor mais estimulante da teoria analítica do direito em nossos dias.[99]

Para concluir e já introduzir o capítulo seguinte, Marmor[100] sustenta que nem o positivismo jurídico, tampouco as críticas a ele, formam uma teoria unificada sobre a validade jurídica. Há variações importantes e visões

[99] *Ibidem*, p. 347

[100] MARMOR, Andrei. *Op. cit.*, 2011. p. 4-6.

diferentes de cada uma dessas tradições. O tema recorrente, em que se concentra o debate, trata da possibilidade de separar as condições que constituem conteúdo avaliativo da validade jurídica das normas. O positivismo jurídico sustenta que as condições de validade são separadas do conteúdo moral, enquanto os críticos dessa tradição mantêm uma visão de que há relação, ainda que não necessária, entre direito e moral. De acordo com o ponto de vista destes, o que ao direito é depende em parte do que o direito deveria ser.

3
CINDINDO O POSITIVISMO JURÍDICO: O ATAQUE DE DWORKIN AO POSITIVISMO DE HART

Neste capítulo, será tratada a crítica de Ronald Dworkin ao positivismo clássico, especialmente ao de H. L. A. Hart. A partir dela, apresentar-se-á a resposta de Hart, contida no pós-escrito de O Conceito de Direito, o que será o ponto de partida para a cisão do positivismo jurídico em inclusivista e exclusivista.

3.1. O ataque de Dworkin ao positivismo jurídico de Hart

Ronald Dworkin (1931-2012) foi aluno de Rawls e H. L. A. Hart, tendo sucedido o segundo na cátedra de *Jurisprudence*[101] em Oxford.

Hart é escolhido por Dworkin como seu principal e mais sofisticado interlocutor. A teoria de Dworkin se constrói a partir das teses de Hart, contrapondo-as, reafirmando-as ou tentando sofisticá-las. Hart, atento às críticas de Dworkin, escreve um pós-escrito à sua obra O Conceito de Direito, em que rebate algumas posições e acolhe outras, revendo e revisitando sua teoria. Ainda, defende Neves[102] que a teoria do direito de Dworkin também pressupõe um diálogo com a teoria de justiça de John Rawls.

Vera Karam de Chueiri[103], em rápida síntese, explica as principais teses de Dworkin:

[101] A disciplina de *Juriprudence* equivale à disciplina de Teoria do Direito no Brasil.

[102] NEVES, Marcelo da Costa Pinto Neves. **Entre Hidra e Hércules:** princípios e regras constitucionais como diferença paradoxal do sistema jurídico. Tese apresentada em concurso para professor titular do Departamento de Direito da UNB, edital 6/2010. Brasília: UNB, 2010, p. 61.

[103] CHUEIRI, Vera Karam de. Ronald Dworkin. *In* BARRETO, Vicente de Paulo (coord.) **Dicionário de Filosofia do Direito.** São Leopoldo: Editora Unisinos, 2009, p. 259. Grifos no original.

> As principais teses defendidas por Dworkin podem ser, assim, elencadas: *a tese dos direitos (the rights thesis)*, cuja ênfase está na discussão e distinção que o autor estabelece entre *princípios (principles) e políticas (policies)*. Ao argumento de que as decisões judiciais devam ser baseadas em princípios, pois os direitos individuais preferem aos fins coletivos, segue a tese de que sempre haverá uma *resposta certa*, a melhor possível, aos conflitos que demandam a atividade jurisdicional. *A tese da resposta certa (the right answer thesis)* conduz à concepção do *Direito como cadeia (the chain of Law)*, a qual se constrói a partir da analogia do Direito com a narrativa literária e, consequentemente, do juiz com o autor/crítico literário. Assim concebido, o Direito experimenta o que se pode chamar de *guinada interpretativa*. Na esteira das teses anteriores, Dworkin parte da compreensão do Direito como um conceito interpretativo da prática jurídica. Somente a partir de uma atitude interpretativa (crítico-hermenêutico) em relação à prática jurídica é possível compreender o Direito para além da sua descrição, normativamente. Para Dworkin, só tem sentido justificar uma ação em nome do Direito se, finalmente, essa ação for moralmente justificada, isto é, se subscrever o princípio segundo o qual todos devem ser tratados com igual respeito e consideração. Tal princípio sustenta uma ideia de igualdade que está no cerne do liberalismo igualitário (*egalitarian liberalism*) de Dworkin. Para tanto, o autor compreenderá o *Direito como integridade* (*law as integrity*). Essa concepção do *direito como integridade* se opõe às concepções rivais, segundo as quais o direito é uma questão de descobrir e aplicar determinadas convenções sociais (especiais), voltando-se para o passado (convencionalismo), ou uma questão da consecução da felicidade geral, constituindo-se proposições jurídicas em programas instrumentais voltados, exclusivamente para o futuro (pragmatismo).

Desde logo, cabe rebater o senso comum que envolve o autor no âmbito brasileiro e esclarecer que Dworkin não propõe que os princípios jurídicos devem ser levados "em conta na tomada de decisões judiciais, que o judiciário deve decidir a partir de princípios *stricto sensu*, e não de políticas, e que a interpretação deve ser construtiva"[104], mas, sim, constatou que isso ocorre na prática da *common law* americana. Dworkin mostra que é preciso pressupor a figura do juiz Hércules na construção de qualquer

[104] Coelho, André. **Más leituras de Dworkin**. Disponível em: http://aquitemfilosofiasim.blogspot.com/2009/11/mas-leituras-de-dworkin.html. Acesso em 27 nov. 2019.

decisão que pretendesse levar em conta os padrões fixados pela tradição anterior a ela, mas jamais propôs que o juiz deveria ser como Hércules e tomar decisões a partir de uma reconstrução racional dos princípios que orientaram as decisões do passado. Dworkin, em verdade, é o teórico que "renovou, através da noção de 'integridade', a ideia do que significa a 'coerência' com a tradição anterior e que tentou ultrapassar a distinção entre 'aplicar Direito existente' e 'criar Direito novo"[105].

Dworkin apresenta um terceiro ponto de vista sobre as condições da validade jurídica, para além dos jusnaturalismo e do positivismo jurídico. Marmor[106] explica que Dworkin se inspira na tradição do direito, mas com um grande diferencial: sustenta que a moral não é um conteúdo necessário da norma, mas pode ser suficiente. De acordo com Dworkin, a argumentação moral e política às vezes é suficiente para concluir que um determinado conteúdo normativo é legalmente válido e que faz parte do direito num determinado contexto.

3.1.1. A teoria de Dworkin apresentada em *Levando os Direitos a Sério*

Ronald Dworkin, na obra estudada Levando os Direitos a Sério [*Taking Rights Seriously*, em seu título original], propõe-se não só a formular uma crítica a H. L. A. Hart, mas também apresenta uma teoria com bases liberais. Ele parte do questionamento acerca do que o direito é, assim como os positivistas jurídicos, mas o seu ponto principal gira em torno de como o direito deve ser, descortinando um viés descritivo-normativo. Ele expõe uma descrição do que as regras são e do que os juízes fazem, com a clara preocupação de se legitimar ao corresponder aos ideais de uma teoria política necessariamente liberal, o que não era uma preocupação – ao menos não explicitamente – de Hart.

Por conta disso, o que se tem é que as ideias jurídicas de Dworkin revelam não ser somente jurídicas, pois acabam incorporando um ideal político particular junto.

Nesse contexto, importante deixar claro que o Brasil também é uma democracia constitucional com arranjos liberais, ainda que não seja identificado, *a priori*, como um país com uma ideologia liberal forte, logo, a aplicação da teoria de Dworkin por nossas cortes e juristas livremente e

[105] *Ibidem.*

[106] MARMOR, *Op. cit*, 2002. *Online publication, 2012.*

sem ressalvas à nossa realidade parece ser equivocada. Até mesmo nesse ponto, fica clara a necessidade de estabelecer ou identificar qual a moralidade institucional que permeia nosso país, a fim de que as teorias possam ser criadas, estabelecidas e identificadas com refinamento na adequação à realidade brasileira, levando em conta suas características e peculiaridades. A moralidade institucional e o enfoque brasileiro serão tratados nos próximos capítulos desta tese.

Retomando Dworkin, é possível extrair da leitura de Levando os Direitos a Sério que ele pretendia, em verdade, formar uma teoria liberal alternativa do direito, contrapondo-se à teoria dominante do direito que, para ele, é um misto de positivismo e utilitarismo.

Uma teoria completa do direito, na opinião de Dworkin, seria aquela que abordasse três pontos, quais sejam: legislação, jurisdição e obediência. O primeiro, a legislação, partiria do ponto de vista do legislador: quem legisla, sobre o que e quais conteúdos deveriam se transformar em legislação concreta, quais procedimentos seguir e como deveria se posicionar. O segundo, a jurisdição, diria respeito ao julgador: o que deveria ser julgado e quais os critérios a serem utilizados. E o terceiro, a obediência, refere-se à perspectiva do cidadão: que trata de quais leis podem ser impostas, quais podem reclamar obediência e em quais casos o cidadão pode não obedecer. Segundo Coelho[107], Dworkin teria como objetivo oferecer uma teoria completa do direito que passasse por todos esses pontos.

Ao construir essa teoria, Dworkin parte do que ele acredita ser a abordagem dominante no mundo de língua inglesa à época, que se traduz nos seguintes pontos principais: 1) quanto à jurisdição e à obediência, o positivismo jurídico é a teoria dominante, que tem como crença que o direito consiste numa série de regras explícitas, objetivamente identificáveis, as quais são criadas por uma fonte formal autorizada, e que o Direito se exaure nessas regras pois, fora das regras, não haveria base jurídica; 2) quanto à forma de abordar o que é justo, a teoria dominante é a utilitarista, que discorre acerca de quais leis deveriam existir e o modo que devem ser formadas, com o objetivo de buscar o maior benefício possível para o

[107] Coelho, André. Palestra **"Levando os Direitos a Sério"** e **"Uma questão de princípios"**. *In* II Jornada de Teoria do Direito: As Contribuições de Ronald Dworkin para o pensamento jurídico contemporâneo. Disponível em: https://www.youtube.com/watch?v=5AGAGSdsVVE&t=274s. Acesso em 03 jul. 2019.

maior número possível de indivíduos, revelando-se uma teoria quantitativa, maximalista, maximizadora da justiça e do bem.

Dworkin constrói sua teoria a partir desses conceitos de positivismo e utilitarismo, formulando uma crítica ao conceito de positivismo e da ideia utilitarista por ele concebida.

Defender que o juridicamente válido é aquilo que está sustentado numa regra explicitamente produzida por uma fonte autorizada, assim como o que é bom e justo é o que produz o maior benefício possível para o maior número de pessoas, na visão de Dworkin, é ser positivista e utilitarista.

Dworkin apresenta sua leitura do positivismo e, a partir dela, tenta sustentar que a teoria liberal do direito está calcada numa ideia de jurisdição e obediência positivistas e de legislação utilitarista. A partir dessa ideia, Dworkin acaba permitindo a seguinte conclusão: "se a atual teoria do Direito é centrada no utilitarismo e no liberalismo, ela tem um defeito"[108]. Esse defeito estaria no fato de que a crença central do liberalismo é a de que as pessoas possuem direitos anteriores e independentes daquilo que a legislação lhes confere, logo, trata-se de direitos naturais e, assim sendo, esses direitos são anteriores à lei – ainda que não pela natureza, mas sim por convenção. Se é assim, o referencial utilizado para julgar se as leis promulgadas são boas ou ruins se basearia nesses direitos convencionais e, portanto, na conformidade dessas leis com a proteção em maior ou menor grau dos direitos que são anteriores a elas.

Considerando essa necessidade de adequação, o positivismo jurídico, na visão de Dworkin, é essencialmente não liberal, pois seria falha a ideia de que os direitos que os indivíduos têm, do ponto de vista jurídico, são apenas os direitos que o conjunto de regras atribui a eles. Afinal de contas, defende ele que, para o positivismo, qualquer direito que vá para além do conteúdo explícito de regras formuladas é conteúdo jurídico inexistente.

Por conseguinte, a ideia positivista seria uma estratégia de restrição de direitos que os indivíduos têm naturalmente, por não existir base de apreciação moral das leis. Seguindo esse raciocínio, as regras seriam sempre boas, porque criam direitos, não havendo direito anterior em comparação com as quais elas poderiam ser julgadas. Diante de tudo isso, o positivismo, na concepção de Dworkin, restringe direitos ao invés de realizar e, consequentemente, é anti-liberal[109].

[108] *Ibidem.*

[109] Coelho, André. *Op. cit.* Acesso em 03 jul. 2019.

Na concepção dworkiniana, direitos são trunfos, ou seja, determinadas proteções que os indivíduos têm contra o interesse geral, contra a maximização do bem para a coletividade por um todo. Essa ideia faz sentido numa perspectiva liberal de que o Estado tem o dever de proteger os direitos naturais das pessoas (no caso em questão, Dworkin trata como naturais os direitos convencionais). O direito também teria uma característica anti-utilitarista, pois o outro motivo pelo qual os direitos devem ser vistos como proteção é que eles precisam nos defender do pensamento utilitarista. Afinal, no pensamento utilitarista, o que está em jogo é a maioria e Dworkin alerta para o fato de que é possível não estar nesse maior número de indivíduos que será beneficiado pela decisão. Se é assim, a decisão pode ser considerada juridicamente inaceitável porque fere um direito. E é justamente aí que se coloca a principal crítica ao utilitarismo, pois um raciocínio de maximização do direito da maioria não só não pode ser utilizado para fundamentar os direitos, como, pode violá-los.

Ao tratar de elaboração de legislação, ou seja, de quais instituições deveriam existir ou quais são justas, pensa-se no bem da comunidade e não dos direitos individuais dos indivíduos. Logo, se a tese dos direitos anteriores é verdadeira e se o utilitarismo fere essa tese, para Dworkin, ela seria uma má teoria liberal da legislação. E essa é a base ideológica sobre a qual o autor sustenta a obra apresentada.

Consequentemente, para ser possível levar a sério a tese dos direitos como central para a definição do liberalismo, então o positivismo (teoria do que o direito é) e o utilitarismo (teoria do que o direito deve ser) não são boas teorias liberais do direito. Se é assim, uma teoria liberal do direito mais satisfatória, na ótica dele, teria que partir dos direitos individuais e reformar tanto o ponto de vista do positivismo como do utilitarismo[110]. Isso posto, passa a ser possível a distinção entre regras e princípios. Entretanto, ao se introduzirem os princípios na teoria do direito, o positivismo desmorona, na hipótese de se ter como pano de fundo o liberalismo e a teoria do direito liberal.

3.1.2. Modelos de regras I e II e princípios na concepção de Dworkin

Neste tópico, trata-se-á dos modelos de regras e a concepção de princípios jurídicos para Dworkin, a começar pelo modelo de regras I e, em seguida, apresentar o modelo de regras II.

[110] Coelho, André. *Op. cit.* Acesso em 03 jul. 2019.

3.1.2.1. O modelo de regras I

A teoria dos princípios de Dworkin é, em verdade, uma refutação ao positivismo, política e não epistemológica. Afinal de contas, fica claro em Levando os Direitos a Sério que, se o direito é aquilo que o positivismo diz que ele é, para encontrar uma teoria condizente com o liberalismo (pressuposto inquestionável para o referido autor), seria necessário abrir mão do positivismo e encontrar uma nova teoria [111].

Muito embora Dworkin sustente que o positivismo seria um modelo de regras que não contempla adequadamente os princípios, diante do papel que eles desempenham, é bastante curioso que Dworkin inicie o desenvolvimento de seu modelo de regras de maneira semelhante à introdução de O Conceito de Direito de Hart.

A diferença é que, em Hart e em geral, "os juristas apoiam-se nos conceitos correlatos de direito jurídico e obrigação jurídica"[112], enquanto Dworkin aborda somente a questão do direito. Logo, existe uma divergência acerca da seguinte questão "quais direitos uma pessoa tem?".

Hart, como explicado no capítulo anterior, parte da ideia de uma teoria descritiva do direito, passando a analisá-la por meio da filosofia analítica. Como veremos adiante, Dworkin criticará essa perspectiva, entre outras coisas, aduzindo que Hart defenderia um acordo de sentido entre os sujeitos, o que para Dworkin é um equívoco: é o que ele chama de aguilhão semântico.

Apresenta Dworkin a obra de Hart como partindo do pressuposto de que, primeiro, uma teoria do direito deve ser descritiva e, então, essa descrição deve ser uma análise (filosofia analítica) e a análise parte do pressuposto de que há um acordo linguístico prévio entre os operadores do direito acerca disso. Assim, adotando o ponto de vista desses sujeitos que formularam um acordo, é possível explicitar os seus critérios, significando definir o conceito de direito.

Em Levando os Direitos a Sério, Dworkin traça um esqueleto do positivismo jurídico a partir de preceitos chaves, de modo que "a carne é distribuída diferentemente por diferentes positivistas e alguns chegam mesmo a rearranjar os ossos"[113]. Os pontos chaves, na análise de Dworkin, são formulados da seguinte forma:

[111] *Ibidem.*

[112] DWORKIN, Ronald. **Levando os Direitos a Sério.** Trad. Nelson Boeira. 3ed. São Paulo: Ed. WMF Martins Fontes 2016. p. 23.

[113] *Ibidem,* p. 29.

(a) O direito de uma comunidade é um conjunto de regras especiais utilizado direta ou indiretamente pela comunidade com o propósito de determinar qual comportamento será punido ou coagido pelo poder público. Essas regras especiais podem ser identificadas e distinguidas com auxílio de critérios específicos, de testes que não têm a ver com seu conteúdo, mas com seu *pedigree* ou maneira pela qual foram adotadas ou formuladas. Esses testes de *pedigree* podem ser usados para distinguir regras jurídicas válidas de regras jurídicas espúrias (regras que advogados e litigantes erroneamente argumentam ser regras de direito) e também de outros tipos de regras sociais (em geral agrupadas como "regras morais") que a comunidade segue mas não faz cumprir através do poder público.

(b) O conjunto dessas regras jurídicas é coextensivo com "o direito", de modo que se o caso de alguma pessoa não estiver claramente coberto por uma regra dessas (porque não existe nenhuma que pareça apropriada ou porque as que parecem apropriadas são vagas ou por alguma outra razão), então esse caso não pode ser decidido mediante "a aplicação do direito". Ele deve ser decidido por alguma autoridade pública, como um juiz, "exercendo seu discernimento pessoal", o que significa ir além do direito na busca por algum tipo de padrão que o oriente na confecção de nova regra jurídica ou na complementação de uma regra já existente. [114]

(c) Dizer que alguém tem uma "obrigação jurídica" é dizer que seu caso se enquadra em uma regra jurídica válida que exige que ele faça ou se abstenha de fazer alguma coisa. (Dizer que ele tem um direito jurídico, ou um poder jurídico de algum tipo, ou um privilégio ou imunidade jurídicos é asseverar de maneira taquigráfica que outras pessoas têm obrigações jurídicas reais ou hipotéticas de agir ou não agir de determinadas maneiras que o afetem). Na ausência de uma regra jurídica válida, não existe obrigação jurídica; segue-se que quando o juiz decide uma matéria controversa exercendo sua discrição, ele não está fazendo valer um direito jurídico correspondente a essa matéria.[115]

A diferença de Hart para os outros positivistas seria a de que ele reconhece que as regras jurídicas "possuem limites imprecisos (ele se refere a elas como tendo uma 'textura aberta' e (...) explica os casos problemáticos

[114] Dworkin, Ronald. *Op. cit.* 2016, p. 28-29.

[115] *Ibidem*, p. 28-29.

afirmando que os juízes têm e exercitam seu poder discricionário para decidir esses casos"[116], utilizando-se de uma nova legislação.

Por sua vez, Dworkin apresenta uma posição diametralmente oposta. Ele defende que a existência de desacordos quanto aos critérios que servem para determinar direitos e obrigações não são erros a serem corrigidos, mas sim pontos de partida para que se possa definir que tipo de prática é o direito. Os desacordos existem porque há posições rivais que se apoiam em concepções morais e políticas concorrentes.

Para Dworkin, conforme será explicado melhor no próximo tópico, quando da análise da obra Império do Direito, o direito é um tipo de prática que se apoia em conceitos de tipo interpretativo e, portanto, não pode ser determinado a partir de um acordo linguístico, simplesmente porque não há acordo linguístico a seu respeito. Em verdade, nem sequer os conceitos da prática jurídica são de natureza linguística mas, sim, mostram-se como conceitos que se expressam na linguagem, refletindo concepções de natureza política e ética a respeito dos sujeitos. Esse desacordo serviria para provar que não se trata de uma simples prática convencional, mas, sim, de uma prática interpretativa, pois as interpretações se apoiam em concepções morais e políticas. Em consequência, se o direito é uma prática interpretativa, ela corresponderia ao resultado da maneira como é interpretada e, portanto, o direito escrito nas normas é, na realidade, pré-interpretativo (como também será melhor explicado no tópico que trata da obra O Império do Direito). Sendo assim, o direito pós-interpretativo é a hermenêutica da norma. Nesse sentido, a interpretação não é definitiva e, necessariamente, tem algum fundamento último[117].

A partir desse conceito, o liberalismo, adotado por Dworkin, seria a concepção moral e política que mais se justifica. Por isso, a pretensão dele é reconectar o modelo de regras ao liberalismo, partindo da concepção que ele julga a mais sofisticada (e dominante) de direitos e obrigações: o positivismo na forma concebida por Hart.

Dworkin revela uma distinção entre princípios e política. Denomina política "aquele tipo de padrão que estabelece um objetivo a ser alcançado, em geral uma melhoria em algum aspecto econômico, político ou social da comunidade"[118]. Ao passo que princípio é "um padrão que deve

[116] *Ibidem*, p. 35.

[117] COELHO, André L. S. *Op. cit.*, Acesso em 03 jul. 2019.

[118] DWORKIN, Ronald. *Op. cit.*, 2016, p. 36.

ser observado, não porque vá promover ou assegurar uma situação econômica, política ou social considerada desejável, mas porque é uma exigência de justiça ou equidade ou alguma outra dimensão da moralidade"[119].

Necessário, então, diferenciar princípios e regras e, no capítulo intitulado "O Modelo de Regras I", Dworkin[120] assim o faz:

> A diferença entre princípios jurídicos e regras jurídicas é de natureza lógica. Os dois conjuntos de padrões apontam para decisões particulares acerca da obrigação jurídica em circunstâncias específicas, mas distinguem-se quanto à natureza da orientação que oferecem. As regras são aplicadas da maneira do tudo-ou-nada. Dados os fatos que uma regra estipula, então a regra é válida, e neste caso a resposta que ela fornece deve ser aceita, ou não é válida, e neste caso em nada contribui para a decisão.

Esse tudo-ou-nada de que ele trata fica mais evidente ao se verificar um jogo esportivo. O exemplo de Dworkin é um jogo de beisebol, no qual existe uma regra em que se o batedor errar três bolas está fora do jogo. Dessa maneira, um juiz não pode decidir deixar de eliminar um batedor que erre as três bolas, muito embora haja exceções, como a hipótese de o batedor que errar três bolas não ser eliminado se o pegador deixar cair a bola no terceiro lance. O enunciado correto da regra deve levar em conta as exceções, senão estaria incompleto.

De outro lado, os princípios funcionam de outra maneira, pois "mesmo aqueles que mais se assemelham a regras não apresentam consequências jurídicas que seguem automaticamente quando as condições são dadas"[121].

Os princípios possuem a dimensão do peso ou da importância, que as regras não têm, fazendo sentido perguntar que peso determinado princípio tem e quão realmente importante ele é. Assim, ao haver um intercruzamento entre os princípios, o que vai resolver o conflito tem que levar em conta a força relativa de cada um. Essa mensuração não tem como ser exata, necessitando de um julgamento para determinar qual princípio em particular é mais importante que o outro.

As regras não detêm essa dimensão e se revelam funcionalmente importantes ou desimportantes dependendo do contexto, por exemplo,

[119] *Ibidem*, p. 36.

[120] *Ibidem*, p. 39.

[121] DWORKIN, Ronald. *Op. cit.*, 2016, p. 40.

ao desempenhar um papel maior ou menor em grau de importância na regulação de determinado comportamento. "Mas não podemos dizer que uma regra é mais importante que outra enquanto parte do mesmo sistema de regras, de tal modo que se duas regras estão em conflitos, uma suplanta a outra"[122] por sua importância ser maior[123].

Note-se que, ao tratar do conflito de regras, num primeiro momento, ele utiliza os parâmetros de Kelsen mas, depois, adiciona um novo, aquele que defende que uma regra pode ser preferível, quando em conflito, se sustentada por princípios considerados "mais importantes".

Partindo desses conceitos iniciais e diferenciando regras e princípios, em modelo de regras I, o filósofo norte-americano passa a criticar o positivismo jurídico: o conceito de direito positivista, a discricionariedade do magistrado e a regra de reconhecimento. Ele resume da seguinte forma as teses positivistas:

a) a primeira é que o positivismo jurídico se baseia na ideia de que o indivíduo teria somente os direitos e obrigações atribuídas por meio de regras explicitamente formuladas. Consequentemente, conclui ele que o positivismo acredita que só existem direitos e obrigações jurídicas e que estas são criadas por regras, não aceitando e, até mesmo, violando a tese dos direitos pré-existentes[124].
b) a segunda tese é de que as regras se limitariam àquelas produzidas por uma fonte autorizada, o que significa dizer que somente existem aquelas regras criadas por uma fonte autorizada. Então, o teste de *pedigree* é definitivo para definir se uma regra é válida. Segundo ele, a validade da regra está em sua origem e não em seu conteúdo. Consequentemente, se a legislação emana de uma fonte autorizada, ela é válida, porém, se ela não emanar de fontes autorizadas, ainda que seja justa, razoável e útil, é juridicamente inexistente.[125]

[122] *Ibidem*, p. 43.

[123] Se duas regras entram em conflito, uma delas não pode ser válida. A decisão de saber qual delas é válida e qual deve ser abandonada ou reformulada, deve ser tomada recorrendo-se a considerações que estão além das próprias regras. Um sistema jurídico pode regular esses conflitos através de outras regras, que dão procedência à 1ª regra formulada pela autoridade de grau superior, à regra promulgada mais recentemente, à regra mais específica ou outra coisa desse gênero. Um sistema jurídico também pode preferir a regra que é sustentada pelos princípios mais importantes. DWORKIN, Ronald. *Op. cit.*, 2016, p. 43.

[124] DWORKIN, Ronald. *Op. cit.*, 2016, p. 46-50.

[125] *Ibidem*, p. 63-72.

c) a terceira tese é a de que juízes estão obrigados a decidir as situações concretas a partir das regras válidas, ou seja, que passaram no teste de *pedigree*. A aplicação deve ser mais ou menos direta, mecânica e dedutiva. No entanto, na hipótese de o caso ultrapassar o que as regras previram, não sendo possível subsumi-lo em nenhuma regra particular, chega-se à conclusão de que o caso é juridicamente indeterminado. Nesse espaço de indeterminação, o juiz poderia decidir discricionariamente, o que significa que ele teria liberdade para escolher qualquer alternativa que se apresentasse para resolver o caso, sem que houvesse uma obrigação de decidir de uma maneira ou outra. Diante desse poder discricionário dado ao juiz, as partes não teriam autorização jurídica a exigir uma decisão diferente daquela que ele efetivamente tomou, diante das alternativas que se apresentavam a ele[126].

Ou seja, Dworkin define como três as principais teses do positivismo jurídico, quais sejam: a tese da separação, a tese das fontes sociais e a tese da discricionariedade. E, contra essas três teses, Dworkin formula duas argumentações diferentes.

a) a primeira argumentação é a de que, em determinados casos concretos, os juízes não se limitam a aplicar as regras que estão fixadas e apelam para princípios, que têm conteúdos morais, não passaram por testes de *pedigree* e ainda assim são juridicamente válidos. A partir desses princípios, a decisão deixa de ser discricionária e haveria uma única resposta certa para esses casos difíceis[127].

> Em casos como esses, princípios desempenham um papel fundamental nos argumentos que sustentam as decisões a respeito de direitos e obrigações jurídicos particulares. Depois que o caso é decidido, podemos dizer que ele

[126] *Ibidem*, p. 50-63.

[127] Um exemplo dado pelo jusfilósofo norte-americano são os casos Riggs e Heningsen. No caso Riggs, o tribunal baseou-se no princípio de que nenhum homem pode se beneficiar de seus próprios delitos, apresentando-o na forma de um parâmetro fundamental à luz do qual se deve ler a lei sobre os testamentos. Dessa maneira, a corte justificou uma nova interpretação dessa lei. Já no caso Henningsen não somente um princípio baseou a decisão, mas houve a menção de uma variedade de princípios e políticas que interagiram entre si, enquanto fontes de autoridade, com o objetivo de gerar uma nova regra acerca da responsabilidade dos fabricantes pelos defeitos dos automóveis.

ilustra uma regra particular (por exemplo, a regra de que um assassino não pode se beneficiar do testamento de sua vítima). Mas a regra não existe antes de o caso ser decidido; o tribunal cita princípios para justificar a adoção e a aplicação de uma nova regra.[128]

b) a segunda argumentação é a de que só há necessidade de um juiz se engajar para decidir um determinado caso quando se mostra possível pressupor que só existe uma resposta correta. Ou seja: quando se acredita que existe alguma coisa superior às regras para permitir que uma decisão seja melhor do que as outras, revelando-se como a alternativa jurídica a ser escolhida. Diante disso, pode-se concluir que existe um algo a mais que é também um critério jurídico, contemplando melhor os direitos que os sujeitos têm para além das regras. A partir disso, pode-se concluir que o jeito com que Dworkin combate a tese da discricionariedade está diretamente ligado à reafirmação da tese dos direitos.

Quanto a esses pontos, interessante o que dispõe Neves[129]:

> Dworkin (...) toma como ponto de partida do desenvolvimento de sua concepção dos princípios a crítica da noção hartiana de textura aberta do direito, conforme a qual as situações não reguladas por regras ficariam no âmbito da discricionariedade (em sentido forte) do juiz. O argumento positivista levaria à tese de que, "quando um juiz esgota as regras à sua disposição, ele possui o poder discricionário, no sentido de que ele não está obrigado por quaisquer padrões derivados da autoridade do direito". Ou, para dizer de outro modo: os padrões jurídicos que não são regras e são citados pelos juízes não impõem obrigações a estes. E Dworkin é peremptório: "Ele [o positivista] conclui ainda que são padrões extrajurídicos que cada juiz seleciona de acordo com suas próprias luzes, no exercício de seu poder discricionário – *que é falso*." Então, no sentido diametralmente oposto à tese da discricionariedade, Dworkin introduz sobretudo o conceito de princípios como normas ou padrões pertencentes ao sistema jurídico. Os princípios vinculariam os juízes naquele espaço em que as regras não fossem suficientes para a solução do caso.

Em síntese, a teoria de Dworkin acerca da distinção entre regras e princípios se baseia em três situações: a) modo de aplicação, b) modo de solução de conflito e c) fonte de validade.

[128] Dworkin, Ronald. *Op. cit.*, 2016, p. 47.
[129] Neves, Marcelo da Costa Pinto. *Op. cit.*, p. 61 (grifos no original).

No que tange ao modo de aplicação, as regras, assim como os princípios, são padrões, mas se diferem ao ser aplicadas dentro da lógica do tudo ao nada; isto é: o caso posto em julgamento se encaixa em todos os requisitos da regra, não havendo dúvida de que ela deve ser aplicada, ou não se encaixa totalmente no teor da regra e, então, não há motivo para sua aplicação. Isso significa dizer que as regras são padrões que concebem razões conclusivas para aplicar ou não uma regra naquelas situações. Já os princípios utilizam outra lógica de aplicação, que diz respeito ao âmbito de incidência, centro gravitacional e mais e menos (ao que se pode falar em dimensão de peso). Portanto, para as regras, os padrões que fornecem razões para decidir são conclusivos, enquanto, para os princípios, são não conclusivos.

Quanto ao modo de solução de conflitos, no que se refere às regras, uma delas se torna exceção da outra, por meio da lógica do tudo ou nada e, assim, ou elas convivem em posições diferentes, ou uma delas é considerada inválida no ordenamento jurídico. Já no que se refere aos princípios, a dimensão de peso entra em jogo, de modo que um deles pode ter mais peso para um caso e não ser decisivo e num outro caso ter menos peso, sem que algum deles seja excluído do direito. Existe uma lógica de ponderação entre os princípios.

No que tange à fonte de validade, as regras são respeitadas de acordo com a fonte que as produziu, já os princípios são respeitados de acordo com seu conteúdo. Na hipótese de o princípio contemplar direitos e questões de justiça, o que faz com que ele tenha validade é o seu valor moral. Mas, tanto os princípios quanto as regras são jurídicos e muitas vezes os juízes decidem com base em princípios em detrimento das regras. Partindo dessa constatação, para Dworkin, uma teoria que só se atentasse às regras seria incompleta.

Cabe, contudo, fazer uma observação: para que a tese de Dworkin possa ser considerada correta, o conceito de regra dos positivistas teria que ser o que ele apresenta como tal, porque a suposta incompletude da teoria positivista de Hart, por conter apenas regras que se aplicam ao "tudo ou nada", não faz sentido ante ao fato de que elas têm uma textura aberta.

3.1.2.2. O modelo de regras II

Em modelo de regras II, Dworkin se dedica a criticar Hart a partir do modelo de regras I. Esse modelo é resumido por ele da seguinte forma:

> Eu poderia resumir minha argumentação da seguinte maneira. Afirmei que é plausível a tese de que existe algum teste para o direito, comumente aceito, se considerarmos apenas as regras jurídicas simples, do tipo das que aparecem nas leis ou são apresentadas em negrito nos manuais de direito. Mas, os juristas e os juízes ao debaterem e decidirem ações judiciais, invocam não somente essas regras em negrito, como também outros tipos de padrões que denominei de princípios jurídicos, como, por exemplo, o princípio de que nenhum homem pode se beneficiar de seus próprios delitos.[130]

Isso colocaria o positivismo diante de uma difícil escolha: ou demonstrar que os juízes agem de fato discricionariamente e não apelam a padrões jurídicos ou que os juízes sempre acabam recorrendo a princípios identificáveis, considerados parte do direito, distinguindo daqueles princípios que, ao contrário, não são considerados direito. Para Dworkin, nenhuma dessas estratégias pode ser bem-sucedida pois, segundo ele, o "Direito é (...) uma questão de direitos e deveres e não simplesmente de exercício de poder discricionário de autoridades públicas, então deve haver um teste para o Direito, comumente aceito, na forma de uma prática social uniforme"[131].

Nesse item são abordados quatro tópicos: regras sociais, desacordo em Hart, regra de reconhecimento, necessidade de discricionariedade por parte dos juízes e o questionamento se as regras são realmente diferentes dos princípios.

Quanto às regras sociais, Dworkin explica que, de acordo com o conceito por ele revisado, "uma regra social existe quando uma comunidade aceita uma determinada formulação verbal de seus deveres e usa essa formulação como diretriz para sua conduta e sua crítica"[132]. Portanto, seria possível dizer que a regra é incerta, pois a "a comunidade diverge quanto à aplicação apropriada de um ou mais termos da formulação padrão, desde que se concorde que os casos controvertidos sejam decididos com base em uma ou outra interpretação"[133]. O que conta são os fatos de uma prática consistente, não os acidentes de comportamento verbal, revelando que nossas práticas morais não são exercícios de interpretação das leis.

[130] Dworkin, Ronald. *Op. cit.*, 2016, p. 73.

[131] *Ibidem*, p. 76.

[132] *Ibidem*, p. 89.

[133] Dworkin, Ronald. *Op. cit.*, 2016, p.89.

Dworkin admite que é possível que o dever judicial seja um caso de moralidade convencional, mas disso não se conclui que a regra social possa estabelecer o limite ou limiar do dever judicial. A teoria da regra social acaba por fracassar porque insiste que a prática deve ter o mesmo conteúdo da regra, porém há uma discordância acerca da regra que decorre da prática, inclusive acerca de sua justificativa. Em geral, as práticas não têm propósito e podem ser inconsistentes com outros requisitos de moralidade. Assim, para se afirmar um dever, deve se apoiar em argumentos que ultrapassam um simples apelo à prática.

Explica Dworkin:

> Se a teoria da regra social for revista dessa maneira, não mais sustentará a tese de Hart sobre uma regra social de reconhecimento: não da maneira que o faz a teoria original, por mim descrita. Se é possível que os juízes tenham o dever de decidir um caso de maneira específica, embora nenhuma regra social imponha tal alegação de Hart de que a prática social dá conta de todos os deveres de um juiz cai por terra. Gostaria de assinalar, no entanto, a fragilidade que se mantém mesmo nessa forma revista da teoria da regra social. Dizer que uma regra social estipula o nível mínimo de direitos e deveres é algo que não se ajusta à nossa prática moral. É geralmente reconhecido, até mesmo como uma característica da moral convencional, que as práticas não têm propósito, em princípio são inconsistentes com outros requisitos da moralidade e que não impõem deveres, embora, sem dúvida, quando uma regra social existe, apenas uma pequena minoria pensará que essa condição de fato se aplica. (...) Esse fato acerca da moralidade convencional, que a teoria da regra social ignora, é de grande importância, porque leva a um entendimento da conexão entre prática e juízos normativos que é melhor do que o proporcionado por aquela teoria.[134]

Ao se questionar se realmente discorda de Hart, Dworkin conclui que nada na teoria de Hart parece negar que o direito teria que reservar um lugar tanto para princípios quanto para regras. Ainda que ele fale apenas a respeito de regras, não define esse conceito de maneira limitada, podendo ser compreendido como se as regras incluíssem tanto princípios como regras em sentido estrito.[135]

[134] *Ibidem*, p. 91.
[135] *Ibidem*, p. 93-96.

A divergência, de fato, estaria quanto à tese de Hart de que em todos os países que têm um sistema jurídico desenvolvido existe, na comunidade de seus juízes e autoridades judiciárias, alguma regra social ou conjunto de regras que determinam os limites do dever, por parte do juiz, de reconhecer qualquer outra regra ou princípio como direito. Dworkin defende que a tese – de que uma regra social de reconhecimento existe em todos os sistemas jurídicos – é uma de suas mais importantes contribuições à teoria positivista[136]. Isso porque, a regra de reconhecimento, de acordo com a qual tudo que o parlamento faz e diz é direito, apesar de existir como fato social, mostra-se incerta diante dos desacordos que os juízes têm em casos particulares. Assim, pressupondo-se que deveres não podem ser controversos, se não houve consenso, poder-se-ia dizer que o juiz não teria nenhum dever naquele caso, tornando a tese de Hart falsa.

Quanto ao fato de o apoio institucional consistir numa regra de reconhecimento, Dworkin explica o seguinte:

> [...] afirmei que os princípios, como o princípio de que um homem não pode beneficiar-se de seus próprios delitos, não podem ser apreendidos por uma regra de reconhecimento simples, como a regra segundo a qual tudo o que o parlamento promulga constitui direito. O positivista, como afirmei, tem essa escolha. Ele pode alegar que esses princípios não fazem parte do direito, porque o juiz não tem nenhum dever, mas apenas um poder discricionário de levá-los em consideração. Ou pode admitir que pertencem à esfera do direito e mostrar como uma regra de reconhecimento mais complexa incorporaria alguns dos princípios que os juízes citam e, em seguida, argumentar que os juízes não tem o dever de aplicar nenhum princípio além desses.[137]

Dworkin afirma que Raz acreditaria que alguns princípios deveriam ser levados em consideração em razão do "costume social", algo semelhante a uma regra social de reconhecimento, pertencendo ao mesmo bloco de regras do tipo convencional de Hart. Porém, segundo Dworkin, esse argumento não pode ser aceito, porque muitos princípios e políticas citados por juízes são controversos, especialmente em relação ao peso que lhe é atribuído e muitos apelos a princípios não resultaram de nenhuma prática judicial estabelecida, como mostra o caso Henningsen, que incluiu prin-

[136] DWORKIN, Ronald. *Op. cit.*, 2016, p. 93-96.
[137] *Ibidem*, p. 102.

cípios não formulados anteriormente (responsabilidade extracontratual do fabricante de automóveis).

Defende ele que o conceito de uma teoria do direito pressupõe uma base para o dever judicial, de modo que os princípios por ela apresentados devem tentar justificar as regras já estabelecidas. Dessa forma, a fim de identificar os princípios vigentes naquela comunidade, faz-se necessário identificar suas preocupações e tradições morais que, na opinião do jurista, sustentem determinada regra. Tal processo leva o jurista a analisar profundamente a teoria moral e política muito além da simples afirmação de que existe algum teste de *pedigree* para decidir qual justificação apresentada tem maior peso perante as instituições políticas. Parte-se da ideia de que argumentos convincentes podem ser oferecidos para caracterizar uma teoria superior a outra[138].

A consequência desse raciocínio é que não é necessário aos juízes a discricionariedade. Acredita Dworkin que, para o positivismo jurídico, quando há uma divergência acerca de princípios entre juízes, esta não se dá sobre o direito existente, mas sobre a maneira como seu poder discricionário deve ser exercido, não existindo nenhum dever de decidir de uma ou outra maneira. A teoria de Dworkin contesta essa posição, aduzindo que o juiz tem dois tipos de discricionariedade – uma é quando o dever é definido por padrões que pessoas razoáveis podem interpretar de maneiras diferentes, a outra é quando a decisão da pessoa é tida como definitiva, no sentido de que nenhuma autoridade superior poderá rever ou descartar essa decisão. Faltaria um terceiro tipo que é quando se diz que a pessoa tem poder discricionário quando "algum conjunto de padrões que lhe impõe deveres não visa, na verdade, impor um dever de tomar uma decisão específica"[139], pois, sobretudo nos casos difíceis, existe um dever de julgar. A divergência, na realidade, é sobre os padrões que os juízes estão "proibidos ou obrigados a levar em conta, acerca do peso relativo que eles estão obrigados a lhes atribuir, com base em argumentos (...)".[140]

De fato, na ótica de Dworkin, as regras são diferentes dos princípios e estes não poderiam ser capturados pela regra de reconhecimento de Hart. Note-se que, em Dworkin, os princípios fornecem razões para uma determinada decisão, mas não a estipula, como fazem as regras.

138 DWORKIN, Ronald. *Op. cit.*, 2016, p. 102-107.

139 *Ibidem*, p. 109.

140 *Ibidem*, p. 112-113.

> O homem que deve decidir uma questão vê-se, portanto, diante da exigência de avaliar todos esses princípios conflitantes e antagônicos que incidem sobre ela e chegar a um veredicto a partir desses princípios, em vez de identificar um dentre eles como válido[141].

Ele se opõe à ideia de que o direito é um conjunto fixo de algum tipo de padrão, enfatizando que, ao decidir uma questão sobre direitos e deveres jurídicos, os juristas devem levar em consideração proposições com a forma e a força de princípios que devem ser entendidas dessa maneira.

As regras geralmente refletem os princípios e não conflitam com eles. Dworkin sustenta que uma das razões para estabelecer a distinção entre regras e princípios foi mostrar quão costumeiramente as regras representam uma espécie de compromisso, tomando essa forma entre princípios concorrentes e como esse ponto pode se perder ou submergir, quando se fala muito imprecisamente sobre como regras conflitam com princípios[142].

Explica Dworkin que o padrão moral de uma comunidade se refere a princípios morais que servem de base para instituições de suas leis, no sentido de que tais princípios podem figurar em uma teoria do direito bem fundada. Dessa maneira, saber "se um princípio é ou não um princípio da comunidade nesse sentido é matéria para argumentação e não para relatórios, embora o que está habitualmente em discussão é o peso do princípio e não seu *status*"[143].

3.1.3. "O Império do Direito": refinamento da teoria e defesa do interpretativismo

Em "O Império do Direito", publicado originariamente em 1986, Dworkin apresenta uma teoria mais bem elaborada do que em seu livro anterior Levando os Direitos a Sério, refinando sua crítica a Hart e expandindo-a aos realistas e diversas outras teorias. Em verdade, a partir de tal obra, Dworkin deixa de ser um mero crítico para apresentar uma teoria rival principalmente ao positivismo e ao realismo.

Fica claro em O Império do Direito a concepção de que "o Direito é uma prática social cuja intencionalidade tem uma dimensão avaliativa

[141] DWORKIN, Ronald. *Op. cit.,* 2016, p. 114.
[142] *Ibidem,* p. 121-122.
[143] *Ibidem,* p. 125.

moral e essencialmente argumentativa (e não meramente *autoritativa – authoritative*)"[144]. É justamente por esse motivo que a tese da separabilidade proposta pelos positivistas se revelaria incompatível com a tese de Dworkin. Afinal, para ele, a argumentação jurídica tem a mesma natureza da moral.

Segundo o referido teórico, a tarefa da teoria do direito é tornar inteligível a exigência da legitimidade do exercício do poder através do direito. Ao tentar explicar a questão jurídica por excelência que, na concepção dele, traduz-se em como entender as práticas de poder que denominamos "direito", Dworkin afirma ser necessário considerar que a intencionalidade que unifica tais práticas se reporta a uma exigência de legitimidade e justiça cujo significado é essencialmente interpretativo. Ao proceder de tal maneira, "Dworkin não realiza uma crítica externa ao positivismo à maneira de Radbruch, mas antes o questiona em seus próprios fundamentos conceituais e metodológicos"[145].

3.1.3.1. Mudança metodológica, "desacordos teóricos"[146], "aguilhão semântico", interpretativismo e integridade do direito

Dworkin esclarece que nem sempre a batalha travada judicialmente se refere à questão do direito, mas em verdade geralmente trata de argumentos que envolvem "desacordos teóricos".

Ao tratar de desacordos teóricos, Dworkin retoma o positivismo jurídico para criticar especialmente as teorias semânticas do direito, que incluíram a filosofia da linguagem em suas teorias, como é o caso de Hart.

Para ele, as teorias semânticas têm como pressuposto que tanto advogados como juízes utilizem os mesmos critérios de decisão acerca da falsidade ou veracidade das proposições jurídicas.

> As teorias semânticas mais influentes sustentam que os critérios comuns levam à verdade das proposições jurídicas a depender de certos eventos históricos específicos. Essas teorias positivistas, como são chamadas, sustentam

[144] Macedo Junior, Ronaldo Porto. *Op. cit.*, p. 158.

[145] Macedo Junior, Ronaldo Porto. *Op. cit.*, p. 158.

[146] No livro original, em inglês, Dworkin utiliza a expressão "*disagreement*". Quanto à tradução, André Coelho aconselha a utilizar "desacordo" e não "divergência", em razão da longa história do termo na filosofia e teoria do direito anglo-saxões, em que divergência exprime uma conotação com o sentido de chegar ao consenso, portanto é mais restrito do que o conceito de desacordo. Contudo, a edição brasileira da obra, da Editora Martins Fontes utiliza a expressão "divergência". *In* Coelho, André L. S., *Op. cit.*, Acesso em 03 jul. 2019.

o ponto de vista do direito como simples questão de fato, aquele segundo o qual a verdadeira divergência sobre a natureza do direito deve ser uma divergência empírica sobre a história das instituições jurídicas. As teorias positivistas, contudo, diferem entre si sobre quais fatos históricos são cruciais, e duas versões têm sido particularmente importantes na doutrina britânica.[147]

Segundo Dworkin, Hart refutava a opinião de Austin[148] e afirmava que os verdadeiros fundamentos do direito estavam na aceitação por parte de toda a comunidade da regra de reconhecimento, uma regra mestra-fundamental que atribui a pessoas ou grupos específicos a autoridade de criar leis. Ou seja: há uma convenção social que representa a aceitação pela comunidade de um sistema de regras que outorga a certos indivíduos ou grupos o poder de criar leis válidas. A fim de provar que tais teorias estão equivocadas, Dworkin cita o exemplo de um oficial da Alemanha nazista que obedecia a ordens de Hitler como se fosse lei, mas o fazia só por medo[149].

Então a diferença entre a teoria de Hart e a de Austin torna-se ilusória, porque então não haveria diferença entre um grupo de pessoas que aceita uma regra de reconhecimento e outro que, por medo, simplesmente adota um modelo forçado de obediência. Se não for assim, se a aceitação exige algo além da mera obediência, então parece possível afirmar que não havia direito na Alemanha nazista, que nenhuma proposição jurídica era verdadeira, lá ou em muitos outros lugares nos quais a maioria das pessoas afirmaria a existência de um direito, ainda que malévolo ou impopular. E assim a teoria de Hart não seria capaz de apreender, afinal, o modo como todos os advogados usam a palavra "direito"[150].

[147] DWORKIN, Ronald. **O Império do Direito.** Trad. Jeferson Luiz Camargo. 3. ed. São Paulo: Martins Fontes, 2014. p. 41.

[148] Dworkin explica que Austin defendia a veracidade de uma proposição jurídica se ela transmitisse corretamente, em determinada sociedade política, o comando precedente de alguma pessoa ou um grupo que ocupe uma posição soberana. O soberano era uma pessoa ou grupo que não tem o costume de obedecer a ninguém, muito embora todos tenham o costume de obedecê-lo. Apesar das discussões envolvendo essa teoria, sua ideia central de que "o direito é uma questão de decisões históricas tomadas por aqueles que detêm o poder político" nunca perdeu totalmente sua força na doutrina. *Ibidem*, p. 42.

[149] *Ibidem*, p. 43.

[150] *Ibidem*, p. 43.

Diante disso, concluiu Dworkin:

> Os especialistas refletiram sobre este e outros aspectos da teoria de Hart, porém, uma vez mais, sua ideia fundamental, de que a verdade das proposições jurídicas depende essencialmente de padrões convencionais de reconhecimento do direito, conquistou amplo assentimento[151].

O que se tem é que, logo no primeiro capítulo de O Império do Direito, Dworkin explicita que "tanto teóricos como leigos falham em ver as divergências teóricas: quando dois ou mais juristas divergem sobre o que o direito diz ou exige, mesmo tendo à sua frente as mesmas normas e precedentes" [152].

Para Dworkin, qualquer teoria do direito que seja descritiva, e não interpretativa, implica que exista uma certa descrição do direito que é a verdadeira e as outras que estão equivocadas. E nesse ponto é que o positivismo jurídico, como teoria descritiva que defende ser, estaria equivocado.

Em síntese, uma teoria descreve o direito corretamente, logo diz a verdade e tem razão e outra teoria distorce o conceito sobre o que o direito é e, portanto, está incorreta. Numa teoria discursiva, o desacordo teórico só pode ser um mal-entendido entre alguém que sabe o que o direito é e como funciona e alguém que está querendo forçar o direito a ser aquilo que ele não é. Portanto, qualquer teoria não interpretativa não consegue perceber que o desacordo interpretativo é o elemento fundante do direito.

Ao tratar de conceitos semânticos, surge uma questão de relevância em sua teoria: o aguilhão semântico.

Dworkin chama de aguilhão semântico o argumento que tem como pressuposição que todos ou a extrema maioria dos participantes de uma certa discussão jurídica têm a mesma concepção de direito, concordando sobre o que ele é. Para a vítima do aguilhão semântico, só se poderia discutir sensatamente se todos aceitarem e seguirem os mesmos critérios para decidir quando as posições são bem fundadas mesmo que não se possa afirmar com exatidão quais critérios seriam esses. Logo, o direito teria apenas que explicitar a concepção sobre o direito que já é compartilhada por todos. Se é assim, na hipótese de o aguilhão semântico ser verdadeiro,

[151] *Ibidem*, p. 43.

[152] Coelho, André. **O que é o aguilhão semântico?** Disponível em: https://aquitemfilosofiasim.blogspot.com/search?q=imp%C3%A9rio+do+direito. Acesso em 10 jul. 2019.

os desacordos teóricos seriam impossíveis, pois eles são causados porque há distintas concepções do direito e os juristas acabam olhando de forma diferente para as mesmas normas e precedentes.

Isso se aplicaria a todas as teorias não-interpretativistas, em especial positivismo, jusnaturalismo e realismo. Tal ideia significa que todas as teorias não-interpretativistas partiriam da falsa suposição de que os juristas teriam todos a mesma concepção acerca do que o direito é[153].

A teoria do aguilhão semântico nos permite concluir sobre a diferença entre "conceito" e "concepções" do direito: Dworkin entende que os defensores de diferentes teorias sobre o direito partem do mesmo conceito, mas defendem diferentes concepções interpretativas. Logo, a teoria dele avança para colocar a seguinte questão: como escolher a concepção mais correta.

Partindo do pressuposto da existência do fenômeno do "desacordo teórico"[154] (o desacordo entre juristas sobre o fato de que partem de distintas concepções acerca do que o direito é), só uma teoria interpretativista seria capaz de bancar, abarcar e explicar o direito. E isso justificaria a necessidade de transitar de uma teoria descritiva do direito (positivista) para uma interpretativista (não positivista), pois esta permitiria dar conta do desacordo teórico que, segundo Dworkin, é inerente à prática jurídica.

O desacordo teórico é o que interessa a Dworkin e se revela como um desacordo sobre a interpretação na análise de uma norma. Não é possível resolvê-lo apenas a partir da análise dos fatos, mas somente com argumentos. Baseiam-se invariavelmente acerca do que o direito é ou do que

[153] Muito embora o argumento chame a atenção para um elemento importante da teoria do direito, se revela difícil provar que Hart foi "picado" pelo aguilhão semântico.

[154] Dworkin defende que a tendência é compreender que os desacordos teóricos são acerca de fidelidade e moralidade, ou seja, sobre a justiça/injustiça do direito e o desejo de encontrar outra solução. Os leigos teriam essa visão por entenderem o direito como questão de fato, de modo que o conhecimento de certos fatos, como a vigência e validade da lei, por exemplo, seria suficiente para se apreender o que o direito diz e exige. Portanto, o conhecimento adequado dos fatos levaria a um consenso acerca da solução adequada para determinado caso. Logo, se há uma discordância, só se pode concluir que um dos discordantes ou é ignorante ou está de má fé. Entretanto, no caso dos teóricos, a cegueira em relação às divergências teóricas estaria justificada pela influência do chamado aguilhão semântico, dado que um filósofo do direito, defensor de uma teoria não-interpretativista, não conseguiria conceber que o desacordo teórico existe porque parte de uma falsa suposição de que, se há participantes numa mesma prática, é porque eles teriam a mesma concepção de fundo sobre o que esta prática é.

se espera que ele seja, traduzindo-se na concepção de direito que cada participante do debate tem[155].

Um exemplo do desacordo teórico é o caso Elmer[156]. Inicialmente, pode parecer que a discussão estava calcada sobre a aplicação de regras testamentárias referentes ao assassino herdeiro. Porém, para Dworkin, em verdade, a discussão posta era sobre a concepção "mais correta" de direito ou "o que é o direito". No caso empírico, a discussão se resumia em verificar

[155] Sobre o assunto, recomenda-se a leitura de: MACEDO JÚNIOR, Ronaldo Porto. A Crítica de Dworkin ao Convencionalismo e sua Relevância: um esquema de crítica conceitual. **Direito, Estado e Sociedade**, Rio de Janeiro, v. 1, n. 47, p. 128-155, jul. 2015. Disponível em: https://revistades.jur.puc-rio.br/index.php/revistades/article/view/602/394. Acesso em 16 out. 2020.

[156] Esse caso refere-se a um rapaz chamado Elmer que assassinou o próprio avô em 1882, no intuito de que o testamento dele não fosse alterado – pois o avô havia casado novamente há pouco tempo – de modo que ele, Elmer, ficasse com a maior parte da herança. No julgamento, a situação que se colocou foi a seguinte: ao ser descoberto, considerado culpado perante a lei criminal e após cumprir sua pena, estaria Elmer legalmente habilitado a receber a herança que seu avô lhe deixara em testamento? Isso porque a lei de sucessões de Nova York, na época, não afirmava nada explicitamente sobre se uma pessoa citada em testamento poderia ou não herdar, segundo seus termos, se houvesse assassinado o testador. Portanto, o advogado de Elmer alegou que não houve violação de nenhuma cláusula explícita em lei, o que fazia com que o testamento fosse válido, de modo a permitir a sucessão em seus termos. Ainda que todos os juízes concordassem que deveriam decidir conforme a lei, ao que a divergência "dizia respeito à verdadeira natureza do direito, àquilo que determina a legislação quando devidamente interpretada". O voto vencido sobre o caso defendia a interpretação literal, dando razão a Elmer, pois a "verdadeira lei, interpretada da maneira adequada, não continha exceções para assassinos" e "é um motivo importante da justiça que a punição de um determinado crime seja estabelecida com antecedência pela legislação e não seja aumentada pelos juízes depois que o crime foi cometido". Já o voto vencedor usou uma teoria que dá às intenções do legislador uma importante influência sobre a verdadeira lei. Sob essa ótica "seria absurdo (...) imaginar que os legisladores de Nova York que originalmente aprovaram a lei sucessória pretendessem que os assassinos pudessem herdar e, por essa razão, a verdadeira lei que promulgaram não continha tal consequência". Para tanto, os juízes deveriam interpretar uma lei de modo a poderem ajustá-la o máximo possível aos princípios da justiça pressupostos em outras partes do direito. Duas razões para isso foram apresentadas pelo Juiz Earl: a primeira é a de que seria razoável admitir que a legislação deve respeitar os princípios de justiça a menos que indiquem claramente o contrário e, em segundo, a lei deve ser interpretada de modo a conferir coerência ao sistema. Assim, considerando a necessidade de respeitar o "princípio de que ninguém deve beneficiar-se de seu próprio erro, de tal modo que a lei sucessória devia ser lida no sentido de negar uma herança a alguém que tivesse cometido um homicídio para obtê-la. No caso, vislumbra-se que a controvérsia que se colocou, em verdade, foi "sobre a natureza da lei, sobre aquilo que realmente dizia a própria lei sancionada pelos legisladores". *In* DWORKIN, *Op. cit.*, 2014, p. 21- 25.

se o direito se esgotaria nas regras explícitas, tal qual a doutrina positivista, ou se existiriam princípios morais que complementariam as regras. Em síntese, o pano de fundo seria: o direito deve satisfazer a previsibilidade e a segurança ou deve se esforçar para buscar justiça e correção moral?[157]

Por conseguinte, muito embora o desacordo teórico aparente ser interpretativo, na verdade, ele ocorre sobre diferentes concepções de direito[158].

É de se ressaltar que o desacordo teórico é característica da prática jurídica, não do direito, de modo que uma teoria descritiva não necessariamente teria que tratar desse assunto. Dworkin, especialmente no que diz respeito à crítica a Hart, aduz que a teoria que se baseia na ideia de regra de reconhecimento é uma prática social dos aplicadores do direito. Dessa forma, para que seja uma prática uniforme, os aplicadores do direito teriam que entender o todo do direito da mesma maneira. Em consequência, como, para Dworkin, não há prática social uniforme, todo positivismo baseado em regra de reconhecimento não se sustentaria.

Em razão disso, a existência de uma teoria descritiva não conseguiria admitir desacordo teórico porque vai contra a sua natureza. O desacordo teórico é o motivo determinando para a transição para uma teoria interpretativa, ou seja, é constitutivo do direito. Logo, uma teoria que pretende descrever como o direito funciona não pode deixar de fora um aspecto fundamental que é o confronto entre visões opostas acerca do direito.

[157] COELHO, André L. S. **Teorias Analíticas Contemporâneas – Segunda fase do pensamento de Dworkin – Desacordos Teóricos.** Palestra proferida no Seminário Jurídico Avançado do Mestrado em Direito Unichristus. Publicado em 20 out. 2017. Disponível em: https://www.youtube.com/watch?v=TOjjAPSsvJY. Acesso 04 jul. 2019.

[158] Para clarear a diferença entre conceito e concepção de Direito, Coelho, a partir de Rawls e Hart, explica que, em se tratando de teoria da justiça, seria possível que pessoas com concepções de justiça muito diversas, como por exemplo um igualitário, um defensor do bem-estar, um libertário e um socialista, conseguissem concordar com um conceito de justiça abstrato, como o de que ela consistiria em tratar igualmente os iguais e desigualmente os desiguais (conceito clássico de equidade). Mas, a discordância viria à tona quando se questiona quem seriam os iguais e quem seriam os desiguais, ou seja, quais implicações isso teria a questões de raça, de gênero e de pobreza. É então que os desacordos surgem. Pode-se concluir, então, que um conceito concreto e de forma prática se traduz na concepção, enquanto um conceito com uma fórmula relativamente abstrata capaz de conseguir o acordo de pessoas com ideologia diferentes seria um verdadeiro conceito. A concepção seria a versão desenvolvida, concretizada, aplicada do conceito, exatamente na ocasião em que o desacordo é provocado. Desse modo, é possível se ter o mesmo conceito de justiça, ainda que a concepção seja bem diferente. COELHO, André L. S. *Op. cit.*. Acesso 04 jul. 2019.

Há que se esclarecer que, para Dworkin, a função do direito é legitimar a coerção estatal, de modo que a função política é que tem o objetivo de esclarecer quando ele estaria legitimado ou não.

É certo que Dworkin compreende o direito como uma prática social normativa, na medida em que aceita que a tese de que a normatividade do direito envolve uma demanda por uma legitimidade moral. Porém, o referido autor rejeita a ideia de que seria possível determinar o conteúdo do direito exclusivamente com base em suas fontes sociais, ou seja, independentemente de qualquer razão moral. Ao rejeitar essa segunda ideia, Dworkin contesta um dos elementos centrais e distintivos do positivismo: a tesa da separabilidade entre direito e moral.

Uma teoria interpretativa do direito parte do pressuposto que o direito não se esgota no seu conceito pois, para que haja uma aplicação prática, é necessário desenvolver a concepção. É pressuposto para Dworkin aceitar que, na prática jurídica, existem várias concepções do direito, todas elas sendo interpretações diferentes desse mesmo conceito de direito.

E dentre as formas de interpretação, Dworkin[159] defende que haja uma interpretação construtiva, que se traduz em impor um propósito a um objeto ou prática, de modo a torná-lo o melhor exemplo possível da forma ou gênero ao qual ele pertence. Portanto, ao interpretar uma prática social, um participante acaba por atribuir um valor a tal prática, descrevendo algum esquema de interesses, objetivos ou princípios aos quais a prática serve, expressa ou exemplifica.

3.1.1.1. Interpretativismo e integridade do direito: o método de Hércules

Ao tratar da atitude interpretativa, Dworkin faz menção ao seu famoso exemplo das "regras de cortesia". Numa determinada comunidade, os membros seguem um conjunto de regras de cortesia que inicialmente contam com práticas em caráter de tabu, ou seja, ninguém as questiona nem tenta mudá-las. Mas, com o tempo, todos desenvolvem uma complexa atitude interpretativa sobre tais regras. Primeiro, pressupõem que a prática da cortesia existe e que tem valor, servindo a algum interesse ou propósito ou reforçando algum valor, ou seja: tem uma finalidade. Em segundo lugar, pressupõe-se que as exigências da cortesia são suscetíveis à sua finalidade,

[159] DWORKIN, Ronald. ***Law's Empire.*** Oxford: Hart Publishing, 1998, p. 42.

de modo que as regras explícitas devem ser aplicadas, ampliadas, modificadas, atenuadas ou limitadas segundo essa finalidade.

> Quando essa atitude interpretativa passa a vigorar, a instituição da cortesia deixa de ser mecânica, não é mais a deferência espontânea a uma ordem única. As pessoas agora tentam impor um significado à instituição e em seguida reestruturá-la à luz desse significado.[160]

Quanto aos modos de interpretação, interessante essa passagem de O Império do Direito:

> Começamos essa longa discussão estimulados por uma importante objeção: de que a descrição construtiva da interpretação criativa é errada porque a interpretação criativa é sempre interpretação conversacional. No caso da interpretação das práticas sociais, essa objeção é ainda mais inadequada que no caso da interpretação artística. A descrição construtiva deve defrontar com outras objeções, em particular com a objeção que examinarei mais adiante, neste capítulo: de que a interpretação construtiva não pode ser objetiva. Mas devemos estudar um pouco mais esse modo de interpretação, antes de colocá-lo de novo à prova.[161]

Interpretar uma prática social tem como ocasião mais conhecida a conversação, na qual, para decidir o que uma pessoa disse, interpretamos os sons ou sinais que ela faz. Já a interpretação científica dessa prática social tem outro contexto, pois um cientista primeiro coleta dados e depois os interpreta. A interpretação artística, por sua vez, consiste na interpretação por críticos de peças, poemas e pinturas, buscando justificar algum ponto de vista de seu significado, tema ou propósito.

Explica Dworkin que a interpretação de uma prática social é semelhante à interpretação artística no sentido de que

> [...] ambas pretendem interpretar algo criado pelas pessoas como uma entidade distinta delas, e não o que as pessoas dizem, como na interpretação da conversação ou fatos não criados pelas pessoas como na interpretação científica[162].

160 DWORKIN, Ronald. *Op. cit.*, 2014, p. 43.
161 DWORKIN, Ronald. *Op. cit*, 2014, p. 80.
162 *Ibidem*, p. 61.

Para ele, a interpretação da conversação é intencional e não causal em sentido mecânico, pois os significados são atribuídos a partir de motivos, intenções e preocupações do orador, apresentando conclusões sobre a intenção dele ao dizer o que disse. No entanto, a interpretação criativa não é convencional, mas construtiva, pois se preocupa essencialmente com o propósito e não com a causa. E esses propósitos são os do intérprete.

Logo, a interpretação construtiva "é uma questão de impor um propósito a um objeto ou prática, a fim de torná-lo o melhor exemplo possível da forma ou do gênero aos quais se imagina que pertençam"[163]. Note-se que o intérprete não pode fazer qualquer coisa que desejaria que fosse:

> Pois a história ou a forma de uma prática ou objeto exerce uma coerção sobre as interpretações disponíveis destes últimos, ainda que, como veremos, a natureza dessa coerção deva ser examinada com cuidado. Do ponto de vista construtivo, a interpretação criativa é um caso de interação entre propósito e objeto[164].

Isso posto, Dworkin defende a necessidade de refinamento da interpretação construtiva, estabelecendo três etapas da interpretação, que exigem diferentes graus de consenso em uma comunidade. Assim, primeiro há uma etapa pré-interpretativa, em que se identificam regras e padrões que fornecem o conteúdo experimental da prática. Em segundo lugar, há uma etapa interpretativa em que o intérprete se concentra numa justificativa geral para os principais elementos da prática identificada na etapa anterior, consistindo numa argumentação sobre a conveniência ou não de buscar uma prática com essa forma geral. Tal justificativa deve ajustar-se o suficiente para que o intérprete possa ver-se como alguém que interpreta e não inventa uma nova prática. A terceira é uma etapa pós-interpretativa ou reformuladora, em que o intérprete ajusta sua ideia daquilo que a prática de fato solicita para melhor servir à justificativa que ele aceita na etapa interpretativa.

Fato é que, para interpretar, são necessárias hipóteses ou convicções sobre aquilo que é válido, enquanto parte da prática, a fim de definir os dados brutos de sua interpretação na etapa pré-interpretativa: "a atitude interpretativa não pode sofrer a menos que membros da mesma comuni-

[163] *Ibidem*, p. 63-64.
[164] *Ibidem*, p. 64.

dade interpretativa compartilhem, ao menos de maneira aproximada, as mesmas hipóteses a propósito disso"[165].

Voltando ao exemplo da cortesia, ela permanece a mesma instituição ao longo das mudanças ocorridas em comunidades distintas, ainda que contenha normas muito diferentes, adaptando sua interpretação a novos momentos sociais. Não há, assim, segundo ele, um traço característico comum em todos os casos ou exemplos. A explicação da cortesia será histórica, de modo que a instituição tem uma continuidade, ainda que se aceite que a mudança pode ser tal que a continuidade seja negada.

Dworkin define o direito como integridade da seguinte forma:

> O direito como integridade nega que as manifestações do direito sejam relatos factuais do convencionalismo, voltados para o passado, ou programas instrumentais do pragmatismo jurídico voltados para o futuro. Insiste que as afirmações jurídicas são opiniões interpretativas que, por esse motivo, combinam elementos que se voltam tanto para o passado quanto para o futuro; interpretam a prática jurídica contemporânea como uma política em processo de desenvolvimento. Assim, o direito como integridade rejeita, por considerar inútil, a questão de se os juízes descobrem ou inventam o direito; sugere que só entendamos o raciocínio jurídico tendo em vista que os juízes fazem as duas coisas e nenhuma delas.[166]

Por conseguinte, o princípio da integridade instrui os juízes a identificar direitos e deveres legais, partindo da pressuposição de que foram criados pela comunidade personificada, de modo a expressar uma concepção coerente de justiça e equidade. Para Dworkin, em uma comunidade de princípios, somente um modelo que contemple a integridade como ideal normativo ao lado da equidade, da justiça e do devido processo legal, é capaz de dar conta das obrigações associativas.

Segundo o direito como integridade, as "proposições jurídicas são verdadeiras se constam, ou se derivam, dos princípios de justiça, equidade e devido processo legal que oferecem a melhor interpretação construtiva da prática jurídica da comunidade"[167]. Como exemplo, tem-se o caso da

[165] DWORKIN, Ronald. *Op. cit.*, 2014. p. 83.

[166] *Ibidem*, p. 271.

[167] DWORKIN, Ronald. *Op. cit.*, 2014. p. 272.

senhora McLoughlin[168], em que a decisão sobre o direito assegurar a ela uma indenização pelos prejuízos equivaleu a decidir se a prática jurídica

[168] No caso McLoughlin, o fundamento da discussão está em decisões anteriormente tomadas por tribunais, ao argumento de que "o juiz do seu caso deve seguir as normas estabelecidas nesses casos anteriores, os quais, segundo alega, exigem um veredito que lhe seja favorável". Ocorreu que o marido e os quatro filhos da Srta. McLoughlin se feriram em um acidente de carro, no dia 19 de outubro de 1973, às 16h. Ela recebeu a notícia por volta de 18h, quando se dirigiu ao hospital e foi informada que a filha tinha morrido e o marido e os outros filhos estavam em estado grave. Nesse momento, teve um colapso nervoso. Mais tarde, processou o motorista causador do acidente e outras pessoas envolvidas, exigindo uma indenização por danos morais. Seu pleito chamava atenção para decisões anteriores dos tribunais ingleses que concederam indenização às pessoas que haviam sofrido danos morais ao verem um parente próximo gravemente ferido. A diferença estava no fato de que, nas decisões anteriores, o pleiteante tinha estado na cena do acidente ou chegara logo em seguida. A doutrina do precedente dispõe, grosso modo, que decisões de casos anteriores devem ser repetidas em novos casos semelhantes. Porém, estabelecem uma distinção entre doutrina estrita (que obriga os juízes a seguirem decisões anteriores de alguns outros Tribunais) e doutrina atenuada do precedente (que exige apenas que o juiz atribua algum peso a decisões anteriores sobre o mesmo problema, seguindo-as a menos que as considere erradas o bastante para suplantar a presunção inicial em seu favor). Todavia, o problema enfrentado pelo caso em questão foi outro: se a doutrina dos precedentes só se aplica a decisões passadas que apresentam semelhança suficiente com o caso atual para serem consideradas pertinentes, em McLoughlin havia uma diferença crucial, dado que em todos os casos anteriores "o colapso nervoso ocorrera na cena do acidente, enquanto ela [Sra. McLoughlin] só sofrera o colapso cerca de duas horas mais tarde em outro local". Diante disso, na primeira instância, a requerente perdeu, pois foi considerado pelo Juiz de primeira instância que a situação de o colapso nervoso "ter ocorrido longe da cena do acidente constituía uma diferença importante, pois significava que os danos morais sofridos pela sra. McLoughlin não eram previsíveis", tal qual aqueles sofridos pelos outros pleiteantes. Já em grau de recurso, o Tribunal de Apelação manteve o referido veredicto, mas com uma argumentação diferente: "afirmou que era razoavelmente previsível que uma mãe corresse para o hospital para ver os membros feridos de sua família, e que sofresse um colapso emocional ao vê-los nas condições em que a sra. McLoughlin os encontrou". No entanto, reconhecer uma esfera mais ampla de responsabilidade poderia ter consequências adversas para a comunidade, incentivando um número muito maior de processos por danos morais e exacerbando o problema da saturação dos Tribunais. Além disso, abriria oportunidades novas de reinvindicação, de difícil prova, facilitando fraudes, aumentaria o custo dos seguros, encarecendo o ato de dirigir e talvez até impedindo que pobres dirigissem. Em apelação à Câmara dos Lordes, a decisão anterior foi revogada unanimemente. No entanto, os Lordes discordaram sobre o que chamaram de "verdadeiro direito". Não aceitaram razões de política judiciária, nem de risco de dilúvio de litígios como suficientemente graves e afirmaram que os Tribunais deveriam ser capazes de estabelecer uma distinção entre as reinvindicações autênticas e as fraudulentas, mesmo no caso dos que sofressem o alegado dano várias horas após o acidente. Dois lordes adotaram diferentes concepções de direito, ao

é vista sob sua melhor luz, a partir do momento em que supomos que a comunidade aceitou o princípio de que as pessoas na situação dela têm o direito a ser indenizadas.

Trata-se de algo mais inflexivelmente interpretativo do que o convencionalismo[169] ou pragmatismo[170], pois é tanto o produto da interpretação que abrange a prática jurídica quanto a sua fonte de inspiração.

> O programa que apresenta aos juízes que decidem casos difíceis é essencialmente, não apenas contingentemente, interpretativo; o direito como integridade pede-lhes que continuem interpretando o mesmo material que ele próprio afirma ter interpretado com sucesso. Oferece-se como a continuidade – e como origem – das interpretações mais detalhadas que recomenda.[171]

que cito a referida discussão: "*Dois lordes adotaram uma concepção do direito bem diferente. Disseram que seria errado que os tribunais negassem a indenização a um pleiteante meritório, pelos tipos de razões que o Tribunal de Apelação havia mencionado, os quais, para os outros lordes, podiam ser suficientes em algumas circunstâncias. Os precedentes deviam ser vistos como discrimináveis, diziam eles, somente se, por alguma razão, os princípios morais admitidos nos casos anteriores não se aplicassem da mesma maneira ao pleiteante. E, uma vez admitido que o dano causado a uma mãe no hospital, horas depois do acidente é razoavelmente previsível a um motorista negligente, nenhuma diferença pode ser encontrada entre os dois casos. A saturação dos Tribunais ou o aumento do preço do seguro de responsabilidade civil para os motoristas, diziam eles, por mais que representem um inconveniente para a comunidade como um todo, não podem justificar a recusa em fazer satisfazer direitos e deveres individuais que anteriormente se reconheceram e fizeram cumprir. Afirmavam que esses eram os tipos errados de argumentos de direito, por mais convincentes que pudessem ser quando dirigidos a legisladores como argumentos favoráveis a uma mudança na lei. (A opinião de lorde Scarman foi particularmente clara e eloquente sob esse aspecto)*". Conforme se vê, a argumentação dos lordes acaba por demonstrar uma relevante diferença de opinião acerca do o papel que cabe às considerações de política judiciária ao se decidir a quais resultados as partes de um processo judicial têm direito. *In* DWORKIN, Ronald. *Op. cit.*, 2014. p. 30-35.

[169] O convencionalismo, sob a ótica de Dworkin, exige que os juízes estudem os repertórios jurídicos e os registros parlamentares para descobrir que decisões foram tomadas pelas instituições e às quais convencionalmente se atribui ao poder legislativo. O juiz que aceita o convencionalismo como guia, não terá novas ocasiões de interpretar o registro legislativo como um todo, ao decidir casos específicos. *Ibidem*, p. 272.

[170] O pragmatismo exige um pensamento instrumental pelos magistrados acerca das melhores regras para o futuro. Esse exercício pode solicitar a uma interpretação de alguma coisa que extrapola a matéria jurídica: "um pragmático utilitarista talvez precise preocupar-se com a melhor maneira de entender a ideia de bem-estar comunitário, por exemplo". Um juiz que aceite o pragmatismo não mais poderá interpretar a prática jurídica em sua totalidade. *Ibidem*, p. 272 – 273.

[171] *Ibidem*, p. 272.

A consequência prática de se compreender o direito como integridade é a necessidade de adoção, pelos juízes, do método de Hércules.

No método de Hércules, as leis precisam ser manipuladas de modo que decorram da melhor interpretação do processo legislativo como um todo. A ideia não é atingir aquilo que ele acredita ser o melhor resultado subjetivo, mas sim encontrar a melhor explicação possível para um evento legislativo do passado. Para isso tenta apresentar um exemplo de história social – "o relato de uma legislatura democraticamente eleita que elabora um texto particular em circunstâncias particulares"[172] – sob a melhor luz geral possível.

A descrição do juiz Hércules deve explicar o relato como um todo e não apenas suas convicções sobre justiça, e política. Deve refletir suas convicções sobre os ideais de integridade, de equidade de políticas, de devido processo legal, tendo em vista que se aplicam à legislação em uma democracia.

Relata Morrison[173] que, em casos difíceis (conceito que será tratado em seguida), Dworkin afirma que os juízes devem utilizar um conceito de "consistência articulada", determinando a aplicabilidade de leis e precedentes em casos polêmicos. Assim, surge a ideia do juiz ideal, chamado por ele de Hércules, "um advogado[174] de habilidade, sabedoria, paciência e perspicácia sobre-humanas que tem plena consciência de suas responsabilidades constitucionais"[175].

Para o juiz Hércules, a integridade e a equidade é o que baliza a justiça e a sabedoria. "A integridade exige que ele elabore, para cada lei que lhe pedem que aplique, alguma justificativa que se ajuste a essa lei e a penetre, e que seja, se possível, coerente com a legislação em vigor." [176] Questiona-se, ao decidir, qual combinação, de quais princípios e políticas, pode proporcionar o melhor exemplo para aquilo que os termos da lei requerem, considerando as imputações.

> Diante de um caso difícil (por exemplo, de um caso constitucional), Hércules elabora algumas teorias políticas que poderiam servir como justificações do conjunto de regras constitucionais que são expressamente relevantes

[172] DWORKIN, Ronald. *Op. cit.*, 2014, p. 404.

[173] MORRISON, Wayne. *Op. cit.*, p. 508.

[174] *Ibidem*, p. 509.

[175] Nos sistemas de *common law*, os juízes são escolhidos entre advogados de renome ou de grande reputação.

[176] DWORKIN, Ronald. *Op. cit.*, 2014, p. 405.

ao problema. Se duas ou mais teorias parecerem ajustar-se igualmente bem – e, desse modo, apontar para resultados contrastantes para o caso -, Hércules deve se voltar para o conjunto remanescente de regras, práticas e princípios constitucionais para criar uma teoria política para a Constituição como um todo. A teoria bem-sucedida irá ajustar-se a todas as regras da Constituição ou à maioria delas, de modo que as represente como um conjunto unificado e coeso de prescrições e regras que abrangem o comportamento cívico.

Quando Hércules justifica um conjunto de precedentes no sistema de *common law*, ele tem uma restrição particular: o princípio básico e geral de que todos devem ser tratados como iguais[177]. Já, ao justificar uma lei, essa restrição não existe, devendo ele levar em consideração tanto as justificativas políticas quanto as de princípio para criar uma teoria política para a Constituição em seu todo, como mencionado acima. Ou seja, ele cria um esquema de princípios abstratos e concretos que servem para justificar coerentemente todos os precedentes de *common law* e os dispositivos constitucionais estatuídos.

Os juízes da vida real, digamos assim, devem buscar o comportamento do juiz Hércules. "Hércules, além do mais, é um reflexo do juiz que aceita e exemplifica a doutrina da responsabilidade política que é inerente ao sistema normativo norte-americano"[178]. É de se reparar, mais uma vez, a influência na teoria de Dworkin de John Rawls [179] também liberal, dada a similaridade da concepção do juiz Hércules com a posição original.

No caso de Dworkin, esse juiz imparcial, situado na posição original[180], tem ainda como tarefa tomar decisões em que o direito existente seja aplicado e, ao fazê-lo, deve representar o direito como expressão de uma teoria política dotada de coerência interna.

[177] Dworkin, Ronald. *Op. cit.*, 2014, p. 374.

[178] Morrison, Wayne. *Op. cit.*, p. 509.

[179] Rawls, John. **Uma Teoria da Justiça.** Trad. Jussara Simões. São Paulo: Martins Fontes, 2016.

[180] Cabe aqui, preliminarmente, explicar que, no conceito de "posição original", haveria um "véu da ignorância" rawlsiano, que se trata de um dispositivo muito eficaz para fazer as pessoas verem além de seus interesses no próprio benefício e seus objetivos pessoais, desde que incluídos no procedimento smithiano que abarca, como resultado, a insistência de que o exercício da imparcialidade deve ser aberto, já que, segundo Smith, só podemos fazer isso esforçando-nos para ver nossos próprios sentimentos e motivações com os olhos de outras pessoa, ou como outras pessoas provavelmente os veriam.

Ao questionar o fato de que os juízes detêm suas percepções pessoais e seguem teorias institucionais diferentes, Morrison afirma que há dois pontos cruciais: "(i) o papel fundamental que os direitos desempenham no direito moderno e (ii) a ideia de desenvolvimento jurídico como um projeto inacabado de moldar a interação social em forma de uma comunidade de princípios"[181].

Para chegar à tese da única resposta correta, Dworkin parte de algumas premissas. Ele entende que o conceito de direito está vinculado a princípios morais, ainda que, teoricamente, não se confunda com a moral. Os princípios jurídicos têm sua origem na moral.

Os princípios morais se apresentam como base para todo o sistema e como guia para a interpretação judicial, pois decorrem de uma moral compartilhada por uma comunidade política determinada, fundamentando o direito, sendo possível se falar em verdades morais, assim como verdades jurídicas. Logo, o direito tal qual apresentado por Dworkin, e na sua ótica, se revela completo e coerente, com suas regras e princípios.

Partindo desse pressuposto, haveria uma interpretação melhor do que as outras – a única resposta correta –, que conseguisse demonstrar como tal caso se enquadra na totalidade íntegra e coerente que seria o sistema jurídico e sua gama de princípios e regras. Caberia ao juiz Hércules encontrar essa resposta.

Ainda que Hércules seja uma figura ideal, o que se quer dizer é que, na hipótese de os juízes disporem de conhecimento, tempo, capacidade e paciência ilimitados e, ainda, de isenção, chegariam, invariavelmente, a uma única resposta correta para todo caso jurídico que se apresentasse, não havendo dissenso. Dessa forma, os conflitos, divergências, são apenas aparentes.

O Poder Judiciário, sob a ótica de Dworkin, consagra-se como o mais autêntico intérprete da Constituição, do direito que, em tese, é coerente e íntegro.

Vale aqui consignar que a professora Vera Karam de Chueiri[182], em artigo escrito com Joanna Maria de Araújo Sampaio, defende que as teo-

[181] Morrison, Wayne. *Op. cit.*, p. 510.

[182] Chueiri, Vera Karam de; Sampaio, Joanna Maria de Araújo. **Coerência, Integridade e Decisões Judiciais.** Nomos – Revista do Programa de Pós-Graduaçãm em Direito da UFC . v. 32 n. 1 (2012): jan./jun. 2012 Disponível em: http://periodicos.ufc.br/nomos/article/view/379. Acesso em 14 dez. 2019.

rias de Ronald Dworkin e Klaus Günther são complementares e oferecem uma boa fundamentação para as decisões judiciais na resolução de casos difíceis, no sentido da coerência e integridade, dado que ambos os autores "argumentam que a aplicação do direito não se restringe à subsunção de um fato concreto a uma norma geral e abstrata". E, ainda, que o papel do julgador é não só o de subsumir um fato à norma mas, também, de "construir e reconstruir o direito, por meio da sua aplicação com base em princípios". A consequência disso seria a de que "ambos autores diferenciam a decisão judicial da decisão legislativa (aplicação e legislação), bem como o tipo de argumento que as fundamenta".

Muito embora não seja algo defendido neste livro, cabe consignar que Cella[183] defende que, à exceção da tese da única resposta correta, a teoria de Dworkin é compatível com o positivismo jurídico, arriscando-se a dizer que se trataria de aperfeiçoamento do próprio positivismo jurídico que, paradoxalmente, ele próprio teria tentado fulminar. Ao fazer isso, ele considera os estudos sobre o tema da "interpretação e suas etapas; a sua elaboração do critério que distingue as normas entre regras e princípios; e o seu reconhecimento de que as questões de integridade e coerência", as quais que implicariam na submissão ao sistema normativo reconhecido, devem ter um peso decisivo. Cella aponta sua conclusão: "Com Dworkin o positivismo ressurge das cinzas que esse autor ajudara a produzir; tal qual Fênix o positivismo reaparece mais vivo do que nunca, revigorado por um refinamento sem precedentes, tributário da obra de Dworkin"[184].

3.2. A resposta de Hart a Dworkin

No posfácio de O conceito de Direito[185],Hart responde às críticas a ele dirigidas por Dworkin, apresentando, revendo ou reafirmando pontos chaves de sua teoria. O texto é dividido da seguinte forma: 1) A natureza

[183] CELLA, José Renato Graziero. **Legalidade e Discricionariedade: o debate ente Hart e Dworkin.** Comunicação apresentada nas *XIX Jornadas Argentinas y Primeras Jornadas Argentino-Brasileñas de Filosofía Jurídica y Social* (San Carlos de Bariloche, Río Negro, Argentina, 7, 8 y 9 de octubre de 2005), com exposição em 08 de outubro de 2005, organizado pela *Asociación Argentina de Filosofia Del Derecho – AAFD* e pela Associação Brasileira de Filosofia do Direito e Sociologia do Direito – ABRAFI, respectivas seções nacionais da *International Association for Philosophy of Law and Social Philosophy* – IVR (*Internationale Vereinigung für Rechts – und Sozialphilosophie*).

[184] *Ibidem*, 2005.

[185] HART, H. L. A. *Op. cit.*, 2009, p. 307- 356.

da teoria do direito; 2) A natureza do positivismo jurídico, que se divide em (i) o positivismo como teoria semântica, (ii) o positivismo como teoria interpretativa e (iii) o positivismo brando; 3) A natureza das normas, que se reparte em (i) a teoria prática das normas e (ii) normas e princípios; 4) Os princípios e a norma de reconhecimento e 5) O direito e a moral, com os tópicos (i) direitos e deveres e (ii) a identificação do direito.

1) A natureza da teoria do direito

Quanto à natureza do direito, Hart explica que seu objetivo era apresentar uma teoria que fosse ao mesmo tempo geral e descritiva. Geral pois não se vincula a nenhum sistema jurídico ou determinada cultura, fornecendo uma descrição explicativa e elucidativa do direito como instituição social e política complexa e descritiva porque é moralmente neutra e não tem fins de justificativa[186].

Nesses dois pontos, Dworkin diverge radicalmente de Hart, apresentando um conceito de direito interpretativo porque, "a seu ver, toda teoria do direito deve ter caráter parcialmente avaliativo e justificatório, bem como se dirigir a uma cultura jurídica específica"[187]. Em consequência, a tarefa central da teoria do direito é interpretativa e avaliativa, consistindo na identificação dos princípios que melhor se adequam ao direito estabelecido ou são mais coerentes com ele na prática jurídica estabelecida em um determinado sistema jurídico. Os princípios se revelariam partes implícitas do próprio direito em seu sentido interpretativo. As práticas jurídicas sedimentadas ou paradigmas do direito já estabelecidos são pré-interpretativos e podem ser entendidos como tema de consenso dos juristas num sistema jurídico específico.

Hart passa a combater as críticas à teoria descritiva. A primeira é a da necessidade de levar em conta a perspectiva interna, de um *insider.* Hart explica que, em sua teoria, não há nada que impeça que um observador externo, não participante, descreva a maneira como os participantes veem o direito a partir de tal ponto de vista interno[188], ainda que não compartilhe, enquanto teórico, a aceitação da lei por esses participantes. Essa possibilidade parece não ter sido levada em consideração por Dworkin em sua crítica.

[186] Hart, H. L. A. *Op. cit.,* 2009, p. 309.

[187] *Ibidem,* p. 310.

[188] *Ibidem.* p. 313.

Dworkin defende que, para determinar o sentido de qualquer proposição jurídica, até mesmo o teórico descritivista deveria formular a pergunta interpretativa e avaliativa. Para Hart, isso pode até ser feito, mas não se faz necessário. Isso seria algo que o teórico geral e descritivista deveria registrar como um fato sobre o qual poderia basear suas conclusões gerais descritivas quanto ao sentido dessas proposições do direito. "A descrição não deixa de ser uma descrição, mesmo se aquilo que ela descreve é uma avaliação"[189].

2) A natureza do positivismo jurídico

(i) o positivismo como teoria semântica

Um dos supostos erros que Dworkin aponta na teoria de Hart é o de que as "únicas discordâncias possíveis sobre as questões jurídicas são aquelas relacionadas à existência ou inexistência desses fatos históricos; não poderia haver desacordo teórico ou controvérsia sobre o que constitui os 'fundamentos' do Direito"[190]. O positivista, portanto, considera tais alicerces do direito erroneamente fixados por regras linguísticas compartilhadas, acreditando haver consenso sobre o conceito de direito e de lei, o que Dworkin chama de aguilhão semântico.

Ocorre que Hart alega que não há nada em sua obra que autorize tal conclusão, pois em nenhum lugar baseia sua teoria da norma de reconhecimento na ideia equivocada do que seja a palavra "direito", tampouco acredita na tese que ele chama de "equivocada" de que, se os "critérios de identificação dos fundamentos do direito não fossem fixados de maneira incontroversa, a palavra 'direito' *significaria* coisas diferentes para diferentes pessoas"[191]. Dworkin teria feira confusão com o significado de um conceito com os critérios para sua aplicação.

Dworkin também defenderia que:

> [...] a alegação do positivista de que sua teoria do direito não é uma teoria semântica, mas um relato descritivo das características distintivas do direito em geral, como um fenômeno social complexo, forma, em confronto com a teoria semântica, um contraste vazio e enganoso"[192].

[189] *Ibidem*, p. 315.

[190] Hart, H. L. A. *Op. cit.*, 2009, p. 316.

[191] *Ibidem*, p. 318.

[192] *Ibidem*, p. 318.

Para Hart, esse argumento confunde o significado de direito com o de proposições de direito pois, para Dworkin, uma teoria semântica do direito é aquela que afirma que o significado da palavra direito dependa de certos critérios específicos. Porém, as proposições jurídicas consistem tipicamente em afirmações não do que é direito, mas do que é a lei, ou seja, o que o direito de um sistema permite ou exige que se faça ou permite fazer. Isso autoriza concluir que o próprio significado da palavra "direito" torne este último dependente de critérios específicos. Isso só aconteceria se os critérios oferecidos pela norma de reconhecimento de um sistema e a necessidade de tal norma fossem derivados do significado da palavra "direito". Nada disso é defendido na obra de Hart.

Ainda, Dworkin apresenta equivocadamente a norma de reconhecimento como se "ela exigisse que os critérios que oferece para a identificação do direito precisassem consistir apenas em fatos históricos", o que ele chama de positivismo de simples fatos. Mas Hart expressamente afirma que em alguns sistemas jurídicos os critérios últimos de validade podem incorporar explicitamente, além do *pedigree*, princípios de justiça ou valores morais substantivos e esses podem integrar o conteúdo das restrições jurídicas constitucionais.

"Assim, a versão 'semântica' do positivismo dos simples fatos que ele me atribui não deve, evidentemente, ser atribuída a mim, como não deve ser nenhuma outra forma de positivismo dos simples fatos"[193], é a conclusão de Hart.

Em síntese, no que tange à tese da convencionalidade, o critério de validade das normas jurídicas está relacionado à regra de reconhecimento, cuja aceitação é convencional, "ainda que por meio de uma trama complexa de práticas realizadas por tribunais, seus funcionários e agentes públicos"[194].

(ii) o positivismo como teoria interpretativa

A descrição interpretativista que Dworkin faz do positivismo como convencionalismo não pode ser apresentada como uma versão da teoria de Hart por dois motivos. O primeiro é o fato de que a teoria de Hart admite valores entre os critérios do direito e não simples fatos, e o segundo é o de que Dworkin, segundo Hart, interpretou equivocadamente sua teoria ao dizer que o objetivo do direito e da prática jurídica é justificar a coerção.

[193] HART, H. L. A. *Op. cit.*, 2009, p. 320.

[194] MACEDO JUNIOR, Ronaldo Porto. *Op. cit.*, p. 160.

O direito, sob a ótica de Hart, serviria como um guia para a conduta humana e oferece critérios para sua crítica. E as leis se distinguem de outras normas ante o fato de prover, por meio de normas secundárias, a identificação, a modificação e a imposição de seus padrões, assim como, por ter uma pretensão geral de primazia sobre outros padrões.

A coerção jurídica acontece nos casos em que a função primária da lei – de orientar a conduta dos sujeitos – fracassa, ao que se pode chegar à conclusão simples de que a coerção detém uma função secundária.

(iii) o positivismo brando

Hart aceita que a norma de reconhecimento pode incorporar, como critérios de validade jurídica, a obediência a princípios morais ou valores substantivos, razão pela qual sua teoria é reconhecida como "positivismo brando" *(soft-positivism)*. Ou seja, a concepção de Dworkin de que Hart defende um positivismo dos simples fatos estaria errada.

Além disso, os critérios factuais oferecidos pela norma de reconhecimento não se restringem às questões de *pedigree*, podendo constituir restrições substantivas ao conteúdo da legislação.

Uma das críticas de Dworkin ao positivismo brando diz respeito à sua incompatibilidade com a visão positivista do direito como uma ciência que se ocupa de "essencialmente em oferecer padrões públicos confiáveis de comportamento que podem ser identificados com segurança como questões de simples fato sem depender de argumentações morais discutíveis"[195]. Essa crítica exageraria tanto no grau de certeza que o positivista precisa atribuir a um conjunto de padrões jurídicos quanto no grau de incerteza que haveria em incluir nos critérios de validade e obediência a princípios ou valores morais. Hart jamais postulou como objetivo da norma de reconhecimento a exclusão de toda incerteza a qualquer custo. Pelo contrário, ele afirma que normas podem apresentar uma "penumbra" de incerteza e que muitas normas jurídicas devem tolerar uma certa margem de incerteza, como elemento bem-vindo, permitindo uma decisão judicial racional e bem informada em se tratando de um caso inédito.

Outra crítica está relacionada à determinabilidade e à completude do direito. Hart defende a existência da textura aberta das normas, quando uma lei não oferece resposta à aplicação do direito num caso específico, mostrando-se parcialmente indeterminada. O direito, nesses casos,

[195] HART, H. L. A. *Op. cit.*, 2009, p. 324.

é incompleto e não oferece nenhuma resposta aos problemas em pauta. Para chegarem a uma decisão em tais casos, os tribunais precisam exercer a função legislativa limitada que Hart chama de "discricionariedade"[196]. Dworkin rejeita a ideia de incompletude da lei, assim como a de que pode ser preenchida por essa discricionariedade criativa.

E uma terceira crítica seria a de que o positivismo brando, ao admitir que um critério moral pode ser um critério de validade jurídica, se mostra incongruente com a ideia positivista do direito como algo identificável com a segurança e o caráter objetivo das proposições do direito. Porém, explica Hart que, se não existirem fatos morais objetivos (por se tratar de uma teoria filosófica discutível), só se poderia entender essa exigência como um apelo ao exercício de sua discricionariedade legislativa, segundo a melhor compreensão que o julgador (juiz) tem da moral e seus requisitos, sem prejuízo de quaisquer restrições impostas pelo sistema jurídico.

Hart acredita que o direito não deve se comprometer com teorias filosóficas controversas sobre o *status* geral dos juízos morais e deve deixar em aberto a questão geral de saber se estes tem o que Dworkin denomina de caráter objetivo. O dever do juiz, então, é decidir acerca da melhor avaliação moral que lhe seja possível para solucionar as suas causas, criando o direito a partir de sua avaliação moral sobre qual lei, já existente, se revela por um critério moral do direito.

3) A natureza das normas

(i) a teoria prática das normas

Para Hart, há enunciados jurídicos internos e externos, havendo normas jurídicas e sociais, de modo que estas correspondem às normas consuetudinárias de um grupo social. A descrição dessas normas sociais ficou conhecida como teoria prática das normas, pois:

> [...] considera que as normas sociais de um grupo são constituídas por uma forma de prática social que compreende tanto os padrões de conduta seguidos regularmente pela maioria dos membros do grupo quando uma atitude normativa específica em relação a esses padrões que denominei "aceitação". Essa atitude consiste na disposição permanente dos indivíduos de aceitar esses padrões de comportamento, tanto como orientações para sua própria conduta futura quanto como padrões críticos capazes de legitimar exigên-

[196] *Ibidem*, p. 326.

> cias e várias formas de pressão em prol da obediência às normas. O ponto de vista externo das normas sociais corresponde ao de um observador de sua prática, e o ponto de vista interno é aquele de um participante nesta prática que aceita as normas como guias para sua conduta e como padrões críticos.[197]

Dentre as diversas críticas que Dworkin formulou à teoria das normas sociais, Hart acolheu algumas delas.

A primeira é que há necessidade de diferenciar consenso da convenção e consenso da convicção independente. O consenso da convenção "se manifesta nas normas convencionais de um grupo"[198] – a obediência geral de um grupo às normas leva os membros individuais a obedecê-las – e o consenso da convicção independente se manifestada "nas práticas convergentes do mesmo grupo"[199] – as práticas não são instituídas por convenção, mas pelo fato de os membros do grupo agirem e se comportarem da mesma maneira, pelas mesmas razões, ainda que de maneira independente.

A segunda crítica acolhida é que a descrição das normas sociais de Hart aplica-se apenas às normas que são convencionais no sentido acima, restringindo consideravelmente o alcance de sua teoria prática. A teoria descreve as normas sociais convencionais que incluem os costumes sociais e certas normas jurídicas importantes, como a regra de reconhecimento (que é uma forma de regra jurídica consuetudinária, que existe apenas quando é aceita e praticada nas operações de identificação e aplicação das leis pelos tribunais). Já as normas jurídicas positivadas – válidas por passar pelo crivo da regra de reconhecimento – podem existir como normas jurídicas a partir da publicação e antes que se apresente a ocasião de sua aplicação, a teoria prática não se aplica e elas.

A característica das normas – de fornecer razões e estabelecer deveres – constitui seu caráter especificamente normativo e mostra que sua existência não pode consistir num mero estado factual de coisas, como as práticas e atitudes que, segundo a teoria prática, conformam a existência de uma norma social. Para Dworkin, uma regra normativa com essas características distintivas só pode existir na presença de um certo estado normativo de coisas – existência de boas razões ou justificativas morais

[197] Hart, H. L. A. *Op. cit.*, 2009, p. 329.

[198] Hart, H. L. A. *Op. cit.*, 2009, p. 330.

[199] *Ibidem*, p. 330.

para fazer algo. Porém, quando se questiona a razão por que aqueles que aceitaram as normas convencionais como orientação para sua conduta ou como padrões para a crítica assim o fizeram, Hart não vislumbra motivo para escolher como a única resposta possível ou apropriada, entre as muitas possíveis, uma crença na justificação moral das normas[200].

Hart reconhece que existem divergências teóricas acerca da identificação do direito pelos juízes, mas sua existência se baseia numa interpretação equivocada da função da norma de reconhecimento. Isso porque a função da norma "é apenas definir as condições gerais que devem ser satisfeitas pelas decisões jurídicas corretas nos modernos sistemas jurídicos"[201]. Além das questões de *pedigree* – que se refere à forma e ao procedimento de criação e adoção das leis – a norma de reconhecimento também oferece critérios à obediência a valores ou princípios morais substantivos. Esse esclarecimento permite a aplicação da teoria prática das normas à norma de reconhecimento.

(ii) normas e princípios

Uma das principais críticas de Dworkin a Hart consiste na representação equivocada de que o direito seria constituído apenas por normas do tipo "tudo ou nada", ignorando a existência de princípios jurídicos.

Hart diz que poderia reparar facilmente esse suposto defeito incluindo princípios junto das normas jurídicas, porém Dworkin aduz que isso só poderia ser feito mediante o abandono de suas teses centrais. De acordo com Dworkin, os princípios seriam incompatíveis com as ideias centrais da teoria de Hart, quais sejam: a) de que o direito vigente é identificado por critérios fornecidos por uma norma de reconhecimento aceita na prática dos tribunais; b) de que os tribunais exerceriam um poder discricionário autêntico, quando a lei não impõe uma decisão ou, ainda, que não há relação necessária entre o direito e a moral.

Hart afirma que a existência de princípios não apresentaria nenhuma consequência séria para a sua teoria, muito embora admita ter tratado dos princípios somente superficialmente, o que pode ser um defeito.

Os princípios se diferenciariam das normas por uma questão de grau: são amplos, gerais e inespecíficos; assim como por remeterem a algum propósito, objetivo, atribuição de direito ou valor, oferecendo não só uma

[200] *Ibidem*, p. 332.

[201] HART, H. L. A. *Op. cit.*, 2009, p. 333.

explicação ou razão para as normas que os exemplificam como também contribuem para justificá-las. Além dessas características incontroversas, Hart indica uma terceira característica: os princípios são "não conclusivos", tendo uma dimensão de peso, mas não de validade. Enquanto as normas se aplicam no sentido do tudo ou nada, os princípios não exigem uma decisão, mas a indicam ou privilegiam, expondo uma razão que, ainda que não seja determinante, é levada em conta pelos tribunais na apreciação do caso. As normas ou são válidas ou são inválidas, ao entrar em conflito, só uma pode ser válida, enquanto os princípios podem ser apenas desconsiderados ao deixar de definir uma decisão e permanecer intacto para ser utilizado em outros casos onde pode sobressair sobre um princípio de menor peso.

Hart não aceita esse contraste radical entre princípios e normas, pois não haveria razão para que uma norma vencida num determinado caso não possa, como um princípio, sobreviver e continuar vigente, decidindo outros casos, em que seja considerada mais importante que a norma concorrente. Também defende que as normas podem, sim, se chocar com princípios, podendo eventualmente ganhar ou perder.

Logo, a distinção entre normas e princípios seria uma questão de grau, havendo um contraste entre normas quase conclusivas, cujas condições bastam para definir o resultado jurídico de um caso, exceto em casos que suas disposições se chocam com outra norma de igual importância, e os princípios geralmente não conclusivos, que apenas indicam uma conclusão, geralmente sem determiná-la.

Hart reconhece ter sido um grande erro não indicar a força não conclusiva dos princípios, mas, ao usar a palavra norma, jamais se referiu apenas a aplicações do tipo "tudo ou nada", chamando a atenção para padrões jurídicos variáveis, que especificam fatores a serem considerados e ponderados em relação a outros.

4) Os princípios e a norma de reconhecimento

Nesse tópico, Hart trata de dois conceitos, de *pedigree* e de interpretação. Para Dworkin, na concepção de Hart, como já relatado acima, os princípios jurídicos só podem ser identificados por meio da interpretação construtiva como meio de um conjunto único de princípios que simultaneamente melhor justifique e melhor se harmonize com toda a história institucional do direito estabelecido de um sistema jurídico[202]. É claro que,

[202] HART, H. L. A. *Op. cit.*, p. 340.

como também já consignado, nenhum juiz humano conseguiria concretizar essa façanha, mas deveria tentar se aproximar ao máximo, e essa seria a maneira mais esclarecedora para se compreender os tribunais. Além disso, essa interpretação serviria para evidenciar a estrutura oculta do direito.

A crítica feita a Dworkin é a de que a preocupação com a interpretação construtiva fez com que ele desconsiderasse que muitos princípios jurídicos devem seu *status* não à interpretação, mas ao *pedigree*, ou seja, à forma como foram criados ou adotados por uma autoridade estabelecida. E isso o teria levado a dois erros: 1) a crença de que os princípios não podem ser identificados pelo *pedigree;* 2) a crença de que uma norma de reconhecimento só pode oferecer critérios de *pedigree.*

Esses pontos estão equivocados quanto ao fato de que não há nada no caráter não-conclusivo dos princípios que os impeça de serem identificados como parte do direito vigente pelo teste de *pedigree* oferecido por uma norma de reconhecimento, reduzindo a crítica de Dworkin ao argumento de que há alguns princípios que não podem ser capturados dessa forma:

> [...] por serem numerosos demais, demasiados fugazes, demasiado passíveis de mudança ou modificação por lhes faltar qualquer característica que permita identifica-lo como princípios do direito por meio de qualquer outro critério, exceto o fato de integrarem o esquema coerente de princípios que melhor se ajustam à história institucional e às práticas do sistema que melhor as justificam.[203]

Ao fim e ao cabo, isso acaba por se descortinar como uma forma de positivismo brando, identificando um princípio em função de seu conteúdo e não de seu *pedigree.* Uma norma de reconhecimento que contivesse esse critério interpretativo não poderia garantir o grau de certeza desejado por um positivista – conforme descreve Dworkin. Porém, ao compreender que esse teste interpretativo integra o modelo de reconhecimento do direito, ele serve como uma explicação teórica para seu *status* jurídico. "Assim, a incompatibilidade que Dworkin postula, entre a admissão dos princípios como parte do direito e a doutrina de uma norma de reconhecimento, certamente não existe"[204].

[203] Hart, H. L. A. *Op. cit.*, 2009, p. 342.
[204] *Ibidem*, p. 343.

5) O direito e a moral

(i) direitos e deveres

Hart defende que não existe uma conexão necessária entre direito e moral, o que permite a existência de direitos e deveres jurídicos destituídos de qualquer justificativa ou força moral. Dworkin repudia essa ideia a partir da crença de que deve haver uma fundamentação moral para que se possa afirmar a existência de direitos e deveres jurídicos, concluindo que a moral é um elemento crucial para os direitos jurídicos.

As razões apresentadas por Hart para defender sua posição são as seguintes:

> [...] os direitos e deveres jurídicos são os elementos através dos quais o direito, com seus recursos coercitivos, respectivamente protege e limita a liberdade individual, e confere ou nega aos indivíduos o poder de utilizarem eles próprios a maquinaria coercitiva do direito. Assim, sejam as leis moralmente boas ou más, justas ou injustas, os direitos e deveres exigem atenção como pontos focais no funcionamento do sistema jurídico, que tem importância suprema para os seres humanos e independe dos méritos morais das leis.[205]

"Portanto, não é verdade que os enunciados de direitos e deveres jurídicos só possam ter sentido no mundo real se houver alguma fundamentação moral para que se afirme sua existência"[206].

(ii) a identificação do direito

No tocante à relação entre direito e moral, a diferença mais fundamental apontada por Hart refere-se à identificação do direito. Na teoria de Hart, a existência e o teor do direito podem ser determinados a partir da consulta das fontes do direito sem referência à moral, "exceto quando o próprio direito, assim identificado, tiver incorporado critérios morais para sua identificação"[207]. Já na teoria de Dworkin, a proposição jurídica que especifica o teor do direito a respeito de algum tema envolve necessariamente um juízo moral, pois só pode ser verdadeira se derivar de um conjunto de princípios que melhor se adaptarem ao direito identificado com

[205] HART, H. L. A. *Op. cit.*, 2009, p. 347.
[206] *Ibidem*, p. 347.
[207] *Ibidem*, p. 347.

referência às fontes sociais do direito. A teoria interpretativa abrangente tem uma função dupla de identificar o direito e justificá-lo moralmente.

Hart considera que a distinção entre direito interpretativo e pré-interpretativo mais consente que enfraquece o argumento positivista. Numa teoria descritiva do direito, este pode ser determinado sem referência à moral, enquanto numa teoria interpretativa justificatória, segundo a qual a identificação do direito sempre envolve uma avaliação moral a justificar o direito que está estabelecido.

Para Hart, o direito pode se mostrar tão perverso a ponto de convidar ao ceticismo interno, situação em que a identificação do direito não envolve o juízo moral, mas continua a ser direito – ainda que um sistema jurídico no sentido pré-interpretativo, forçando a renúncia à interpretação como Dworkin a concede. Logo, não se recusa mesmo à pior lei nazista sua condição de direito, pois, ainda que suas leis tenham um sentido moral iníquo, tem em comum com os regimes moralmente aceitáveis traços típicos do direito, como atividade legislativa, julgamento, imposição de lei.

6) A discricionariedade judicial

A discricionariedade judicial é o ponto de conflito mais contundente entre a teoria de Hart e Dworkin. Para o primeiro, sempre haverá casos não regulamentados juridicamente, revelando um direito incompleto, em que o juiz terá que exercer sua discricionariedade e criar o direito para aquele caso. Nessa hipótese, o juiz cria um direito e aplica o direito estabelecido, o qual simultaneamente lhe outorga o poder de legislar e restringe esse poder. Já para o segundo, o direito não é incompleto, mas, sim, a imagem que o positivista tem dele, de modo que a avaliação interpretativista do direito é algo que incluiria, além do direito estabelecido explícito, identificado por referência às fontes sociais, o direito implícito, que é o que melhor se adequa ao direito explícito, oferecendo, ao mesmo tempo, a melhor justificativa para este[208].

Hart esclarece que o poder de criar o direito que ele atribui aos juízes é diferente do atribuído ao legislativo, pois o juiz tem muitas limitações que restringem sua escolha, inclusive a de resolver apenas aquele caso específico, tendo um poder intersticial, enquanto o legislativo pode ser totalmente isento de tais limitações. Desde que o juiz satisfaça a determinadas condições, ele tem o direito de seguir padrões ou razões que não

[208] Hart, H. L. A. *Op. cit.*, 2009, p. 352.

são impostos pela lei e podem diferir dos eventualmente usados por outros juízes em casos difíceis semelhantes.

Dworkin apresenta três críticas principais à descrição dos tribunais como detentor de um poder discricionário de resolver casos que a lei não regula completamente:

1) Trata-se de uma descrição equivocada do processo judicial e da atuação dos tribunais nos casos difíceis, pois entende que há uma solução existente à espera de ser descoberta e não criada pelo magistrado;
2) A descrição de discricionariedade judicial de Hart endossaria uma modalidade de criação do direito que é antidemocrática e injusta, porque os juízes não são eleitos e só os representantes eleitos pelo povo poderiam legislar.
3) A atividade criativa judicial seria uma forma de legislação retroativa ou *ex post facto*, que é considerada injusta.

Hart debate a primeira crítica ao dizer que a interpretação construtiva pode postergar, mas não eliminar a oportunidade para a criação judicial do direito pois, em casos difíceis, apresentam-se princípios distintos que autorizam analogias conflitantes e o juiz tem que optar entre eles, confiando em sua percepção do que é melhor e não em qualquer ordem de prioridades já estabelecida e prescrita pelo direito.

A segunda crítica é respondida de várias formas. Em primeiro lugar, é a de que o ato de confiar aos juízes o poder de criar o direito para dirimir conflitos não regulados pelo sistema jurídico é o preço necessário a ser pago para evitar o transtorno que decorreria de métodos para regulamentar essas disputas, como o envio para o Legislativo. Em segundo lugar, a delegação do poder legislativo legitimado ao executivo é algo corrente nas democracias modernas e a delegação ao judiciário não ameaça a democracia mais que aquela. Sem contar o fato de o judiciário exercer controle de constitucionalidade sobre o Legislativo.

Quanto à terceira crítica, Hart argumenta que a razão da injustiça da legislação retroativa é que ela frustra as expectativas daqueles que depositam sua confiança na suposição de que as consequências jurídicas desses atos seriam determinadas pelo estado conhecido do direito. Entretanto, isso estaria fora de contexto nos casos difíceis, por se tratar de situações que o direito regulamentou de forma incompleta e para os quais não existe situação jurídica conhecida ou direito estabelecido de forma clara a justificar qualquer expectativa.

Em resumo, Macedo Júnior[209] conclui que há cinco linhas de críticas em que Dworkin ataca Hart. A primeira se refere à tese das fontes sociais do direito, a segunda, à tese da convencionalidade, a terceira, à tese do caráter descritivo da teoria do direito, a quarta, à tese da obrigação e a quinta, à tese da discricionariedade. Tem-se os conceitos hartianos, sob a ótica de Dworkin, nos termos abaixo.

Quanto à tese das fontes sociais do direito, à qual Dworkin se refere como "tese de *pedigree*", a regra de reconhecimento, que funciona como um padrão unificador e garantidor da identidade jurídica, não é ela mesma validada, mas, antes, aceita como um fato social. Assim, as normas jurídicas têm sua validade e sua juridicidade garantidas exclusivamente em razão de seu *pedigree.*

No que tange à tese da convencionalidade, o critério de validade das normas jurídicas está relacionado à regra de reconhecimento, cuja aceitação é convencional "ainda que por meio de uma trama complexa de práticas realizadas por tribunais, seus funcionários e agentes públicos"[210].

Em respeito à tese do caráter descritivo da teoria do direito, é descrever o direito independentemente de qualquer tipo de consideração valorativa ou oral, acreditando-se na natureza descritiva ou avaliativa da teoria do direito.

Já no que diz respeito à tese da obrigação, esta seria aquela que afirma que há uma obrigação de fazer algo quando existe tal determinação por meio de uma regra jurídica. Desta tese decorre a tese da discricionariedade, segundo a qual, no caso de vagueza ou indeterminação, os juízes devem agir de forma discricionária, criando uma regra jurídica e, assim, legislando. Nesse caso, a sua decisão, por não ter o seu conteúdo determinado por uma regra, não será certa ou errada, do ponto de vista jurídico.

Essas teses, segundo Dworkin, constituem o positivismo como uma teoria que pode ser definida como um "sistema de regras". Diante delas, "o positivismo é um modelo de e para um sistema de regras, e a sua noção central é a de que um teste fundamental único para o direito nos levar [*force*] a esquecer importantes papeis dos *standards* que não são regras"[211].

[209] Macedo Junior, Ronaldo Porto. *Op. cit.,* p. 158.

[210] Macedo Junior, Ronaldo Porto. *Op. cit,* p. 160.

[211] *Ibidem,* p. 162.

Dworkin afirma que o sistema constitucional norte-americano está baseado em uma teoria moral específica, que é a de que as pessoas detêm direitos morais contra o Estado.[212]

> Ou, em uma visão mais ampliada: o direito tem uma função 'mais ambiciosa' do que a preconizada pelo positivismo: os cidadãos têm direitos e deveres contra o Estado e outros cidadãos mesmo que esses direitos e deveres não estejam claramente estabelecidos. As decisões judiciais têm que ser uma questão de princípio[213].

Isso reafirma a ideia de que a teoria de Dworkin se apresenta como uma boa teoria liberal do direito, pensada para a realidade norte-americana.

Diante do exposto, verifica-se que Dworkin acaba atacando algo central da teoria dos principais positivistas jurídicos clássicos: o conceito de norma fundamental de Kelsen e o conceito de regra de reconhecimento de Hart. Ele questiona tais ideias utilizando-se da expressão "teste de *pedigree*", que se referiria à norma fundamental ou de reconhecimento em que se apoia todo o conjunto de regras ou normas para que sejam válidas.

Isso porque toda sua teoria tem como pretensão defender que existe uma necessária relação entre direito e moral, especialmente nos chamados *hard cases* (casos difíceis). Para ele, "a Constituição funde questões jurídicas e morais, fazendo com que a validade de uma lei dependa da resposta a problemas morais complexos, como o problema de saber se uma determinada lei respeita a igualdade inerente a todos os homens"[214].

Em defesa de sua tese, Hart defende que sua teoria é geral e descritiva, ou seja, não está relacionada a nenhum ordenamento jurídico específico, tampouco identifica-se com algum país. Justamente por isso, é moralmente neutra e não pretende apresentar propósitos de justificação. Logo, a crítica de Dworkin estaria ancorada no fato de que sua teoria seria de avaliação e justificação, dirigida a uma cultura jurídica específica. Percebe-se, assim, que, do ponto de vista de Hart, ele e Dworkin estão falando de coisas diferentes, ou seja: Hart de uma teoria geral e descritiva e Dworkin de

[212] DWORKIN, Ronald. *Op. cit.*, 2016. p. 231.

[213] FROEHLICH, Charles André. **A Diferenciação entre Direito e Moral na Tradição do Positivismo Jurídico.** Tese defendida no PPG-Filosofia da Universidade Federal de Santa Maria em 2017. Disponível em: https://repositorio.ufsm.br/handle/1/13750. Acesso em 09 jul. 2019.p. 43-44.

[214] DWORKIN, Ronald. *Op. cit.*, 2016. p. 285.

uma teoria interpretativa, de modo que não se poderia aplicar conceitos de uma teoria na outra.

Hart assinala como erro de Dworkin apontá-lo como positivista factual, dado que se considera – e é considerado por muitos – um *soft-positivist* (positivista moderado)[215], na medida em que reconhece que sua regra de reconhecimento pode incorporar, como critérios de validade, a conformidade com princípios morais ou com valores substantivos.

Outro problema estaria no fato de que Hart admite que a moral poderia influenciar o direito por meio da textura aberta das regras que o caracteriza como parcialmente indeterminado ou incompleto. Dessa forma, os tribunais estariam autorizados criar o direito em razão da discricionariedade judicial.

Ainda, Hart aduz ser possível conciliar sua teoria acerca do conceito de direito com os princípios jurídicos e o "teste de *pedigree*", ainda que admita não ter tratado de forma extensa o conceito de princípios jurídicos. No entanto, segundo ele, os princípios poderiam ser identificados pelo direito pelo teste de *pedigree*, por terem sido invocados coerentemente pelos tribunais em diversos casos.

Superados esses pontos, Hart compreende que a diferença fundamental entre a teoria dele e a de Dworkin está relacionada à questão entre direito e moral. Hart defende a identificação do direito por meio da teoria das fontes sociais, sem que haja necessária referência à moral. Porém, ela pode ser incorporada ao direito, na hipótese de ele ter vinculado critérios morais para a identificação do direito por meio de regras[216].

Desse debate e das respostas a ele formuladas, surge a cisão entre positivismo jurídico inclusivo e exclusivo, que será tratado no próximo capítulo. Shapiro[217] sugere que ainda não é possível declarar um vencedor no debate Hart-Dworkin, afinal, ainda que algumas particularidades tenham mudado, a importância do problema central continua: está o direito fundado somente em fatos sociais ou fatos morais também determinam a sua existência e o seu conteúdo? Para ele, somente o futuro é que poderá dizer quem poderá reivindicar a vitória.

[215] Cabe explicar que adota-se a tradução de Antônio Oliveira Sette-Câmara, na edição brasileira de O Conceito de Direito de H. L. A. Hart quanto ao termo *soft positivism*, que em português utiliza-se neste trabalho: "positivismo bando".

[216] DWORKIN, Ronald. *Op. cit.*, 2016, p. 285.

[217] SHAPIRO, Scott J. *The "Hart–Dworkin" Debate: A Short Guide for the Perplexed In* RIPSTEIN, Arthur (ed.) ***Ronald Dworkin.*** New York: Cambridge University Press, 2007, p. 22-55.

4
A TEORIA DO DIREITO APÓS O ATAQUE DE DWORKIN: O SURGIMENTO DO POSITIVISMO INCLUSIVISTA

Neste capítulo apresentar-se-á o fruto da cisão ocorrida entre os positivistas, que se deu por meio de duas correntes: inclusivismo e exclusivismo. Ambas serão aqui apresentadas, com ênfase no inclusivismo, a que esta tese se filia.

4.1. Cisão entre positivismo jurídico inclusivo e exclusivo

O pós-escrito de Hart apresenta um panorama bem-estruturado sobre o alcance e os limites de sua teoria positivista. E, a partir de tal publicação, o positivismo jurídico passa a se dividir entre os defensores do positivismo jurídico exclusivista – aqueles que consideram, por motivos conceituais, que a identificação do direito nunca depende de argumentos morais – e os defensores do positivismo jurídico inclusivista – que sustentam que, quando as fontes do direito apelam à moralidade, então a determinação de o que o direito requer depende de argumentos morais. Consequentemente a isso, os primeiros sustentam que quando as fontes jurídicas apelam à moralidade, remetem à discricionariedade judicial; e os segundos negam esse extremo[218].

No último terço do século XX, especialmente durante os anos 90, houve um intenso debate dentro da tradição do positivismo jurídico. Para alguns juristas, é possível manter o essencial das principais teses do positivismo metodológico e da teoria jurídica positivista, enquanto outros se mostram partidários de uma redefinição do positivismo que aumente seu poten-

[218] Shapiro, Scott J. *Op. cit.*, p. 22-55.

cial explicativo até que seja possível absorver elementos do neoconstitucionalismo.

A essas duas versões do positivismo, Wilfried Waluchow[219] chamou de *inclusive* e *exclusive legal positivism*, nomenclatura que adotamos nesta tese por uma escolha metodológica, ainda que não se ignore que Jules Coleman os compreenda como *negative* e *positive positivism*[220].

A versão que pretende reafirmar o positivismo jurídico clássico a partir de suas principais teses tradicionais foi denominada de positivismo jurídico exclusivista [*exclusive legal positivism*] e "se caracteriza por considerar que a existência e o conteúdo do direito são completamente determinados por fontes sociais (*v.g.* fontes legislativas, jurisprudenciais ou decorrentes do costume)"[221]. Admite que as fontes do direito podem dirigir ou requerer aos funcionários que decidam conforme considerações morais, se concebendo tais decisões como desenvolvimento discricionário e criativo do novo direito.

Já a versão renovada do positivismo jurídico recebe o nome de positivismo jurídico inclusivista [*inclusive legal positivism*], incorporacionismo [*incorporationism*] ou positivismo brando [*soft positivism*] e se desenvolveu principalmente no contexto anglo-saxão, especialmente entre os discípulos de Hart.

Muito embora o inclusivismo conte com versões heterogêneas entre si, pode-se dizer, de forma generalista, que ele defende que: 1) pode haver uma relação contingente, não necessária, entre direito e moral, conforme explica Brian Bix "os positivistas jurídicos inclusivos argumentam que os critérios morais podem, mas não precisam, fazer parte do teste para determinar se uma norma é legalmente válida"[222], diferenciando-se dos jusnaturalistas que "argumentam que os critérios morais são sempre e

219 WALUCHOW, W.J. ***Inclusive Legal Positivism.*** Claredon Press: Oxford, 1994, p. 80-83.

220 COLEMAN, Jules L. ***Negative and Positive Positivism.*** *Journal of Legal Studies*: Vol. 11 : No. 1, Article 8, 1982. Disponível em: http://faculty.tcu.edu/rgalvin/readings/Jules%20Coleman-Negative%20and%20Positive%20Postivism.doc. Acesso em 20 set. 2020.

221 Tradução livre de "*se caracteriza por considerar que la existencia y el contenido del Derecho son completamente determinados por fuentes sociales (v.g. fuentes legislativas, jurisprudenciales o de costumbre)*". ETCHEVERRY, Juan B. *Op. cit.*, p. 434.

222 Tradução livre de: "*inclusive legal positivists argue that moral criteria can but need not be part of the test for whether a norm is legally valid*". BIX, Brian H. ***Nature Law: The Modern Tradition.*** *In* COLEMAN, Jules L.; HIMMA, Kenneth Einar; SHAPIRO, Scott J. *The Oxford Handbook of Jurisprudence and Philosophy of Law*. Oxford University Press: New York, 2002, p. 14.

necessariamente parte do teste de validade legal"[223]; 2) é possível a utilização de critérios substantivos, incluindo os de índole ética, na identificação da norma jurídica; 3) os princípios morais podem ser uma condição necessária e, tão somente subsidiariamente, podem ser condição suficiente de validade jurídica nos casos difíceis[224].

4.1.1. Positivismo jurídico exclusivista

O positivismo exclusivista compreende a tese que nega a doutrina jusnaturalista com a seguinte afirmação: "A determinação de aquilo que o direito é *não pode* depender de sua adequação à moralidade"[225].

Tem-se que, em se tratando da tese da separação, o ponto central dos argumentos exclusivistas diz respeito à identificação do direito. Para eles, é possível identificar o direito sem que haja qualquer referência à moralidade. Isso se dá porque a autoridade prática é um fato social independente da moral – mesmo que a compreenda em desacordo com a moralidade. Além disso, defendem os exclusivistas que o argumento de que as normas jurídicas não fazem referência a outros sistemas jurídicos, como é o caso do sistema moral, não é necessariamente um argumento positivista. O argumento positivista é o de que as referências a outros sistemas normativos não se mostram necessárias ao se identificar o direito, de modo que se pode concluir que não são condições necessárias de sua natureza.[226]

Explica Moreso[227] que essa versão da tese juspositivista defende a compreensão forte da tese das fontes sociais, no sentido de que "a determinação do conteúdo do direito depende de sua origem em determinados fatos sociais, sem remissão à argumentação moral". Essa posição corresponde à de Hans Kelsen e de Joseph Raz[228].

[223] Tradução livre de: "*argue that moral criteria are always and necessarily part of the test for legal validity*". BIX, Brian H. *Op. cit.*, p. 14.

[224] ETCHEVERRY, Juan B. *Op. cit.*, p. 411-447.

[225] Tradução livre de "*La determinación de aquello que el Derecho es* ***no*** *puede depender de su adecuación a la moralidad*". MORESO, José Juan; VILAJOSANA, Josep Maria. ***Introducción a La Teoría del Derecho.*** Barcelona: Marcial Pons, 2004, p. 197.

[226] BOLZANI, Cesar F. *Op. cit.*, 2016. p. 67.

[227] Tradução livre de "*la determinación del contenido del Derecho depende de su origen en determinados hechos sociales, sin remisión a la argumentación moral*". MORESO, José Juan; VILAJOSANA, Josep Maria. *Op. cit.*, p. 197.

[228] Interessante consignar neste trabalho o comentário de Raz sobre Kelsen: "*Kelsen es valioso cuando comenta en términos generales la naturaleza sistemática del Derecho, el hecho de que el Derecho*

Na atualidade, o principal representante do positivismo exclusivista é Joseph Raz, cuja teoria apresenta como marco distintivo a sua visão sobre a autoridade do direito, influenciando posteriormente Shapiro e Marmor, também representantes dessa corrente jusfilosófica.

Raz apresenta a mesma leitura estrita da tese das fontes sociais atribuída ao positivismo jurídico clássico, considerando que existem razões e fatos morais. Porém é falso que todas as proposições morais sejam controvertidas[229]. Segundo Moreso[230], a tese de Raz é a seguinte:

> Uma teoria jurídica é aceitável somente se seus critérios para identificar o conteúdo do direito de uma determinada sociedade dependem exclusivamente de um conjunto de fatos da conduta humana descritos em termos valorativamente neutros e aplicados sem recorrer à argumentação moral.

es un sistema. Pero decepciona cuando viene a dar cuenta de este rasgo del Derecho. La distinción entre las dos formas de representar el Derecho, esto es, como un sistema estático y como un sistema dinámico, es la admisión de un fracaso. Solamente la representación dinámica llega a empezar a dar cuenta de la naturaleza sistemática del Derecho. De esta forma, la representación estática debería, para ser adecuada, ser equivalente a la representación dinámica. Como traté de mostrar en The Concept of a Legal System ambas no son equivalentes, y de hecho la representación estática, tan vital para gran parte de su teoría, apenas es coherente. El planteamiento de Hart en términos de normas primarias y de tres tipos de normas secundarias me parece un punto de arranque más exitoso para dar cuenta de la naturaleza sistemática del Derecho. Lo que ninguno de ellos proporciona es una explicación de la manera en que la unidad de la doctrina y de los principios fundamentales unifica un sistema jurídico. Por regla general ambos ignoran este aspecto del problema. De alguna manera éste es el reto más difícil al que se enfrenta la filosofía jurídica: proporcionar una explicación de la interacción entre autoridad y doctrina. Kelsen y Hart hacen un buen trabajo en lo que se refiere a dar cuenta de la autoridad, pero tienen menos éxito en cuanto a poner en relación el papel de aquélla con el de la doctrina. (...) Desafortunadamente Kelsen trató de analizar los conceptos normativos en relación con las sanciones y la coerción. Esto era inevitable dado su subjetivismo moral. Pero ello fue desafortunado y le condujo a graves distorsiones en su análisis. Además, aunque tenía razón en pensar que las actitudes sociales no han de entrar en el análisis de los términos normativos centrales, se equivocó en pensar que no han de entrar en la identificación de cuándo el Derecho impone un deber o confiere un poder o un derecho subjetivo. El propio hecho de que el Derecho sea, como Kelsen y Hart concuerdan, una institución social, significa que su contenido debe ser determinado por medio de hechos sociales, y éstos incluyen actitudes que determinan qué es un deber, qué es un precio y qué es un impuesto. Hart reprendió a Kelsen por estos errores en su famoso debate (ver «Kelsen Visited») y tenía razón.". MANERO, Juan Ruiz. ***Entrevista con Joseph Raz.*** *DOXA: Cuadernos de Filosofía del Derecho*, núm. 9 (1991), p. 324-327.

229 MORESO, J. J. ***El Positivismo Jurídico Contemporâneo.*** *In* J. Fabra zamora, A. Núñez (eds.), Enciclopedia de teoría y filosofía del derecho, México: UNAM, 2015, p. 11.

230 Traduação livre de: "*Uma teoria jurídica es aceptable sólo si sus critérios para identificar el contenido del derecho de uma determinada sociedade dependen exclusivamente de um conjunto de hechos de la conducta humana descritos.* MORESO, J. J. *Op. cit.*, 2015, p. 11.

Como visto, Raz defende uma tese forte da separação entre direito e moral, bem como apresenta uma tese forte das fontes sociais, a qual se soma à questão da eficácia e da institucionalidade, concluindo que o conteúdo e a existência de qualquer e toda lei são determinados em sua totalidade por fontes sociais. De acordo com ele, pode-se concluir que, ainda que uma referida lei determine que disputas de casos indeterminados sejam resolvidas com base em considerações morais, e isso seja parte do direito, a moralidade a que ela se refere não é. Essa tese se contrapõe à chamada de fraca, que admite que considerações morais se tornem parte do conceito de direito.[231]

A tese social forte de Joseph Raz – tese das fontes – impede duas conclusões que seriam possíveis na hipótese de nos guiarmos pela tese social fraca, quais sejam: "(a) que às vezes a identificação de algumas leis se volta para argumentos morais ou (b) que em todos os sistemas jurídicos a identificação de algumas leis se volta para argumentos morais"[232].

A partir dessa tese chega-se a outro ponto importante da teoria de Raz, a questão da autoridade. Em suas palavras:

> Deixe-me voltar à segunda tese que você diz corretamente que eu defendo, isto é, que os tribunais acreditam ou pelo menos fingem acreditar que há uma obrigação de obedecer ao Direito. Se o Direito se adequa à tese das fontes, então, dizer que existe uma obrigação de obedecer ao Direito é o mesmo que dizer que o órgão produtor do Direito tem autoridade (moralmente legítima) para produzir o Direito. Dessa forma, a tese equivale a dizer que a lei pretende autoridade. Essa formulação também explica a qualificação em que os juízes acreditam ou "fingem acreditar". Esta tese é sobre o que o Direito pretende, ou seja, sobre o que os tribunais, entre outras instituições, dizem sobre o Direito. Esta é uma tese acerca do que os juízes dizem quando agem como tal. Normalmente, se supõe que eles agem de boa fé, e isso inclui acreditar no que dizem como juízes. Mas não há razão lógica para supor que esse seja sempre o caso. Este é, obviamente, um ponto menor de importância. A tese crucial é que o Direito reivindica autoridade moral. Esta me parece ser a única opinião consistente com o fato de que o Direito não é (aos olhos das instituições jurídicas) apenas força organizada. O Direito não deve ser con-

[231] Bolzani, Cesar F. *Op. cit.*, 2016. p. 63.
[232] Bolzani, Cesar F. *Op. cit.*, 2016. p. 63.

fundido com as regras dos gângsteres. A diferença está na reivindicação de autoridade moral que acompanha todas as exigências jurídicas.[233]

Tem-se que a abordagem de Raz sobre a autoridade é fundamental para o positivismo exclusivo, pois ela é tida como única fonte do direito. Para ele, a autoridade é exercida quando se verificam duas condições: a primeira é a que os destinatários do comando "obedecem porque confiam na autoridade ou se sentem por ela intimidados – e não porque agiriam da mesma forma se a autoridade não tivesse emitido o comando"[234]; enquanto a segunda é a de que ordens da autoridade detêm obediência independentemente do juízo de valor do destinatário, ao que se conclui que as razões da autoridade se sobrepõem às do indivíduo, que a obedece ainda que seja contra a sua convicção[235] Nesse sentido a fonte de validade do direito é a autoridade.

O argumento de Raz é um argumento conceitual e contradiz a tese da incorporação. Ao tratar da teoria de Raz, deve-se "ter em mente uma teoria restrita que se refere à explicação da *natureza do direito*"[236] , devendo-se ter em consideração o atendimento de duas exigências: as proposições sobre

[233] Tradução livre de: *Permítame volver a la segunda tesis que usted correctamente dice que yo defiendo, esto es, que los tribunales creen o al menos pretenden creer que hay una obligación de obedecer al Derecho. Si el Derecho se adecua a la tesis de las fuentes, entonces decir que hay una obligación de obedecer al Derecho es lo mismo que decir que el órgano productor de Derecho tiene autoridad (moralmente legítima) para producir Derecho. De esta forma, la tesis equivale a decir que el Derecho pretende autoridad. Esta formulación explica también la cualificación de que los jueces creen o «pretenden creer». Esta tesis es acerca de lo que el Derecho pretende, esto es, acerca de lo que los tribunales, entre otras instituciones, dicen sobre el Derecho. Es ésta una tesis acerca de lo que los jueces dicen cuando actúan como tales. Normalmente se supondría que actúan de buena fe, y eso incluye que creen lo que dicen en tanto que jueces. Pero no hay una razón lógica para suponer que siempre sea así. Esto es, naturalmente, un punto de importancia menor. La tesis crucial es que el Derecho pretende autoridad moral. Esta me parece que es la única opinión consistente con el hecho de que el Derecho no es (a los ojos de las instituciones jurídicas) solamente fuerza organizada. El Derecho no ha de confundirse con reglas de pandillas de gansters. La diferencia está en la pretensión de autoridad moral que acompaña a todas las exigencias jurídicas.*" MANERO, Juan Ruiz. *Op. cit.*, p. 343.

[234] DIMOULIS, Dimitri. **Positivismo jurídico: significado e correntes**. Enciclopédia jurídica da PUC-SP. Celso Fernandes Campilongo, Alvaro de Azevedo Gonzaga e André Luiz Freire (coords.). Tomo: Teoria Geral e Filosofia do Direito. Celso Fernandes Campilongo, Alvaro de Azevedo Gonzaga, André Luiz Freire (coord. de tomo). 1. ed. São Paulo: Pontifícia Universidade Católica de São Paulo, 2017. Disponível em: https://enciclopediajuridica.pucsp.br/verbete/84/edicao-1/positivismo-juridico:-significado-e-correntes. Acesso em 26 jul. 2020.

[235] DIMOULIS, Dimitri. *Op. cit.* Acesso em 26 jul. 2020.

[236] BOLZANI, Cesar F. *Op. cit.*, 2016. p. 48.

o direito devem ser necessariamente verdade e deve-se explicar o que o direito é. Em breve síntese da teoria de Raz, tem-se:

> [...] que (1) é da natureza do direito constituir uma autoridade de facto, que (2) não necessariamente constitui-se em autoridade legítima, por não cumprir os requisitos morais para tal. Porém, (3) ainda que o direito falhe em constituir uma autoridade legítima, não é possível falhar completamente. Certos parâmetros devem ser atendidos para que se constitua uma autoridade jurídica vinculante: estes parâmetros são o que o autor chama de Concepção de Autoridade como Serviço. Uma consequência desta concepção é que (4) o direito deve emitir diretivas de autoridade que constituam razões excludentes para ação, como previsto pela *preemption thesis.* Da autoridade do direito, assim exposta, seguem consequências para as normas jurídicas. Se autoridades devem emitir razões excludentes para ação (5) então suas diretivas devem poder ser identificadas sem a necessidade de se apoiar nas razões que a autoridade está lá para substituir, ou seja, diretivas não são dotadas de autoridade se seus sujeitos precisam entrar em avaliações morais para descobrir o que devem fazer.[237]

Logo, como já mencionado, a moral não serve e não pode ser utilizada como um critério para identificar o direito, afinal, na teoria de Raz, ela não apresenta qualquer relevância para se constatar a validade de uma lei, tampouco para a interpretação das normas. A validade, portanto, é decorrente da existência de fatos sociais que contam com a capacidade de atribuir autoridade que, então, pode ser entendida como fundamento de validade. Se é assim, a interpretação, pouco tratada dentro da teoria exclusivista, é de competência dos órgãos estatais, não havendo a possibilidade de imposição de limites externos, decorrentes de considerações morais[238].

Quanto a isso, vale salientar que que:

> Segundo o critério de exclusividade, como visto, as instruções fornecidas por uma autoridade devem constituir razões excludentes para a ação. Ou seja, razões que coloquem em segundo plano as outras razões que um indivíduo poderia ter para agir de uma ou outra maneira. O argumento de Raz é que a incorporação de critérios morais na identificação do direito impossi-

[237] *Ibidem,* p. 73.

[238] DIMOULIS, Dimitri. *Op. cit.* Acesso em 26 jul. 2020.

bilitaria a constituição de uma autoridade prática, de acordo com o critério da exclusividade [239].

Ao tratar da tese da discricionariedade para os exclusivistas, Raz compreende que em razão da incompletude dos sistemas jurídicos e de sua textura aberta, há disputas no sistema, sem a previsão de uma resposta correta. Como às cortes é devido oferecer um julgamento, então elas o fazem com a percepção do que é correto[240]. "Desnecessário mencionar que, mesmo nesses casos, sua discricionariedade pode ser limitada por princípios gerais, mas eles não eliminam o elemento de julgamento pessoal do mérito[241].

Contudo, para Raz, os princípios de discricionariedade são diferentes de princípios substantivos. Os primeiros atuam estipulando os valores e objetivos que o juiz pode considerar ao exercer sua discricionariedade, enquanto os segundos estão relacionados a um objetivo ou valor a ser protegido. Assim, o uso dos princípios de discricionariedade comprova e guia a existência da discricionariedade[242]. Por conseguinte,

> Aceitar que princípios morais são parte do direito por serem aplicados pelas cortes seria uma atitude ingênua e que não levaria em consideração os diversos aspectos intrínsecos ao direito como sua textura aberta ou a sua necessidade de conformar-se com o argumento de autoridade[243].

Em síntese, tem-se como positivismo jurídico exclusivista aquele que, de certa forma reafirma a ideia de Kelsen, com ressalvas realizadas a partir do debate firmado entre Hart e Dworkin, defendendo a tese forte da separação[244],

[239] BOLZANI, Cesar F. A teoria do direito de Joseph Raz: autoridade, direito e moral. *In* TORRANO, Bruno; OMMATI, José Emílio Medauar (coord.) **O Positivismo Jurídico no século XXI** – Coleção Teoria Crítica do Direito, vol. 5. Rio de Janeiro: Lumen Juris, 2018, p. 89-118.

[240] *Ibidem.*

[241] RAZ, Joseph. *Legal Principles and the Limits of Law.* New Jersey: Princeton University Press, 2011. *Apud* BOLZANI, Cesar F. *Op.cit.*, 2018, p. 89-118.

[242] BOLZANI, Cesar F. *Op. Cit.* 2018, p. 89-118.

[243] BOLZANI, Cesar F. *Op. Cit.* 2018, p. 89-118.

[244] Cabe mencionar a posição de Kenneth Himma: "*The final thesis comprising the foundation of positivism is the Separability Thesis. In its most general form, the Separability Thesis asserts that law and morality are conceptually distinct. (...) definition of law must be entirely free of moral notions. This interpretation implies that any reference to moral considerations in defining the related notions of law, legal validity, and legal system is inconsistent with the Separability Thesis. More commonly, the*

a tese forte das fontes sociais[245] e a tese forte da discricionariedade. Essa corrente sustenta que o conteúdo e a existência do direito independem de qualquer conteúdo moral, sendo integralmente determinados por suas fontes sociais, expedidas pela autoridade.

Isso posto, passa-se a tratar da vertente do positivismo que rejeitará essas teses, compreendendo que o positivismo jurídico deve acolher algumas das críticas de Dworkin e compreender a presença da moral no direito, o chamado positivismo jurídico inclusivista.

4.1.2. Positivismo jurídico inclusivista

O positivismo inclusivista surge como uma resposta às críticas de Dworkin a Hart, com o objetivo de explicar a presença dos princípios morais nos sistemas jurídicos atuais e acaba sugerindo, de acordo com Etcheverry[246], que é possível, dentro do modelo positivista hartiano, que existam sistemas jurídicos cujos critérios de validade incluam ou incorporem normas morais substantivas.

Etcheverry[247] aponta como tese central do positivismo inclusivista a seguinte: admitir que a atribuição de validade jurídica das normas da deter-

Separability Thesis is interpreted as making an object-level claim about the existence conditions for legal validity. According to the object-level interpretation of the Separability Thesis, it is not a conceptual truth that the validity criteria include moral principles. Thus, the object-level interpretation asserts that there exists a conceptually possible legal system in which the legal validity of a norm does not depend on its moral merits. In other words, the Separability Thesis asserts that there exists at least one conceptually possible legal system in which the criteria of validity are exclusively source- or pedigree-based. HIMMA, Kenneth Einar. ***Inclusive Legal Positivism.*** COLEMAN, Jules L.; HIMMA, Kenneth Einar; SHAPIRO, Scott J. *The Oxford Handbook of Jurisprudence and Philosophy of Law.* Oxford University Press: New York, 2002, *Online publication*: 2012, p. 1

245 Consigna-se aqui a posição de Andrei Marmor: *Conventions, I have argued, cannot determine ways of making law simply by moral and political arguments, because (p. 108) there is no constitutive function they can possibly have there. Conventions cannot constitute reasons for acting according to moral reasons; they can only shape the particular ways in which actions (or opinions, etc.) form a well-structured social practice.4 Perhaps I should add that there is no co-ordinative function conventions can fulfil here either. A coordination convention in the realm of moral-political reasoning can only determine who it is that we should listen to when we must reach an agreement on how to act, and we cannot reach it on our own, as it were. But then the convention does not make law depend on moral considerations. On the contrary, it makes it depend on the decision of the agent (or some other decision procedure) who has been assigned by the convention to determine the outcome in such cases.* MARMOR, Andrei. *Op. cit.*, 2002. *Online publication*, 2012, p. 1-15.

246 ETCHEVERRY, Juan B. *Op. cit.*, p. 414.

247 *Ibidem*, p. 413.

minação de seu conteúdo e sua concreta influência sobre a decisão judicial dos casos podem depender de fatores morais. Os princípios e valores morais figuram entre os possíveis fundamentos que um sistema jurídico aceita para determinar a existência e o conteúdo das normas jurídicas. Nesse sentido, essa concepção admite a possibilidade de que a regra de reconhecimento de um sistema jurídico contenha explicitamente critérios morais substantivos dos quais dependa a validade da legislação.

O positivismo jurídico inclusivista pretende ser uma teoria jurídica capaz de explicar os modernos sistemas constitucionais que permitem a entrada de critérios substantivos (incluindo de índole ética) na identificação (existência e conteúdo) das normas jurídicas[248].

Andrei Marmor[249] explica que não se trata de uma única doutrina, mas diversas, nos seguintes termos:

> O positivismo jurídico inclusivo não é uma única doutrina, mas várias, intimamente relacionadas, e eu as distinguirei de forma resumida. Existem dois pontos principais, entretanto, que são característicos do positivismo inclusivo: primeiro, ao contrário da teoria de Dworkin, o positivismo inclusivo adere à ideia básica de que o direito é reconhecido como tal, com base nas convenções sociais. Em outras palavras, o positivismo inclusivo subscreve a tese sobre o fundamento convencional do direito. Em segundo lugar, e é isso que distingue a versão fraca da versão forte do positivismo, parece compartilhar a convicção de que, pelo menos alguns dos argumentos de Dworkin contra a tese das fontes, são sólidos. Os positivistas inclusivos concordam com Dworkin que deve haver mais no direito do que aquilo que deriva das fontes de direito convencionalmente identificadas. Alguns princípios morais ou políticos são direito válido, apenas em virtude de serem princípios morais sólidos.

[248] *Ibidem*, p. 415.

[249] Tradução livre de: "*Inclusive, legal positivism is not one doctrine, but several, closely related ones, and I will distinguish them shortly. There are two main points, however, which are characteristic of inclusive positivism: first, unlike Dworkin's theory, inclusive positivism adheres to the basic idea that law is recognized as such on the basis of social conventions. In other words, inclusive positivism subscribes to the thesis about the conventional foundation of law. Secondly, and this is what distinguishes the soft from the strong version of positivism, it seems to share a conviction that at least some of Dworkin's arguments against the sources thesis are sound. Inclusive positivists agree with Dworkin that there must be more to law than that which derives from the conventionally identified sources of law. Some moral or political principles are valid law, just in virtue of being sound moral principles*". MARMOR, Andrei. *Op. cit.*, 2002. *Online publication*, 2012, p. 15.

Logo, o incorporacionismo compreende que os princípios morais podem ser parte das condições de juridicidade da regra de reconhecimento. Ele se constrói, em princípio, sobre duas pretensões: a negativa, que sustenta não haver conexão necessária entre direito e moral; e a positiva, por meio da qual a autoridade da regra de reconhecimento é um tipo de convenção social[250].

Para os inclusivistas, a norma jurídica deixa de encontrar sua validade apenas na sua origem, ou seja, na promulgação, e pretende ser uma teoria jurídica capaz de explicar os modernos sistemas constitucionais que dão entrada a critérios substantivos, os quais incluem os de índole ética, na identificação – ou seja, existência e conteúdo – das normas jurídicas.

Em resumo, para Etcheverry, o positivismo inclusivista (ILP):

> Como se pode ver, o ILP pretende ser uma teoria jurídica capaz de explicar os modernos sistemas constitucionais, que dão entrada a critérios substantivos (incluídos os de índole ética) na identificação (existência e conteúdo) das normas jurídicas. A pretensão do positivismo inclusivista é simultaneamente manter a fidelidade aos postulados teóricos do positivismo jurídico tradicional, o que implica em sua redefinição ou refinamento para adotar um conceito que possa abranger o ILP. Por isso, pode-se dizer que ILP se desenvolve sob o fogo cruzado das críticas ao positivismo tradicional (...) e das respostas do referido positivismo que, no lugar de reconhecer-lhes algum valor as rechaça de plano.[251].

Muito embora essa seja a principal tese do positivismo inclusivista, como dito anteriormente, suas formas de enunciação são diferentes, de modo a existirem versões do positivismo inclusivista, que Etcheverry enumera como as principais[252]:

[250] SEBOK, Anthony J. ***Legal Positivism in American Jurisprudence.*** Cambridge University Press: Cambridge, 1998, p. 287.

[251] Tradução livre de: "*Como puede verse, el ILP pretende ser una teoría jurídica capaz de explicar los modernos sistemas constitucionales, que dan entrada a criterios sustantivos (incluidos los de índole ética) en la identificación (existencia y contenido) de las normas jurídicas. Ahora bien, la pretensión del positivismo incluyente es simultáneamente mantener la fidelidad a los postulados teóricos del positivismo jurídico tradicional, lo que implica redefinirlo o refinarlo para adoptar un concepto del mismo que pueda darle cabida al ILP. Por ello, puede decirse que ILP se desarrolla bajo el fuego cruzado de las críticas al positivismo tradicional (anteriormente enunciadas) y de las respuestas de dicho positivismo que en lugar de reconocerles algún valor las rechazan de plano.*" ETCHEVERRY, Juan B. *Op. cit.*, p. 415.

[252] As principais teses por ele enumeradas são as defendidas por Waluchow, Coleman e Kramer, respectivamente.

1) A primeira tese sustenta que a regra de reconhecimento pode incorporar padrões morais somente como condição necessária de validade jurídica. Isso significa que, para que uma norma promulgada seja juridicamente válida, ela deve estar em conformidade ao grupo de normas morais incorporadas. Nesses casos, a moral funciona como um limite ao direito promulgado.
2) A segunda tese afirma que os padrões morais incorporados à regra de reconhecimento podem operar também como uma condição suficiente de validade jurídica. Nesse caso, para que a norma seja juridicamente válida, basta que ela reproduza o conteúdo do princípio moral incorporado. Desse modo, normas promulgadas podem ser juridicamente válidas em virtude de seu conteúdo moral.
3) Por sua vez, a terceira sustenta que os princípios morais podem ser uma condição necessária e, somente subsidiariamente, para os casos difíceis, uma condição suficiente de validade jurídica.

Etcheverry[253] apresenta a redefinição do positivismo inclusivista das principais teses positivistas de Hart, quais sejam: a da separação, a das fontes sociais e a da discricionariedade.

A tese da separação aduz que a validade de uma norma não implica necessariamente sua validade moral e vice e versa. Uma norma não é juridicamente válida pelo mero fato de ser moralmente aceitável, tampouco o fato de uma norma ser imoral não permite concluir que ela não seja juridicamente vinculante. Direito e moral são conceitualmente diferentes, não existindo nenhum tipo de vinculação necessária, ainda que possam existir vinculações contingentes.

A tese das fontes sociais dispõe que a existência e o conteúdo do direito de uma sociedade dependem de um conjunto de fatores sociais. Identificar normas jurídicas implica conhecer certos fatos sociais que dão lugar à criação do direito.

Por seu turno, a tese da discricionariedade sustenta que as normas jurídicas válidas não regulam de forma clara todo comportamento. Quando a lei é indeterminada, os juízes têm discricionariedade, a qual pode incluir e ser limitada por princípios morais.

Em síntese, a divisão entre positivismo inclusivista e exclusivista se dá quanto à afirmação dos primeiros de que não há relação "necessária" entre

253 Etcheverry, Juan B. *Op. cit.*, p. 411-447.

direito e moral, mas há relação "possível" (contingente) entre eles, à afirmação dos segundos de que não há efetivamente relação entre direito e moral no nível conceitual ou de identificação do direito válido [254].

Neste trabalho, como já mencionado no início, pretende-se se dedicar à proposta inclusivista, que busca defender o positivismo jurídico das críticas de Dworkin, "rechaçando algumas dessas críticas e admitindo que outras cabem perfeitamente no modelo teórico positivista de Hart"[255]. Como se vê, o debate mais importante, decorrente das críticas de Dworkin e do pós-escrito de Hart, é aquele travado entre inclusivistas e exclusivistas, tratando tanto do legado de Hart quanto da adequada interpretação do positivismo jurídico[256].

Guzbert-Studnicki e Pietrzykowski[257], a partir da análise das contribuições de Coleman, Waluchow, Leite, Soper e Himma para a revista "*Legal Theory*" de Cambridge, bem como do pós-escrito de Hart, concluem que o positivismo inclusivista pode ser entendido como um conjunto de quatro afirmações:

1) A de que a regra de reconhecimento – entendida como uma convenção social aceita que determina o critério de validade das normas jurídicas – estabelece quais as normas que pertencem ao sistema jurídico;
2) A regra de reconhecimento é um fato social que independe de considerações morais e se manifesta na prática dos tribunais e das autoridades envolvidas no funcionamento do sistema jurídico;
3) A regra de reconhecimento pode determinar o critério de validade em qualquer sentido, podendo se referir e, de fato, geralmente se refere, ao *pedigree* das normas. Portanto, o critério de validade pode se referir não somente ao conteúdo das normas, mas também à sua conformidade com padrões morais;
4) A tese da separação significa o seguinte: "Não é conceitualmente necessário que a regra de reconhecimento contenha algum critério

[254] Froehlich, Charles André. *Op. cit.* Acesso em 09 jul. 2019, p. 46.

[255] Etcheverry, Juan B. *Op. cit.*, p. 422.

[256] Coleman, Jules. *Incorporationism, Conventionality, and the Practical Difference Theses. In* Coleman, Jules (ed.). ***Hart's Poscript: Essays on the Postscript to the Concept of Law.*** New York: Oxford University Press. 2005, p. 99.

[257] Gizbert-Studdnicki, Tomasz; Pietrzykowski, Tomasz. ***Positivismo Blando y la distinción entre el derecho y la moral.*** *Doxa: cuadernos de filosofía del derecho*, n. 27. 2004, p. 70-71.

relacionado com o conteúdo das normas jurídicas (ou sua conformidade com padrões morais)"[258]. O fato de a regra de reconhecimento conter algum critério desse tipo é um assunto de convenção social.

Defende Etcheverry[259], como mencionado acima, que houve uma redefinição de tais teses pelo positivismo inclusivista, que ele define da seguinte forma:

a) Tese da separalibidade: Coleman chega a sustentar que o positivismo jurídico é correto somente quando podemos imaginar um sistema jurídico que não tenha um princípio moral como condição de validade jurídica. Para ele essa tese é conceitualmente inatacável e descritivamente exata. Ainda que, por ser meramente negativa, não caracteriza o positivismo jurídico.
b) Tese social fraca: a versão inclusivista dessa tese sustenta que a existência e o conteúdo do direito podem ser identificados com referência às fontes sociais do direito e sem referência à moral, salvo que o direito até aqui identificado tenha incorporado critérios morais para sua identificação. Assim, a moral é relevante para determinar a validade jurídica somente se há uma conexão institucional adequada. Assim, o que distingue a tese social fraca (ou inclusivista) é que somente considera necessário que a regra de reconhecimento dependa de fatos sociais, permitindo que esses fatos incorporem critérios morais dos quais dependerá a validade jurídica das regras primárias.
c) Tese da discricionariedade: Os juízes possuirão discricionariedade somente quando as normas que devem aplicar resultem incapazes de determinar uma única resposta correta.

Explica Jules Coleman[260], representante do positivismo jurídico inclusivista, que a objeção original de Dworkin a Hart está construída sob a conjunção de duas premissas. A primeira é que, às vezes, os princípios morais

[258] Tradução livre de: *no és conceptualmente necesario que la regla de reconocimiento contenga algún criterio relacionado con el contenido de las normas jurídicas (o su conformidad con estándares morales)*. Gizbert-Studdnicki, Tomasz; Pietrzykowski, Tomasz. *Op. cit.*, p. 71.

[259] Etcheverry, Juan B. *Op. cit.*, 2012, p. 411-447.

[260] *Ibidem*, p. 123.

podem ser legalmente vinculantes em virtude de seu mérito substantivo. A segunda é que o positivismo exige *pedigree* ou critério da fonte social para validade jurídica. Assim, o positivismo clássico não poderia explicar a maneira em que os princípios morais se comportam na prática jurídica.

Para Coleman[261], o incorporacionismo permite não somente que princípios morais possam ser legalmente válidos, mas também que alguns deles possam ser legalmente vinculantes em virtude de seu mérito ou valor, não de seu *pedigree*. A esse respeito, o incorporacionismo está preparado para aceitar mais das suposições de Dworkin do que as teses positivistas clássicas, que insistem que a legalidade dos princípios morais depende inteiramente da sua fonte. Entretanto, diferentemente de Dworkin, os incorporacionistas acreditam que essa situação é compatível com o positivismo, em particular, com a regra de reconhecimento e a tese da separação.

Dworkin alega a inconsistência das teses de que os princípios morais são legalmente vinculantes em razão de seu mérito substantivo e que o positivismo está comprometido com um critério de *pedigree* de autoridade jurídica. Um positivista poderia negar a primeira premissa, argumentando que os princípios morais não têm autoridade vinculativa ou podem tê-la, mas em virtude de suas fontes ou *pedigree*, não de seu mérito. Nesse sentido, ele aceitaria a primeira parte da primeira premissa, mas não seu enunciado completo. Ou um positivista poderia rejeitar a segunda premissa e aceitar a primeira em sua integridade. Esta, para Coleman, é a solução incorporacionista[262].

Os incorporacionistas, na compreensão de Coleman, não veem razão para assumir que as condições de validade não poderiam, em princípio, incluir um critério que fizesse de valores morais uma condição de legalidade pelo menos para algumas normas, pois o que importa na regra de reconhecimento não é o critério de validade apresentado, mas suas condições de validade.

O positivismo inclusivista se apresenta como uma versão aceitável do positivismo jurídico, capaz de superar as críticas de Dworkin e de manter o que se acredita ser a essência do positivismo jurídico.

Interessante consignar que recentemente, em 20 de outubro de 2019, Moreso publicou um comentário em seu perfil do *website* acadêmico

[261] COLEMAN, Jules. *Op. cit.*, 2005, p. 126.

[262] *Ibidem*, p. 127.

Academia.edu afirmando que "O positivismo jurídico inclusivista é, ao que parece, a maneira que Hart compreendeu o positivismo e, assim consta em seu pós-escrito, em que o denomina *soft-positivism.*[263]"

Posto isso, passa-se a aprofundar o positivismo inclusivista, teoria à qual se vincula esta tese. O objeto do próximo capítulo será acerca de como se dá a relação entre direito e moral para o jusfilósofo Neil MacCormick, por meio que ele chama de "moral institucional".

263 Tradução livre de "*El positivismo jurídico incluiente es, al parecer, el modo em que Hart comprendió el positivismo, y él así lo disse em el Poscript, em donde lo denomina soft-positivism*". MORESO, J.J. ***Es el Poscript de Hart uma versión del positivismo jurídico incluyente?*** Disponível em Academia. edu. Acesso em 22 out 2019.

5
O POSITIVISMO INCLUSIVISTA DE MACCORMICK: A MORALIDADE INTITUCIONAL

Donald Neil MacCormick foi um jusfilósofo escocês, político e professor, nascido em maio de 1941, em Glasgow, e falecido em abril de 2009, em Edimburgo. Estudou em Oxford, onde teve contato e sofreu influência de H. L. A. Hart, ocasião em que desenvolveu seu interesse em filosofia jurídica.

Foi professor de *Public Law and the Law of Nature and Nations* na Universidade de Edimburgo, de 1972 até 2008. Foi membro do Parlamento Europeu de 1999 a 2004, membro do *Convention on the Future of Europe* e oficial do *Scottish National Party.*

Diante da sua relevância não apenas como jurista, mas também como político, em 1999, MacCormick recebeu o título de Conselheiro da Rainha '*honoris causa*', e foi nomeado Cavaleiro nas Honras do Aniversário da Rainha, em 2001, em reconhecimento aos serviços prestados. Em 2004 recebeu a Real Medalha de Ouro da *Royal Society of Edinburgh* por feitos notáveis [*Outstanding Achievement*]. Recebeu diversos títulos honorários: da Queen's University (Canadá), Uppsala University (Suécia), Universidade de Macerata (Itália), Universidade de Saarland (Alemanha), Glasgow University, Queen Margaret University e da University of Edinburgh.

Neste tópico, será tratado, principalmente, da obra *An Institucional Theory of Law*, publicada em 1986, por Neil MacCormick e Ota Weinberger. Desde logo, esclarece-se que esta tese se debruça apenas e tão somente nos capítulos de tal livro escritos exclusivamente por MacCormick, deixando de abordar os escritos de Weinberger. Também será de relevância a obra *Argumentação Jurídica e Teoria do Direito*, publicada originalmente em 1978, especialmente no que tange às críticas formuladas por MacCormick à Dworkin. Outros textos e livros do autor serão abordados de forma mais pontual.

Nas obras abordadas nesta tese, MacCormick defende uma superação da teoria positivista do direito por meio de uma relação contingente entre direito e moral, podendo ser considerado, portanto, um positivista inclusivista.

Quanto a esse ponto, cabe esclarecer que em obras posteriores às tratadas aqui, em especial em *Intitutions of Law*, MacCormick se distancia de Hart, passando a defender o que ele chama de "institucionalismo pós-positivista", como ele explica em entrevista concedida a Manuel Atienza para a revista DOXA:

> **Manuel Atienza**: Cabe então falar de estágios ou de etapas na sua obra?
>
> **Neil MacCormick:** Reduzido a estágios, eu diria que os anos de 1965 a 1981 foram para mim um período em que estive intimamente vinculado à obra de Hart, como seguidor dela, embora com conexões independentes derivadas de outras influências. 1981-1995 foi um período de reconsideração de temas centrais e de firme distanciamento de Hart, especialmente do último Hart. Desde 1995, eu fiz um balanço global do meu próprio pensamento maduro, centrado no institucionalismo pós-positivista desenvolvido em *Institutions of Law* e que deve ser finalmente reforçado por meu livro sobre a razão prática na moralidade e no Direito.[264]

Contudo, para este trabalho, interessa a fase inclusivista de MacCormick[265], a qual, para os propósitos levantados nesta pesquisa, é a mais rica

[264] Tradução livre de: "***M.A.:*** *¿Cabe entonces hablar de estadios o de etapas en tu obra?* ***N.M.:*** *Reducido a estadios, yo diría que los años 1965-81 fue para mí un periodo en el que estuve estrechísimamente vinculado a la obra de HART, como seguidor de la misma, aunque con conexiones independientes que derivaban de otras influencias. 1981-1995 fue un periodo de reconsideración de temas centrales y de firme distan- ciamiento de HART, especialmente, del último HART. Desde 1995 he efectuado un balance global de mi propio pensamiento maduro, centrado en el institucionalismo postpositivista desarrollado en Institutions of Law y que ha de ser reforzado finalmente por mi libro sobre la razón práctica en la moral y en el Derecho.*" ATIENZA, Manuel. ***Entrevista a Neil MacCormick***. *Doxa: Cuadernos de Filosofía del Derecho*, n. 29, p. 479-489, 2006, p. 485-486.

[265] Sobre o assunto, recomenda-se a leitura de SCHIAVELLO, Aldo. ***Neil MacCormick's Second Thoughts on Legal Reasoning and Legal Theory. A Defence of the Original View.*** Disponível em https://www.academia.edu/2614939/Neil_MacCormick_s_Second_Thoughts_on_Legal_Reasoning_and_Legal_Theory_A_Defence_of_the_Original_View. Acesso em 19 out. 2020.

justamente por trabalhar as teses positivistas e apresentar o conceito de moralidade institucional.

Nas obras tratadas, MacCormick descreve como se revela a relação entre direito e moral a partir do conceito de moralidade institucional, ao que se conclui, dentro do contexto deste trabalho, como já mencionado, que se pode considerá-lo um positivista jurídico inclusivista.

A despeito da opinião do autor, verifica-se na explanação a seguir que a moralidade institucional não é de algo facilmente universalizável, dado que, na realidade em que MacCormick se insere, no *common law* britânico, a ausência de uma constituição escrita, ao mesmo tempo que força a identificação de um pré-compromisso moral, também parte de sua existência e construção social.

Ficará claro, da explicação abaixo, que ao tratar da possibilidade de universalização de sua teoria, MacCormick se atenta somente a dois outros países, Alemanha e Estados Unidos. Ou seja, países que têm certa afinidade com a Grã-Bretanha, quer seja por estar também inserido no contexto Europeu, como o primeiro país, ou por ter raízes britânicas, como a segunda nação, ex-colônia inglesa.

Portanto, neste trabalho, compreende-se a necessidade de aperfeiçoar essa ideia, o que se propõe fazer a partir de conceitos de outro inclusivista, J. J. Moreso, este, por sua vez, inserido num contexto latino, de *civil law*, muito mais próximo do brasileiro.

5.1. O positivismo inclusivista de Neil Maccormick

MacCormick inicia sua explicação considerando que, embora as pessoas ataquem as leis por serem consideradas injustas, e até mesmo discordem fundamentalmente acerca dos requisitos de justiça, fato é que geralmente há concordância acerca da existência de uma determinada lei. Para ele, isso quer dizer que deve haver uma maneira de contabilizar a existência de uma lei quase que independentemente de qualquer teoria da justiça[266], afinal, "as leis não existem pela virtude de serem justas, tampouco deixam de existir pelo fato de serem injustas"[267].

[266] MACCORMICK, Neil. WEINBERGER, Ota. ***An Institutional Theory of Law***: *New Approaches to Legal Positivism*", Dordrecht: Ed. Kluwer, 1986, p. 127-128

[267] Tradução livre de: "*Laws don't exist by virtue of being just, and don't stop existing by virtue of being unjust*". *Ibidem*, p. 128.

Ele continua afirmando que a justiça não é o único valor moral ou a única virtude moral, entretanto, os valores ou virtudes morais parecem ser contestados de modo similar ao que acontece no caso do valor "justiça", ou seja, critica-se que aquilo é da maneira que não deveria ser[268].

Tendo como pressuposto que a existência da lei não implica numa satisfação prévia de determinados valores morais, uma parte da tarefa de entender uma ordem jurídica estaria completa, ao menos no sentido do positivismo jurídico. Diante disso, MacCormick apresenta como primeiro princípio do positivismo jurídico o seguinte:

(i) A existência de leis não depende da satisfação de nenhum valor moral particular, de aplicação universal em todos os sistemas jurídicos[269].

Para MacCormick, o positivismo jurídico, nesses termos, significa lei positivada, estabelecida e sustentada por governantes em comunidades humanas, distinguindo-se do direito natural, que é entendido como um corpo de moralidade que vincula normas independentemente de qualquer instituição humana[270].

A partir da negação da ideia de que há uma precondição moral para a validade da lei positiva, implicando em reconhecer que a lei positiva – aquela lei estabelecida por humanos – é o único direito normativo que existe[271], MacCormick adiciona um segundo princípio ao positivismo jurídico:

(ii) A existência de leis depende do pressuposto de serem elas estabelecidas por meio de decisões de seres humanos em uma sociedade.[272]

Essa é a formulação de MacCormick para o que Raz e Hart chamaram da tese das fontes sociais[273]. Hart aperfeiçoou a tese das fontes sociais, em O Conceito de Direito, conforme já explicado nesse trabalho. O problema apontado por MacCormick, contudo, é que quanto mais se investiga

[268] *Ibidem*, p. 128.

[269] Tradução livre de: "*The existence of laws is not dependent on their satisfying any particular moral values of universal application to all legal systems*". *Ibidem*, p. 128.

[270] MACCORMICK, Neil. WEINBERGER, Ota. *Op. cit.*, p. 128-129.

[271] *Ibidem*. p. 129.

[272] Tradução livre: "*The existence of laws depends upon their being established through the decisions of humans beings in society*". *Ibidem*, p. 129.

[273] *Ibidem*, p. 129.

e tenta avançar no proposto por Hart, mais fica evidente o desconforto/inquietação[*uneasiness*] acerca do primeiro princípio positivista, qual seja o da independência entre direito e moral[274].

A partir disso, MacCormick trata desse desconforto por ele identificado, explicando a natureza e as características desse problema.

Na ótica de MacCormick, Hart defende que a vida sob um direito normativo (em que se incluem leis gerais, padrões, princípios e regras) não pode ser compreendida por meio de explicações comportamentais externas[275]. Para Hart, na leitura de MacCormick, deve-se adicionar a qualquer descrição de mera regularidade no comportamento humano, uma investigação sobre as atitudes que as pessoas têm umas com as outras e, no caso de desvio de alguns padrões, se as pessoas expressam uma atitude crítica entre si e até consigo mesmas. Há uma linguagem especial voltada para expressar essa atitude que contém palavras como "ser obrigado", "dever", "certo", "errado"[276]. Hart subsume essas situações sob o título de atitude crítico-reflexiva para padrões de comportamento como padrões comuns para membros de um grupo. A atitude crítico-reflexiva é evidenciada também por expressões de crítica ao desvio do padrão e a ampla aceitação de tais críticas como justificadas[277].

A atitude daquele que adota o ponto de vista interno necessariamente compreende os elementos cognitivo (capacidade de entreter a concepção não meramente particular de eventos concretos, mas especialmente as correlações gerais e abstratas dos atos e suas circunstâncias) e volitivo (o problema de algumas preferências permanentes, algum compromisso constante da vontade, em favor ou em conformidade ao agir de maneira concebida, quando se verifica a existência das circunstâncias relevantes)[278].

Com a ressalva de que talvez Hart pudesse discordar, MacCormick acredita que um ponto que parece ser consequência da teoria do jusfilósofo inglês é aquele segundo o qual, para os que tem essa preferência, deve necessariamente haver algum valor ou valores nos quais suas preferências

[274] *Ibidem*, p. 130.

[275] *Ibidem*, p. 130.

[276] No texto original, MacCormick explora as nuances da ideia de dever na língua inglesa, utilizando as palavras "*ought*", "*must*" e "*should*", que contém diferentes intensidades de obrigação. MACCORMICK, Neil. WEINBERGER, Ota. *Op. cit.*, p. 131

[277] *Ibidem*, p. 131.

[278] *Ibidem*, p. 131-132.

se apoiem. Geralmente, quando há preferências, há também valores[279]. Para MacCormick, em duas fases do argumento hartiano, esse elemento – implícito em sua doutrina – vem à tona de uma maneira significativa.

O primeiro ponto é: onde procurar elucidar a natureza da classe das regras sociais nas quais as obrigações se fundamentam. Hart ensina que algumas regras são consideradas importantes porque asseguram condições da vida social essenciais ou altamente valorizadas. Essas regras também são alicerçadas por pressão social, que incluem tanto o apelo à consciência individual, como o apelo à coerção de sanções formais. Ademais, a conformação com tais regras, às vezes, implica em conflito ente desejos particulares e satisfação do que a regra dispõe, como por exemplo, regras contra violência interpessoal, quebra de promessa, fraude.

O significado teórico disso, para Hart, seria o de que o direito compartilha com a moralidade a característica distintiva de outros sistemas de regras: a obrigação. Há exigências legais e morais que fazem com que determinada conduta seja obrigatória. O "dever" de uma exigência ou obrigação é mais forte que uma regra de linguagem, regra de jogo ou etiqueta.

O segundo ponto que MacCormick chama atenção no conceito de referências implícitas a valores na teoria hartiana acontece quando Hart trata da natureza da moralidade em O Conceito de Direito, em que ele enfatiza a importância de certas regras serem consideradas por refletirem a vida social ou características altamente valorizadas da vida social, o que serve para distingui-las moralmente de meras maneiras ou regras de etiqueta.

A ideia de que algumas regras são consideradas, do ponto de vista interno, mais importantes do que outras é uma ideia crucial de Hart, da qual decorre a explicação de obrigações legais e morais, que passa pela sua explanação acerca da moralidade[280].

Sendo assim, as obrigações dependem, ao menos em parte, do grau de importância das regras que, por sua vez, implicam em alguma escala de valores. Diante disso, MacCormick formula uma proposta que não poderia ser negada por Hart: o ponto de vista interno das regras deve tanto constituir quanto subsumir valores.

Para MacCormick, a proposta por ele apresentada é uma implicação necessária da teoria de Hart[281], afinal, justamente esse grau de relativa

[279] *Ibidem*, p. 132.
[280] MACCORMICK, Neil. WEINBERGER, Ota. *Op. cit.*, p. 133.
[281] *Ibidem*, p. 133.

importância é o que permite, na referida teoria, definir alguns valores como morais. Se é assim, não se pode negar que algumas regras se fundem em valores que também são morais. O direito impõe obrigações por meio de regras, e as regras que impõem obrigação são, nos termos de Hart, aquelas que constituem ou correspondem a valores importantes[282].

A teoria das regras de Hart sofreu muitas críticas. Dworkin, por exemplo, alega que ele ignorou ou subestimou o papel dos princípios e outros padrões em conjunto com as regras. Na ótica de MacCormick, o desenvolvimento da teoria do norte-americano, que indica a conexão necessária entre regras e valores, vai além dessas objeções.

Para MacCormick, Hart está correto acerca da total inadequação de qualquer análise externa do direito. Defende ele que, quanto mais se examina o ponto de vista interno, caracterizado por Hart como pedra angular de sua teoria, mais se provam as implicações do que ele diz, e fica mais claro que as regras estão enraizadas em valores[283].

MacCormick apresenta a seguinte reflexão: poderia ser o caso de Hart aderir ao primeiro princípio do positivismo jurídico? Ele realmente defende que a existência das leis não depende ou não satisfaz algum valor moral particular de aplicação universal a todos os sistemas legais?

Afinal, deve haver um questionamento sobre serem as regras inevitavelmente enraizadas em valores, bem como se existe ou não diferença ostensiva entre valores por trás de normas legais e normas morais. No caso de regras de obrigação, os valores em questão são simplesmente os relativamente importantes; e na teoria moral de Hart, valores importantes são *eo ipso* valores morais.

Posto isso, MacCormick passa a propor o aperfeiçoamento da hermenêutica de Hart.

Para resolver a questão colocada, é preciso atentar para a posição que Hart descreve como a do jurista, o teórico do direito, e para a distinção de padrões do sistema jurídico em sua versão aperfeiçoada por Hart[284].

Na visão de MacCormick, Hart insiste na necessidade de um ponto de vista interno ao descrever as regras, porém, questiona se o teórico do direito deve ter a mesma atitude do participante, ou seja, a mesma prefe-

282 *Ibidem*, p. 133.

283 MACCORMICK, Neil. WEINBERGER, Ota. *Op. cit.*, p. 133.

284 *Ibidem*, p. 134.

rência ao descrever o que é para qualquer regra que existe ou descrever uma regra particular[285].

Ao responder essa pergunta, MacCormick o faz de forma negativa. Para ele, o teórico do direito pode e, de fato, compreende, sem se comprometer com determinado sistema jurídico. Claro, o teórico não detém um compromisso de valor de seu próprio envolvimento ou aderência a algumas regras e princípios em alguns contextos, de modo que não conseguiria entender como seria para alguém reconhecer a autoridade de regras ou princípios. Dado à sua própria humanidade, ele está na posição de interpretar as práticas e atitudes de outras pessoas autorizadas por suas humanidades[286]. Como teórico generalista, pode explicar em termos gerais quais as condições de existência de qualquer regra em qualquer comunidade. Tem-se que o que ele procura fazer é entender as situações conforme elas aparecem, a partir do ponto de vista interno, incluindo aquelas cujos valores são totalmente rejeitados.

A posição do teórico é no sentido de um observador externo [*outsider*] de qualquer prática particular, exceto aquela da teorização. Entretanto, esclarece-se que não se trata daquela posição comportamental radicalmente externa, corretamente condenada por Hart como inadequada para as ciências humanas. MacCormick busca fazer o que Hart, a seu ver, falhou. Esse teórico – que teoriza o que Hart implicitamente prescreveu – é um investigador da hermenêutica [*practitioner of hermeneutics*][287]. Segundo MacCormick, a primária distinção de Hart como um teórico jurídico é a de que ele introduziu o método hermenêutico à jurisprudência.

O ponto desse método hermenêutico é relativamente separado da posição do agente social, bem como de sua dedicação em interpretar sua ótica dos assuntos. Ao adotar esse método, reconhece-se a íntima interconexão das regras que as pessoas em grupos sociais observam e as atitudes que eles tomam com base nos valores que aderiram. Contudo, não necessariamente adotam para si os mesmos valores.

MacCormick recorda da diferenciação que Hart faz entre padrões legais como distintos de uma ordem moral. Hart não atribui essa diferenciação a todas as comunidades morais, dado que às comunidades primitivas[288]

[285] *Ibidem*, p. 134.

[286] MACCORMICK, Neil. WEINBERGER, Ota. *Op. cit.*, p. 135.

[287] *Ibidem*. p. 135.

[288] Utiliza-se aqui a tradução "sociedades primitivas" para o termo "*primitive communities*", utilizado por MacCormick para descrever uma comunidade regida apenas pelas normas primárias de obrigações, com um conteúdo mínimo de direito natural.

falta adjudicação, coação legal, estrutura para edição de leis, requisitos que são proeminentes no modelo das sociedades estatais modernas. Essas sociedades primitivas conteriam apenas o que Hart chama de conteúdo mínimo do direito natural, incluindo normas contra violência interpessoal e propriedade, não distinguindo lei da moralidade ou moralidade da lei ou da religião[289].

Para que haja um sistema de regras especializado, é necessário um certo reconhecimento de dever pelos encarregados de solucionar disputas ou questões de adjudicação. Eles devem compreender que têm um dever que os obriga a aplicar certas regras e padrões de conduta ao realizar suas adjudicações. A ideia de institucionalizar os procedimentos, para declarar ou mudar regras de uma comunidade, implica num dever que compromete aqueles que adjudicam a aplicar as regras como eles declararam ou alteraram[290]. Então, pode-se descrever, como Hart, a emergência de um sistema jurídico especializado como a união das regras primárias e secundárias.

Sempre que houver um sistema de adjudicação minimamente formalizado para resolver disputas, no lugar de uma arbitragem ou mediação puramente *ad hoc*, surge a regra de reconhecimento hartiana que pressupõe uma visão comum que implica no dever de decidir disputas de acordo com certas regras e padrões[291].

Se algumas pessoas genericamente identificadas são reconhecidas como autoridades para adjudicar, essa autorização genérica pode ser representada no conceito de "regra de adjudicação" de Hart, a qual concede poder a tais pessoas para julgar disputas. Sempre que existirem procedimentos reconhecidos para declaração ou alteração de regras, aplicam-se duas proposições:

(i) "Aqueles que operam os procedimentos devem ser considerados como os que exercem o poder conferidos pela 'regra de alteração' [*rule of change*]" de Hart[292];

(ii) "Necessariamente, a regra de reconhecimento deve conferir um *status* especial, como aplicáveis e vinculantes, para decidir, às regras

[289] MACCORMICK, Neil. WEINBERGER, Ota. *Op. cit.*, p. 136.

[290] MACCORMICK, Neil. WEINBERGER, Ota. *Op. cit.*, p. 136.

[291] *Ibidem*, p. 136-137.

[292] Tradução livre de "*Those who operate the procedures may be deemed to be exercising a power conferred by Hartian 'rule of change*". *Ibidem*, p. 137.

quando declaradas ou promulgadas por aquele procedimento legislativo"[293].

Nessa condição, é claro que um caráter sistemático especial é exibido pelas regras e padrões que pertencem ao grupo composto pela regra ou regras de reconhecimento, de adjudicação e de alteração, juntamente com todas as outras regras e padrões, qualquer que seja a regra de reconhecimento que torna obrigatória aquelas que adjudica.

Isso constitui um sistema de direito para Hart. Essas regras detêm autoridade em determinada comunidade e são aplicadas por meio de um processo de coerção contra aqueles que desobedecerem, revelando-se leis compulsórias. E Hart acredita que esse sistema é vantajoso em razão de certeza, eficiência e adaptabilidade, se comparado a um sistema de uma comunidade primitiva. Contudo, para MacCormick, essa vantagem tem um preço, e esse preço a ser pago é de crucial importância.

Em sociedades com sistemas jurídicos, os cidadãos não precisam endossar as regras por si. Os oficiais [*officials*] e aqueles que se beneficiam significativamente das regras podem, por sua força coletiva, sustentar uma ordem social suficiente para que os demais sejam, sem risco de graves desordens, totalmente indiferentes à lei. Por outro lado, os oficiais [*officials*] e seus apoiadores não precisam se preocupar em obter nenhum consenso social real, desde que possam manter seu sistema em vigor[294].

Dessa maneira, pode acontecer de as regras de um sistema jurídico e os padrões morais de uma comunidade ou de vários grupos e comunidades dentro de um mesmo Estado se tornarem claramente diferentes, emergindo uma questão sobre quão distante deveria o direito corresponder à moralidade e, ao mesmo tempo, se há alguma obrigação moral que faça com que os indivíduos ajam em conformidade à lei[295].

Assim, MacCormick entende completar sua revisão sobre os dois pontos que Hart busca para estabelecer suas credenciais como positivista, quais sejam: aquele acerca do papel do teórico do direito como um investigador hermenêutico, e aquele da especialização e diferenciação da ordem legal acima e contra ordens morais[296].

[293] Tradução livre de "*Necessarily, the rule of recognition must accord special status as applicable and binding rules for decision to the rules declares or made by that legislative procedure*". *Ibidem*, p. 137.

[294] MACCORMICK, Neil. WEINBERGER, Ota. *Op. cit.*, p. 137.

[295] *Ibidem*, p. 138.

[296] *Ibidem*, p. 138.

O primeiro ponto reafirma que os teóricos ou juristas que buscam entender o direito não necessitam estar eles mesmos comprometidos com os valores inerentes da ordem legal ou moral que buscam retratar ou descrever. Já o segundo, mostra como, do ponto de vista do cidadão que reivindica sua moralidade, pode haver divergência ou mesmo um conflito com o ponto de vista institucional ou do direito.

Os dois pontos, em conjunto, parecem indicar a futilidade de qualquer tentativa de fundamentar o direito em algum conjunto particular de princípios morais passível de aplicação universal a todos os sistemas jurídicos. Apesar de tudo, há um verdadeiro caos ao se estabelecer um conflito entre moralidades e filosofias morais. Ainda que essas leis estejam apoiadas em sistemas valorativos ou ideologias, parece mais fácil estabelecer que as leis são o que são, do que estabelecer o que são princípios universais vinculantes aos quais as leis devem se conformar. A aproximação que sustenta que leis são, em realidade, padrões existentes em sociedades humanas, disponíveis para compreensão hermenêutica e descrição, é aquela que reserva ao jurista a posição de crítico moral. Portanto, a existência da lei é determinada por sua referência a critérios de validade definidos dentro do sistema, de modo que o questionamento acerca de quais leis devem existir é uma questão da moralidade crítica.

Ser um positivista, nesses termos, segundo MacCormick, não é afirmar a superioridade do direito em relação a considerações morais, tampouco tratá-lo como um fenômeno moralmente indiferente. Pelo contrário, isso significa apresentar o direito como uma forma de prática social ou instituição social que deve ser submetida a uma crítica moral permanente, uma crítica fundada em princípios de moralidade esclarecida, princípios que podem vir a divergir radicalmente dos princípios e valores existentes no direito.

MacCormick, a partir da consideração de que se tem, de um lado, a teoria jurídica como um braço da hermenêutica, e de outro, os diferentes padrões da ordem jurídica, conclui ser possível estabelecer duas coisas: uma que ele julga importante e outra que ele julga sem importância. A sem importância é a que o teórico hermenêutico, no estilo de Hart, continua a ser um tipo de positivista jurídico. Por sua vez, a importante é que esse tipo de positivismo é uma doutrina de alta credibilidade. Isso porque, para ele, o positivismo hartiano insiste em quatro pontos importantes: 1) na ideia de que a soberania é o último recurso da consciência moral individual; 2) o direito de criticar a lei estabelecida em razão de sua injustiça é bem diferente de questionar sua validade formal e invalidade, 3) o direito de ponderar a causa da obediência e desobediência; 4) o direito e até o dever de desobedecer à iniquidade ordenada em nome da lei.[297]

As implicações desse tipo de positivismo aparentam ser dignas de concordância. No entanto, para MacCormick, resta um elemento final de inquietação. Segundo ele, é claro que se deve autorizar os fatos óbvios sobre o direito, bem como se deve autorizar que operações executadas sob algum sistema legal devem, desde logo, considerar primariamente os critérios internos de validade daquele sistema. Tem-se, por exemplo, que o problema da justiça em leis fiscais é uma questão de moralidade crítica, não de exposição legal. Nesse sentido, estaria em pé de igualdade com a questão da justiça ou injustiça de leis de obscenidade, leis de blasfêmia ou que dizem respeito a conspirações. O que acontece é que as leis podem existir, ainda que não sejam boas, e para os propósitos de advogados e oficiais, a fidelidade ao seu dever nessa função exige que eles apurem e apliquem a lei tal qual ela é, independentemente de serem boas ou ruins[298].

Apesar de toda especialização da lei, ela mantém em seu ápice a questão da obrigação. O direito, sob a ótica de Hart, é a união das regras secundárias e primárias – regras primárias de obrigação. MacCormick afirma que poderia haver dubiedade quanto ao uso do termo "obrigação" por Hart, diante de todos os sentidos que essa expressão é aplicada, razão pela qual o professor escocês formulou sua explicação da seguinte forma: "as leis mais básicas são aquelas que impõem normas categóricas que recaem sobre pessoas"[299]. Esses normas são categóricas precisamente no sentido de que sua violação é estigmatizada como uma agir ilícito. Essas ilicitudes [*wrongs*] são violações de um dever ou de uma obrigação que implica uma compensação ou uma restituição obrigatória para a vítima. Em consequência, o direito compreende também uma ordem de direitos que autorizam os indivíduos a fazer reinvindicações perante todas as outras pessoas utilizando, se necessário, a força, o que inclui a coação pública[300].

[297] MACCORMICK, Neil. WEINBERGER, Ota. *Op. cit.*, p. 140.

[298] *Ibidem*, p. 140.

[299] Tradução livre de: "[...] *the most basic laws are those which impose categorical requirements upon persons*". *Ibidem*, p. 140.

[300] *Ibidem*, p. 140.

É certo que a ilicitude de algum comportamento depende da validade das regras primárias de direito, em razão da necessidade de característica "jurídica" de tais regras. Mas, esse aspecto formal das normas primárias não retira ou anula inteiramente a descrição substancial original de Hart do conceito de obrigação [*obligation*] ou de irregularidade [*wrongdoing*][301]. Para MacCormick, entretanto, ainda que possa haver falhas no argumento hartiano quanto a esse ponto, fato é que Hart está correto ao sugerir que há um padrão diferencial especial acerca do que é particularmente obrigatório dentro de uma ordem normativa em geral: a importância que é dada aos valores que deveriam estar em jogo.

No entendimento de MacCormick, isso deveria e continua a ser uma verdadeira coação no que tange à legitimação interna ou ao uso coerente das técnicas de validade jurídica. Toma-se como exemplo o sistema jurídico britânico, que poderia tornar a afirmação de uma legislatura conclusiva quanto à validade das regras primárias decretadas, ou seja, prover a observância de todos os requisitos procedimentais para a promulgação. Entretanto, isso não permite que a legislatura possa inteligivelmente tornar qualquer coisa obrigatória, apesar da existência de um juízo de valor racional, porque há importantes restrições de sinceridade [*constraints of sincerity*][302] quanto ao que pode ser legislado pelas autoridades.

MacCormick exemplifica essa situação por meio de supostas leis que seriam assim intituladas "Lei das Injustas Restrições à Greve 1970" [*Unjust Restranints on Picketing Act 1970*][303] ou "Lei da Injusta Taxação sobre os Ricos" [*The Unjust Taxation of the Wealthy Act*[304]], que seriam absurdas ou autocontraditórias pragmaticamente ou até mesmo contraditórias com a lógica interna do Parlamento. O motivo dessa sensação de absurdo estaria relacionado ao fato de que quem exerce o poder e a discricionariedade em um sistema legal deve sempre, pelo menos, pretender agir com base em valores seriamente mantidos e considerados numa determinada sociedade.

De fato, segundo MacCormick, é esse o ponto que fornece um limite à crítica moral[305]. Leis injustas não são só moralmente deploráveis em um

301 MACCORMICK, Neil. WEINBERGER, Ota. *Op. cit.*, p. 140.

302 *Ibidem*, p. 141.

303 *Ibidem*, p. 141.

304 *Ibidem*, p. 141.

305 Tradução livre de: "[...] *is that not indeed the very point which gives critical moralising its critical edge*". *Ibidem*, p. 141.

sentido geral, mas justamente o fato de serem especialmente deploráveis é o que faz com que a confiança nelas depositadas seja pervertida. Por trás do descrédito que se lança sobre o legislador injusto, especialmente aquele cujas leis editadas são válidas, surge talvez o pensamento defendido pelos jusnaturalistas de que "Uma lei injusta é... uma corrupção da legalidade"[306]. O jusfilósofo aduz que chega a esse julgamento por meio da observância das implicações observadas a partir análise hermenêutica do direito proposta por Hart.

Nesse ponto, se o julgamento está correto, MacCormick se encontraria quase convergindo com a visão de Finnis[307]. Porém, explica MacCormick que se pode formular caricaturas acerca do positivismo jurídico ou da teoria jusnaturalista, mas que é uma ilusão supor que atualmente subsiste uma divisão estrita entre essas abordagens. Para ele, as melhores formas do positivismo levam a conclusões que de várias formas são similares àquelas que derivam de teorias que detêm credibilidade acerca do direito natural, quando se busca rigorosamente solucionar os assuntos por ele discutidos.

Contudo, isso não significa que importantes pautas não continuem em disputa. Os valores que o exercício razoável dos poderes governamentais deve perseguir são verdades objetivas? Ou eles devem ser entendidos como aqueles cujo teste principal está o da consistência ideológica? Em quais relações eles defendem os valores invocados por um moralista crítico?

A conclusão, segundo MacCormick, deve ser, não que essas questões importantes possam ser seguramente ignoradas na jurisprudência, mas que elas devam se tornar o ponto focal da discussão no lugar de batalhas-simuladas sobre a "não-questão" de saber se leis injustas podem ser formalmente e juridicamente válidas[308].

Acredita-se que esta posição de MacCormick, muito embora vinculada teoricamente à corrente positivista inclusivista, já é um indício de que em trabalhos posteriores ele passaria a se considerar pós-positivista.

306 Tradução livre de: *"An injust law is... a corruption of legality"*. MACCORMICK, Neil. WEINBERGER, Ota. *Op. cit.*, p. 141.

307 *Ibidem*, p. 141.

308 Tradução livre de: *"Our conclusion ought to be, not that theses important issues may safely be ignores in jusrisprudence, but that they ought to become the focal point of discussion in place of mock-battles over the non-question whether unjust laws can enjoy formal legal validity"*. *Ibidem*, p. 142

5.2. Crítica de Maccormick a Dworkin

A crítica formulada por MacCormick a Dworkin, apresentada neste tópico faz parte da obra Argumentação Jurídica e Teoria do Direito, publicada originalmente em 1978, pouco menos de uma década antes de *Institutional Theory of Law*, tratada no tópico anterior, e peça-chave para esta tese, na qual MacCormick apresenta o conceito de moral institucional.

Em Argumentação Jurídica e Teoria do Direito[309], MacCormick aborda a crítica de Dworkin a Hart, ao que ele resume a quatro pontos. O primeiro é o de que Hart não dá conta do papel dos princípios na aplicação do direito; o segundo é o de que os princípios não podem se identificar através da regra de reconhecimento; o terceiro é o de que as teorias das normas sociais em que se baseia a noção de regra de reconhecimento é insustentável; e o quarto é o de que Hart caracteriza mal a discricionariedade judicial ao supor que, nos casos difíceis, os juízes exercem uma discricionariedade forte.

MacCormick se propõe a responder tais objeções e o faz, inicialmente, admitindo que os princípios têm uma importância inegável, mas rechaçando a noção de Dworkin, ao concebê-los como normas gerais que racionalizam regras. Os princípios também se identificam com essa regra, ainda que indiretamente, por meio da função justificatória e explicativa, que os faz desenvolverem uma relação com as normas.

Enquanto Hart considera que o ponto de vista interno é necessário para dar conta das normas, na opinião de MacCormick a atenção deve se voltar ao aspecto cognoscitivo e não ao volitivo. O componente cognoscitivo consiste em valorar e compreender a conduta em termos dos *standards* – que neste trabalho compreende-se como a moral institucional – que devem ser usados pelo agente como guia para sua conduta e o componente volitivo, que consiste em que as pessoas, em algum grau e pelas razões que lhe parecem boas, têm um compromisso para observar um modelo de conduta dado como um *standard* para ele, para outros ou para ambos.

Para MacCormick, os juízes, em casos difíceis, não gozam de discricionariedade em sentido forte, já que suas decisões se limitam por princípios da universalidade, consistência, coerência e aceitação das consequências e, nesta tese, acrescenta-se: também pela moral institucional.

[309] MACCORMICK, Neil. **Argumentação Jurídica e Teoria do Direito**. Trad. Waldéa Barcelos. São Paulo: WMF Martins Fontes, 2009.

MacCormick explica que a tese dos direitos de Dworkin apresenta falhas fundamentais como teoria do direito. Um dos defeitos seria o fato de deixar sem explicação o uso de normas na argumentação por analogia. Para ele, em problemas de interpretação, as normas de fato competem com os princípios e não são invalidadas pela derrota na competição.

> Se quisermos obter uma clara distinção conceitual entre normas e princípios (e essa é uma necessidade tanto para esta tese como para a tese dos direitos), teremos de procurar em outros lugares que não sejam a tese dos direitos. A ideia de que princípios indicam direitos também não serviria. (...) A melhor opinião (...) a de que os princípios são normas relativamente gerais que são concebidas como normas ou conjuntos de normas racionalizantes. Essa opinião postula que saibamos quais sejam as normas a racionalizar. E sabemos mesmo. Conhecemos as normas do direito porque dispomos de critérios de reconhecimento ou algo que se assemelhe (...). Se não pudéssemos conhecer e não conhecêssemos normas de direito, as provas dessa matéria seriam ainda mais sem sentido do que estão inclinadas a considerá-las, em seus momentos desesperançados, os que as prestam e os que as corrigem. [310]

O que se vê é a existência de uma relação, ainda que indireta, entre a norma de reconhecimento e os princípios do direito. As normas se classificam como jurídicas em razão de sua linhagem e os princípios pertencem ao direito graças à sua função em relação a tais normas, ou seja, "a função a eles atribuída por quem os usa como racionalizações das normas"[311].

Ele ressalva que não há nada de antipositivista nessa afirmação (de que a lei não é isenta de valores), pois ninguém jamais sugeriu que a própria lei seja isenta de valores[312]. Afinal, o sentido de ser positivista consistiria "na afirmação de que não se precisa sob nenhum aspecto compartilhar ou endossar esses valores no todo ou em parte para saber que a lei existe, ou qual lei existe"[313]. Não se trata meramente de que a lei nunca seja neutra, ela nunca deveria ser neutra, quando a escolha é entre interesses dessa natureza[314].

[310] MacCormick, Neil. *Op. cit.*, 2009, p. 304.
[311] *Ibidem*, p. 304.
[312] *Ibidem*, p. 305.
[313] Hart, H. L. A. *Op. cit.*, 2009, p. 305.
[314] *Ibidem*, p. 305.

Portanto, para MacCormick, a lei encarna valores e os valores são expressos em enunciados dos princípios em um determinado sistema de valores. Isso significa que os princípios não são determinados pela regra de reconhecimento mas, sim, que "pode haver um conjunto de generalizações normativas que podem ser apresentadas como racionalização das normas que 'pertencem' ao sistema referentes a um determinado assunto"[315].

MacCormick[316] defende que, para Dworkin, um princípio político desejável para a maioria das pessoas sensatas não é necessariamente um princípio jurídico. Surge a seguinte questão: o que poderia, então, transformar um princípio político em jurídico? De um lado, ele pode ser adotado como lei, por meio da promulgação da legislação apropriada; de outro, por meio da incorporação no processo decisório judicial, dado que os tribunais teriam também uma atuação política.

O direito consuetudinário pode evoluir apenas por pequenos acréscimos. "A entrada de novos valores somente pode ocorrer quando antigos princípios e analogias lhes proporcionam algum tipo de apoio"[317]. Uma vez que esses valores ingressam no sistema, com o tempo podem vir a se traduzir em enunciados de princípios, o que acontece de forma lenta, diferentemente da promulgação legislativa, que pode alterar o direito do dia para a noite.

Em razão disso, é natural que uma teoria do direito bem formulada se coadune com uma teoria da legislação igualmente bem formulada mas, para MacCormick[318], não há razão para que uma englobe a outra, como pretenderia Dworkin.

Fato é que, para MacCormick,[319] realmente existe uma diferença entre princípios jurídicos e não jurídicos, de modos que os de segundo tipo lutam pelo seu reconhecimento. Os princípios jurídicos são também políticos, "no sentido em que dizem respeito ao bom governo da sociedade organizada; não são políticos no sentido estreito e específico daquilo que é o foco da controvérsia partidária"[320] e são princípios morais no sentido descritivo.

[315] MACCORMICK, Neil. *Op. cit.*, 2009, p. 306.
[316] *Ibidem*, p. 307-308.
[317] *Ibidem*, p. 310.
[318] *Ibidem*, p. 311.
[319] *Ibidem*, p. 311.
[320] *Ibidem*, p. 311.

O sistema jurídico é orientado por valores para aqueles que o endossam voluntariamente, para uma sociedade que aquele grupo considera boa e justa. Nesse sentido, o programa positivista de distinguir a descrição e apreciação avaliatória de um sistema jurídico seria um requisito essencial para o debate e a reflexão sobre o direito[321].

A resposta positivista a Dworkin deve ampliar a abrangência do que ele investiga, aceitando que não há como captar plenamente nenhum sistema jurídico particular em termos de seus princípios ou normas, a não ser que o observador se insira nele até o ponto de compreender as concepções de justiça que o inspiram[322].

> Nem o reconhecimento do lugar dos princípios nos força a abandonar a tese de que as normas que contam como normas do direito têm essa importância por pertencerem a sistemas jurídicos porque satisfazem critérios operativos de reconhecimento. Portanto, longe de tornar inexplicável a qualidade *jurídica* de certos princípios morais ou políticos, essa tese ("a tese da validade") é essencial para explicar exatamente esse ponto – em termos do relacionamento indireto dos princípios de direito para com a "norma de reconhecimento" como afirmado anteriormente.[323]

MacCormick se junta à Dworkin em sua crítica ao modo em que Hart descreve ou explica a existência de uma norma de reconhecimento. Ainda assim, o autor em questão acolhe a regra de reconhecimento, mas com ressalvas quanto ao aspecto interno.

Para ele, o que deve ser essencial à regra de reconhecimento é algum compromisso "consciente de exercer os valores políticos que parecem ampará-la e de sustentar de modo concreto os princípios políticos considerados inerentes à ordem constituída da sociedade em questão"[324]. Consequentemente, deve se extrapolar o exame de Hart acerca do "aspecto interno" para levar em conta os componentes volitivos e cognitivos. Para Hart, a regra de reconhecimento é uma questão de fato social, portanto sugeriria que é levada em conta apenas a visão que o observador tem.

Os juízes, ao decidirem um caso, precisam concordar em grau alto quanto ao que realmente vale como norma de direito e sobre as condi-

[321] MACCORMICK, Neil. *Op. cit.*, 2009, p. 312.

[322] *Ibidem*, p. 312.

[323] *Ibidem*, p. 311.

[324] *Ibidem*, p. 314.

ções imediatas de validade da lei, como pressuposto da existência de um sistema jurídico; e as outras autoridades precisam estar dispostas a trabalhar em consonância com esses critérios[325].

A partir dessa ideia, MacCormick aproveita da crítica formulada a Dworkin para refinar a teoria de Hart, reestruturando a norma de reconhecimento. Explica MacCormick que:

> A norma de reconhecimento inclui quatro critérios de reconhecimento organizados em ordem de prioridade decrescente: (i) a Constituição; (ii) as leis da Assembleia Legislativa que não sejam incompatíveis com (i); (iii) legislação delegada não incompatível com (i) e (ii); (iv) precedentes judiciais de tribunais de recursos não incompatíveis com (i), (ii) e (iii), respeitada a hierarquia dos tribunais, e respeitando o poder da reforma dentro dessa hierarquia. "Critérios de reconhecimento" e "critérios de validade" são expressões equivalentes. [326]

A tese da validade é a tese de que há um modelo exato de todos os Estados que dispõem de um sistema jurídico institucionalizado[327]. O conceito de norma jurídica acaba se definindo a partir dessa tese e assim acontece com qualquer norma de reconhecimento ou de uma norma válida de um determinado sistema jurídico que esteja em operação dentro de um Estado, com a terminologia utilizada por MacCormick[328]: norma instituinte ou norma validamente instituída.

Ocorre que, para ele, os conceitos de lei e de sistema jurídico não se esgotam pela referência a todo o conjunto de normas jurídicas, dado que os sistemas compreendem princípios e tudo mais (princípios também se enquadrariam ao gênero "lei"). A norma de reconhecimento ou as normas instituintes podem ser enunciadas verbalmente com relativa clareza de expressão, o que não garante clareza ou uniformidade na aplicação. Portanto, "talvez seja melhor entendê-las como normas que estipulam

[325] [...] *há fortes motivos para esperar um alto grau de concordância e harmonia em meio ao judiciário, no que diz respeito a essa questão – de modo tal que de fato não é raro que o observador seja capaz de especificar com razoável precisão a norma de reconhecimento "vigente" em determinada época. In* MACCORMICK, Neil. *Op. cit.*, 2009, p. 315.

[326] *Ibidem*, p. 318.

[327] *Ibidem*, p. 318-319.

[328] *Ibidem*, p. 319.

condições de validade 'ordinariamente necessárias e presumivelmente suficientes"[329].

Em consequência, seria possível afirmar que existem princípios do direito que são legais, considerando o seu relacionamento indireto com as normas instituintes e que essas mesmas normas, e outra validamente instituída, são restritas à luz dos supracitados princípios, tornando-se plenamente compreensíveis por referência a eles[330].

Muito embora pareça contraditório, isso se dá porque ao compreender a lei em ação, pode-se ver uma constante dialética entre o que ocorreu e é considerado liquidado e o processo dinâmico e contínuo de tentar resolver novos problemas de modo satisfatório. O fenômeno do direito é circular, de maneira que "uma explicação circular do fenômeno não é viciosa, mas exigida pela veracidade"[331].

Apesar de concordar com Dworkin quanto à alegação de que os juízes não têm um arbítrio forte (no sentido de que eles poderiam escolher a decisão que considerassem mais adequada com base nos motivos que considerarem mais adequados), MacCormick discorda da concepção de arbítrio fraco de Dworkin e, portanto, da tese da única resposta correta.

A correção pressupõe critérios, mas eles devem ser elaborados com base em alguma teoria pertinente. Dessa forma, ao corrigir uma teoria como um todo, está-se pressupondo mais alguma teoria e, nesse sentido, Dworkin postularia que o juiz Hércules estruturaria a melhor teoria possível para um sistema jurídico.

> Hércules, porém, pode estruturar essa teoria somente na extremidade mais remota de uma infinita regressão de teorias. Dworkin colocou Hércules nas cavalariças de Augias nas quais é impossível faltar estrume por ser o fornecimento infinito.[332]

Afinal de contas, para MacCormick, chega-se a um ponto em que há uma pura divergência prática em que precisamos nos esforçar além daquilo que já está estabelecido entre nós e decidir como se quer viver e como a sociedade deve se organizar. Entre as possíveis extrapolações racionais da

[329] *Ibidem*, p. 319.
[330] MACCORMICK, Neil. *Op. cit.*, 2009, p. 319-320.
[331] *Ibidem*, p. 321.
[332] *Ibidem*, p. 332.

tradição jurídica e política, uma escolha tem que ser feita e essa deve ser aceita por todos, que terão que conviver com a deliberação e seus efeitos. Está-se, assim, fora do alcance do que pode ser racionalizado, ainda que isso tenha ocorrido por determinadas razões.

MacCormick ataca a tese da única resposta correta alegando que, de fato, em um caso difícil, o juiz tem que escolher o direito de qual parte teria preferência ou qual seria o melhor direito. Princípios do direito determinam direitos *prima facie*, assim como interpretações rivais de normas ambíguas. A decisão envolve estabelecer qual o melhor direito, com todos os aspectos levados em consideração, de modo que se torna verdadeiro que ela sempre sustenta direitos preexistentes, a partir de uma escolha real a ser feita entre direitos *prima facie* que competem entre si.

Em resumo, a teoria da argumentação jurídica apresentada por MacCormick, compatível com o positivismo, confere peso a princípios e outras normas no processo jurídico e revela que os juízes têm um arbítrio limitado em qualquer caso, incluindo os difíceis. Essa teoria depende do que o direito é e o justifica, partindo do pressuposto da norma fundamental hartiana, ainda que com algumas modificações, em razão da sua explanação de normas sociais. Leva-se em consideração que há divergências práticas e não meramente especulativas, não se podendo deixar de se atentar para os limites da razão prática[333].

Cabe pontuar aqui, brevemente, que Frederick Schauer apresenta uma resposta à crítica a ele formulada por Dworkin, utilizando-se da teoria de MacCormick no artigo *Institutions and the Concept of Law: a Reply to Ronald Dworkin (With Some Help From Neil MacCormick)*[334]. Dworkin alega que pensar o direito como um tipo de instituição social não teria muito interesse nem filosófico nem prático mas, sim, o que seria importante era saber o que torna uma preposição jurídica verdadeira e quais testes deveriam ser utilizados para determinar se uma preposição jurídica é verdadeira. Schauer defende que se há uma condição necessária para que uma proposição seja considerada jurídica e que esta seja a promulgação por uma instituição jurídica (parlamento e corte), então a questão sociológica acerca de quais instituições são jurídicas é de enorme importância. Afinal, a identificação

[333] MACCORMICK, Neil. *Op. cit.*, 2009, p. 336.

[334] SCHAUER, Frederick. ***Institutions and the Concept of Law: a Reply to Ronald Dworkin (With Some Help From Neil MacCormick)***. Disponível em: http://ssrn.com/abstract=1403311. Acesso em 28 out. 2020.

de tais instituições como jurídicas permitiriam que os juízes determinassem em quais proposições devem se basear para determinar os direitos que se apresentarem a eles. Logo, se o positivismo jurídico, como uma questão descritiva, é verdadeiro, o que Dworkin chama de questão sociológica teria uma importância prática e filosófica difícil de negar.

5.3. A teoria da moralidade institucional

Na ótica de MacCormick, Dworkin pretendeu apresentar uma teoria mais satisfatória ao argumento de que a natureza do direito é revelada precisamente pelo tipo de caso que exige aprofundamento principiológico, buscando-se o que está por trás da constituição, a fim de estabelecer a resposta certa acerca dos direitos de um cidadão. Sustentou Dworkin que é necessária uma teoria moral acerca do quê, para quê e sobre o quê é a constituição de um determinado Estado. Tal teoria moral, na visão dworkiniana, deve essencialmente surgir de uma teoria quanto aos direitos que os seres humanos possuem em termos morais ideais, tanto um contra o outro como contra suas autoridades governamentais. Todavia, nesse ponto de pureza e idealismo ético, há direitos que podem clamar não pertencer *eo ipso* à constituição, havendo somente o que Dworkin chama de direitos fundamentais [*background rights*][335]. Para que esse direito fundamental seja trazido para o reino da legalidade e se torne diretamente relevante para a solução de disputas jurídicas, MacCormick defende que uma teoria moral ideal deve obrigatoriamente ser transformada em uma teoria que ele nomeia de "moralidade institucional" (*institutional morality*)[336].

A partir disso, passa-se a tratar desse conceito de moralidade institucional, tido nessa tese como a maneira que MacCormick formula uma relação contingente entre direito e moral, ao que se pode considerar como sua fórmula de compreensão do positivismo inclusivista, ressalvando que em obras posteriores o referido autor revê alguns conceitos e passa a se autointitular "pós-positivista". No entanto, como já explicado, este livro tem como objeto de estudo a fase positivista (inclusivista) de MacCormick, que se sustenta como adequada e refinada.

A moralidade institucional contém duas dimensões: de um lado deve se encaixar da melhor maneira possível nas instituições legais e políticas

[335] MACCORMICK, Neil. WEINBERGER, Ota. *Op. cit.*, p. 173.
[336] *Ibidem*, p. 173.

de determinada sociedade civil; de outro lado, na medida em que seja consistente com esse requisito de adequação, deve se aproximar o máximo possível do nosso ideal de moralidade política fundamental [*background morality*][337]. Esse conceito compreende um conjunto de princípios concebidos para fazer o máximo sentido moral nas instituições políticas postas. "A moralidade institucional é, portanto, a moral ideal relativizada para um conjunto particular de instituições políticas"[338].

Quanto a esse ponto, esclareça-se que, para MacCormick, Dworkin compreende que "um sistema jurídico vai além do reino das regras determinadas na prática nos reinos em que a moralidade institucional que melhor captura o sentido e o ponto das instituições políticas estabelecidas"[339].

MacCormick, para construir seu conceito de moralidade institucional, coloca em pauta se o projeto de expor uma constituição através de uma doutrina coerente da moralidade institucional é uma coisa boa ou ruim. Para isso, questiona três pontos: 1) se os casos constitucionais, assim como os textos constitucionais, ilustram alguma necessidade de teorias institucionais; 2) se isso é uma necessidade especial de países como os Estados Unidos ou a República Federal Alemã, que incorporam noções de direitos e processo legal ou princípios fundamentais do republicanismo, democracia e Estado de bem-estar social explicitamente em suas normas fundamentais; 3) ou isso é algo geral, que pode ser aplicado inclusive no Reino Unido[340].

Para MacCormick, a resposta é que se trata de algo geral e pode ser aplicado em outros países. A maneira como os juízes britânicos consideram adequada a elaboração de visões concorrentes do princípio constitucional[341] sugere que, no Reino Unido, menos do que nos EUA e na Alemanha, é

[337] *Ibidem*, p. 174.

[338] "Tradução livre de: "[...] *Institutional morality is thus ideal morality relativized – relativized to a particular set of political institutions*". MACCORMICK, Neil. WEINBERGER, Ota. *Op. cit.*, p. 174.

[339] Tradução livre de: "[...] *is only that a legal system goes beyond the realms of practice-determined rules into the realms of that institucional morality which best captures the sense and point of the political institutions there are*". *Ibidem*, p. 176.

[340] *Ibidem*, p. 176-177.

[341] Em se tratando da Grã-Bretanha, MacCormick ele traz um exemplo, o caso *Gouriet v. Union of Post Office Workers.* Nesse julgamento, Lord Denning and Lawton L. J. na Corte de Apelações votaram no sentido de que as Cortes não detinham o poder de conceder liminares contra violações de direito público na instância de um cidadão particular, mesmo quando o Procurador Geral recusasse seu consentimento a atuar como promotor da ação, se tal recusa não fosse razoável. Lord Denning levou essa questão a um problema fundamental, compro-

frequentemente necessário, em casos difíceis, aprofundar a teoria constitucional para resolver questões sobre direitos privados e poderes públicos[342].

Contudo, neste trabalho, considera-se que para que essa teoria seja aplicada à realidade latina, é preciso que seja aperfeiçoada. Note-se que as realidades nacionais estudadas por MacCormick para defender a universalidade da teoria estão estritamente relacionados à realidade britânica em que ele está inserido. A Alemanha situa-se no mesmo continente, com proximidade histórica, enquanto que os Estados Unidos foram colônia inglesa, mantendo diversas proximidades, inclusive linguística e jurídica, dado seu sistema *common law*.

Além disso, tanto a realidade anglo-saxã como a germânica não contam com as peculiaridades existentes na sociedade latina, cujo histórico de colonização, cultura e construção de constitucionalismo e democracia é muito diverso. Ou seja, ao tentar universalizar uma teoria, é imprescindível que ajustes sejam feitos, o que leva a discordar em parte dessa pretensão de MacCormick.

Retornando à teoria de MacCormick, ele menciona a importância do argumento de que uma teoria constitucional que foca exclusivamente nos direitos e que ignora os princípios e regras que regulam os poderes é uma teoria parcial e unilateral. Sustenta ele que esse ponto de vista poderia ser tomado contra a concepção específica de moralidade institucional de Dworkin. Para MacCormick, direitos certamente não constituem a integridade da teoria constitucional ou da moralidade institucional. Tampouco pareceria suficiente dizer, como Dworkin fez, que o argumento de negação de direitos pertence tanto à sua tese de direitos quanto ao argumento de afirmação de direitos. Nem mais se seguiria que todo argumento relativo à interpretação correta da extensão de poderes, como os investidos

metendo-se com o dever do tribunal de defender o Estado de Direito: "ainda que você esteja em uma alta posição, a lei está acima de você" (*be you ever so high, the law is above you*), disse ele ao Procurador-Geral. Mas a Câmara dos Lordes não era menos enfática pela visão oposta, ao que Lord Wilberforce entendeu que o direito do Procurador-Geral de buscar perante as cortes civis a prevenção antecipada da violação da lei seria um aspecto do seu poder geral de impor, no interesse público, direitos públicos. Para Lord Wilberforce, a distinção entre direitos públicos, que o Procurador-Geral pode e o indivíduo (na falta de interesse especial) não pode tentar impor, e os direitos privados são fundamentais na lei britânica. E continuou ele, alegando que quebrar essa regra, como o advogado de Gouriet convidou a Corte a fazer, não é um desenvolvimento do Direito, mas uma destruição de um de seus pilares. *Ibidem*, p. 177.

342 MACCORMICK, Neil. WEINBERGER, Ota. *Op. cit.*, p. 177.

no Procurador-Geral ou no advogado da parte, são considerados adequadamente argumentos de pura "política", no uso bastante idiossincrático desse termo por Dworkin[343]. De fato, há princípios de direito público que dizem respeito a poderes públicos, e a categoria "princípios" precisa ser delineada de forma muito mais ampla do que a desenhada por Dworkin. Essa é uma tarefa importante para advogados públicos e juristas explicarem e elaborarem princípios de razoabilidade que governam a busca de políticas públicas. "Definir política como um princípio de exclusão é, portanto, um erro grave e um defeito perceptível na tese de Dworkin"[344].

Pode-se ver que MacCormick não ataca frontalmente a teoria de Dworkin, pois compreende que alguém pode rejeitar alguns elementos das definições idiossincráticas deste acerca de "princípios", "direitos" e "moralidade", incorporadas em suas estipulações sobre a moralidade institucional, a qual ele considera parte integrante de qualquer ordem jurídica, sem que, nesse sentido, rejeite, muito menos refute, a mais importante e, como se vê, altamente plausível afirmação de que a moralidade institucional é visivelmente essencial a todas as deliberações sobre problemas complexos no direito constitucional. Para MacCormick, onde há direito constitucional, deve haver uma teoria constitucional e, por sua vez, uma teoria constitucional necessariamente está enraizada na visão de um Estado constitucional que é ou aspira ser uma ordem moral. Portanto, a posição dworkiniana analisada por MacCormick se revelaria altamente plausível e, se for sólida, tem implicações profundas no ensino e na escrita acadêmica em direito público[345].

Em resumo:

> Para recapitular as três primeiras partes deste capítulo: primeiro, há uma atração inicial na posição de Dworkin, na medida em que é uma teoria que permite a possibilidade de se reconhecer erros judiciais em se tratando de interpretações constitucionais; segundo, faz isso porque apresenta uma teoria constitucional incorporada na moralidade institucional; em terceiro lugar, escritos constitucionais britânicos (...) parecem exibir e exemplificar a relevância dos pontos levados até a experiência britânica. Com algum alarme,

343 *Ibidem*, p. 178.

344 Tradução livre de: "*To define policy as excluding principle is thus a serious error, and one noticeable defect in Dworkin's thesis*". MacCormick, Neil. Weinberger, Ota. *Op. cit.*, p. 178.

345 *Ibidem*, p. 178.

devemos concluir que o terreno firme do preconceito está deslizando sob nossos pés[346].

Passa-se, então, a analisar o conceito de moralidade institucional, nos termos de MacCormick, e sua relação com os pressupostos do positivismo jurídico.

5.3.1. A moralidade institucional e as pressuposições do positivismo jurídico

Ao tratar dos pressupostos positivistas da moralidade institucional, MacCormick admite enfrentar o prospecto (que ele julga horrível) de abandonar suas bases positivistas pois, se há muito a ser dito sobre a linha de argumentação de Dworkin, deve parecer que o positivismo é realmente incapaz de compreender a profundidade de uma constituição e, portanto, insustentável como uma teoria do direito.

Porém, nesse enfrentamento, MacCormick defende que o positivismo é capaz, sim, de compreender essa profundidade constitucional, pois uma questão crucial teria escapado da atenção, qual seja: "a moralidade institucional é a moralidade do quê?"[347]. Nesse ponto:

> A questão parece conter a resposta: a moralidade institucional é a moralidade das instituições político-jurídicas da sociedade civil em foco; ou seja: é o conjunto de doutrinas morais e princípios que melhor se encaixam às instituições existentes com o menor sacrifício de uma visão moral ideal ou histórica (*background*) de como a vida em uma sociedade organizada deveria ser para os indivíduos[348].

[346] Tradução livre de "*To recapitulate on the first three parts of this chapter: firstly, there is an initial attractiveness in DWORKIN's position, in that it is a theory which allow for the possibility of judicial mistakes about constitutions; secondly, it does so because it presents a theory of constitutions as embedded in institutional morality; thirdly, British constitutional writings like Dicey's or cases like Gouriet's seem to exhibit and exemplify the relevance of the points taken even to the British experience. With some alarm, we must conclude that the firm ground of prejudice is slipping from beneath our feet*". *Ibidem*, p. 179.

[347] Tradução livre de: "[...] *what is institutional morality the morality of?*". MACCORMICK, Neil. WEINBERGER, Ota. *Op. cit.*, p. 179.

[348] Tradução livre de: "The *question seems self answering: institutional morality is the morality of the politico-legal institutions of the civil society un view; that is, it is the set of moral doctrines and principles which best fits actual existing institutions at the least sacrifice t an ideal or background moral view of how life is an organized society ought to be for individuals.*" *Ibidem*, p. 180.

MacCormick ressalta que essa não é somente a resposta dele mas, sim, sua reformulação da resposta de Dworkin. Como uma resposta de Dworkin, ela expõe um ponto fraco de sua teoria jurídica geral. Essa resposta à questão carrega consigo uma implicação óbvia e inevitável, decorrente de uma questão de lógica. Há necessidade de haver referência a certas instituições para filtrar, a partir de uma moral fundamental, um grupo de princípios que se encaixa nas instituições, no sentido de gerar sua melhor justificação possível e, então, seguir algum procedimento que deve obrigatoriamente existir para identificar as instituições independentemente de qualquer fundamento de moralidade original anterior [*background morality*] ou moralidade institucional a *fortiriori*.

Para ilustrar esse ponto, MacCormick realiza uma analogia com apreciação de arte no seguinte sentido: permite-se concordar que não há apreciação adequada de pinturas impressionistas sem o entendimento da teoria estética que faz sentido para a atividade artística de Monet e seus colegas; mesmo assim, como a teoria é uma teoria dessas pinturas, deve-se ter alguma maneira de estabelecer o que são essas pinturas, independentemente da minha compreensão da teoria estética em questão. Também apresenta um caso britânico: o caso Gouriet. Tal julgamento gira em torno de um ponto crucial acerca de uma doutrina ou grupo de princípios acerca do poder do Procurador-Geral de reivindicar direitos públicos ou supervisionar sua reivindicação. Mesmo assim, isso pressupõe que se saiba o que é um Procurador-Geral e qual é a sua tarefa, independentemente de nossa compreensão dos princípios que regulam o exercício dessas funções. Afinal, não se pode derivar o trabalho do Procurador-Geral a partir de um fundamento moral [*background of morality*], por mais detalhado que seja; isso porque deve haver um ofício em momento anterior à essa moralidade fundamental, da qual seja possível se apoderar e gerar uma teoria institucional acerca dos poderes e limites do exercidos da função pelo titular do cargo[349].

Esse ponto, não muito óbvio, é aquele em que Dworkin se questiona antes de formular uma importante questão levantada em Levando os Direitos a Sério, cuja seguinte passagem do texto é citada por MacCormick:

[349] MacCormick, no texto original, consigna o seguinte: "*We cannot derive the office of Attorney General from a background of morality however rich and detailed; there has to be an office before background morality can come to grips with it and generate an institutional theory of the powers and limits to the powers exercisable by the office-holder*". MacCormick, Neil. Weinberger, Ota. *Op. cit.*, p. 180-181.

> Os direitos institucionais podem ser encontrados em instituições de caráter muito diferente ... No caso do xadrez, os direitos institucionais são fixados por regras constitutivas e reguladoras, que pertencem distintamente ao jogo ou a um torneio específico. O xadrez é, nesse sentido, uma instituição autônoma. Mas a legislação é apenas parcialmente autônoma nesse sentido. Existem regras especiais, constitutivas e reguladoras, que definem o que é uma legislatura, a quem ela pertence, como é votada e que aquilo não pode estabelecer uma religião. Mas essas regras, pertencentes distintamente à legislação, raramente são suficientes para determinar se um cidadão tem o direito institucional de ter um certo estatuto legal promulgado..."[350]

A chave dessa citação, segundo MacCormick, está na expressão "regras constitutivas e regulativas" [*constitutive and regulative rules*][351], que ecoaria as teses de John Rawls e John Searle, para quem as regras constitutivas e reguladoras foram postuladas como formas de explicar a maneira como as instituições sociais ou práticas funcionam, e teriam como exemplo as promessas. Explica MacCormick que a ideia por trás das promessas é a de que há uma obrigação social de cumpri-las, necessariamente pressupondo alguma prática para solucionar questões acerca do que seria uma promessa, diante da necessidade dessa referência. A conceituação do que seria uma promessa se perfaz por meio de uma regra constitutiva, que formularia uma explicação, algo como: tem-se uma promessa quando uma pessoa revela uma intenção de fazer algo, realizar alguma obrigação junto a outra pessoa. Apesar do exemplo simples, o que o jusfilósofo aqui tratado pretende demonstrar é que qualquer regra constitutiva fornece um critério de validade. Logo, disso decorre que alguns enunciados são válidos como promessas e outros não. A mesma situação se daria no caso dos contratos, que passa pela formalização acerca do que é considerado um contrato.

350 Tradução livre de: "*Institutional rights may be found in institutions of very different character... In the case of chess, institutional rights are fixed by constitutive and regulative rules that belong distinctly to the game, or to a particular tournament. Chess is, in this sense an autonomous institution... But legislation is only partly autonomous in that sense. There are special constitutive and regulative rules that define what a legislature is, and who belongs to it, and how it votes, and that it may not establish a religion. But these rules belonging distinctly to legislation are rarely sufficient to determine whether a citizen has an institutional right to have a certain statue enacted...*" MACCORMICK, Neil. WEINBERGER, Ota. *Op. cit.*, p. 181.

351 *Ibidem*, p. 182.

E, a partir dessas formulações, há uma regra regulatória que dispõe que promessas válidas e contratos válidos devem ser mantidos.

Se, todavia, isso se coloca no sentido em que as observações de Dworkin sobre regras constitutivas e regulativas são pretendidas, o que, segundo MacCormick, parece a única inferência razoável, isso retornaria à concepção de Kelsen de norma de competência, a qual, sob seu ponto de vista, valida a criação de outras normas, cuja obediência é obrigatória ou, ainda, para ele mais óbvio, à concepção de Hart acerca de regras primárias, que formulam requisitos de conduta ou obrigações e de regras secundárias que determinam o que pode ser considerado válido como regra ou obrigação em um sistema, a regra de reconhecimento, e o que é considerado um exercício válido de produção de lei ou do poder de aplicação das regras, sejam elas de alteração ou de adjudicação.

Se é assim, a referência a regras regulativas e constitutivas não seria nada além da referência a normas primárias e secundárias sob nomes diferentes. A teorização de que há regras constitutivas e regulativas, por Rawls e Searle, referências para Dworkin, representa a existência de tais regras como encontradas na prática ou no costume entre membros de comunidades morais ou grupos sociais. A partir disso, MacCormick aduz que, tendo em vista que uma parte da crítica de Dworkin à teoria das regras de Hart gira em torno de que as práticas não levam em conta as regras da maneira que Hart supõe que elas fazem, permaneceria uma lacuna grave no centro da teoria de Dworkin. Isso porque, se a teoria prática das regras é, de fato, inadequada para obter uma teoria das regras primárias e secundárias, uma teoria de regras constitutivas e regulativas não poderia ser melhor. Existe, dessa forma, pelo menos uma lacuna a ser preenchida por meio de uma melhor teoria das regras, e nenhuma estaria à vista[352].

Então, MacCormick retoma Austin para dizer que não há dúvida que, para este último, "o direito constitucional é realmente, em grande medida, somente a moralidade positivada"[353]. Isso significa, para MacCormick, que as normas de um sistema jurídico não podem ser estritamente positivadas, havendo questões de costume, ao que defende que Austin teria pensado em seus trabalhos finais que a constituição depende, para sua sobrevivência, de sustentar costumes e valores.

[352] MacCormick, Neil. Weinberger, Ota. *Op. cit.*, p. 181-182.

[353] Tradução livre de: "[...] *constitutional law is really in large measure positive morality only*". *Ibidem*, p. 182.

5.3.2. A racionalidade prática de Maccormick

MacCormick, na obra *An Institutional Theory of Law: New Approaches to Legal Positivism,* parte das tipologias weberianas de racionalidade a fim de elucidar os requisitos da racionalidade prática. Para ele, o requisito mais fundamental da racionalidade em uma ação é o seguinte: que todo ato de tolerância para agir deve ser justificável por referência a algum motivo de ação[354]. Esse requisito pode ser atendido de duas maneiras distintas *prima facie*: ou um ato ou tolerância pode ser concebido como certo em si ou como bom em si mesmo (nesse caso, é um valor racional) sem levar em consideração qualquer objeto oculto; ou um ato ou tolerância pode ser concebido como tendente a trazer algum fim ou consequência desejada (nesse caso, é racional voltado para o propósito)[355].

Segundo ele, esses dois tipos de racionalidade não estão necessariamente em conflito, dado que ambas podem subsistir simultaneamente na mesma ação. Por exemplo: pode-se, em um ato, fazer algo que seja bom ou correto em si mesmo e, simultaneamente, fazer algo calculado para atingir algum propósito por si desejado. Entretanto, em outra ocasião, pode haver um conflito entre a racionalidade voltada a um valor e a racionalidade voltada a um propósito, como é o caso em que uma condição para satisfazer um propósito é algo considerado errado ou maléfico. Nesse caso, deve-se escolher entre razões para agir e essa escolha implica numa racionalidade voltada tanto a propósito quanto a valores. O conflito também pode ocorrer entre diferentes motivos para tomar atitudes corretas ou motivos concorrentes para propósitos próprios.

Nos termos da teoria aqui em estudo, isso parece ser uma conclusão insatisfatória em qualquer desses conflitos, porque a mesma ação pode ser percebida como racional ou irracional dependendo do aspecto em que é analisada. Uma maneira de evitar essa conclusão é por estipulação: um ato deveria contar como racional se um agente tem alguma razão para fazer algo por certo motivo, ainda que ele também tenha uma razão para não fazer e é consciente dessa razão. Essa estipulação, por si, traz à tona um novo ponto: a escolha de agir de acordo com a razão r1 e ignorar a razão oposta r2 é um ato mental. Se isso poderia se revelar como razão para tais atos de escolha, de modo que aquele que age racionalmente de acordo

354 *Ibidem*, p. 190.

355 MACCORMICK, Neil. WEINBERGER, Ota. *Op. cit.*, p. 190.

com r1 e ignorando r2 pode ou não ter razão para essa escolha. Na hipótese de ele não ter nenhuma razão nessas escolhas, a razão é irracional ou, ao menos, não-racional. O agente estaria atuando não de forma totalmente racional, ainda que esse ato particular, considerado em si mesmo, seja racional (o sentido de que o ato tem alguma racionalidade direcionada a um propósito ou valor).

Segundo MacCormick, essas considerações indicam a importância e a correção de uma tese que avança de diversas formas tanto por Joseph Raz quanto por Robert Alexy, de forma que a razão prática pode e deve ir além em vários níveis[356]. Onde conflitam razões para agir, um agente racional deve obrigatoriamente proceder a um segundo nível ou a uma segunda ordem de razões a fim de resolver os conflitos de primeiro nível. Ocasionalmente, conflitos de segundo nível devem requerer reflexões adicionais em um terceiro nível e assim por diante; porém, na prática, isso não é algo que leva a uma regressão viciosa no raciocínio. Seria necessário avançar apenas para o nível indispensável para resolver um conflito atual[357].

Nesse contexto, também é necessário estar ciente da dimensão temporária da racionalidade, pois a racionalidade de determinados atos depende de seu pertencimento a um padrão de atividade ao longo do tempo.

Já a outra parte da racionalidade prática concerne à racionalidade (distinta da correção) das crenças do agente. Ainda quando analisados subjetivamente, os atos são tidos como irracionais quando faltam crenças necessárias e os atos podem ser objetivamente irracionais caso essas crenças se mostrem infundadas. Ressalva MacCormick que o contraste delineado entre as racionalidades subjetiva e objetiva depende de uma possível diferença entre os pontos de vista do observador e do agente. Se o agente acreditar que existe uma razão para determinado ato ou crença, então, subjetivamente, ele tem uma razão. Porém, se o seu agir é equivocado, falta-lhe uma razão objetiva para o que ele faz ou, na melhor das hipóteses, ele não tem conhecimento da verdadeira razão que justifica o seu ato.

A questão das razões para crenças exibe uma semelhança dupla com a das razões das ações. Novamente se busca alguma maneira de lidar com razões em conflito. O exemplo dado por MacCormick refere-se a uma hipótese em que há razão para acreditar tanto em *p* quanto em *não-p*, o que ele

[356] *Ibidem*, p. 191.

[357] MACCORMICK, Neil. WEINBERGER, Ota. *Op. cit.*, p. 191-192.

chama de princípios de segunda ordem de avaliação de evidências [*second order principles of evaluation of evidence*][358].

Essas razões de segunda ordem, quando aplicadas para avaliar razões de primeira ordem, requerem consistência ao longo do tempo e, em consequência, pode-se dizer que envolvem o recurso a princípios, ainda que de forma rudimentar. Se há uma razão para que se tome alguma decisão entre as opções que são dadas em um determinado conflito de razões para agir, há um motivo para que várias outras pessoas ajam do mesmo modo. Segundo MacCormick, se há uma razão para que ele entenda que o fato *F* é uma boa razão para acreditar em *p*, então haveria uma boa razão para todos acreditarem em *p*. Para ele, achar tais conclusões razoáveis, sejam elas práticas ou teóricas, significa considerá-las adequadas para que qualquer um as adote, embora isso não permita um otimismo indevido pela crença de que todos agirão assim.

Diante disso, o pensamento racional tanto acerca do que fazer ou sobre o que é o caso, deve obrigatoriamente [*must*[359]] exibir as qualidades de consistência com o passar do tempo, bem como universalidade perante os casos e, portanto, obrigatoriamente deve [*must*] ser sistemático. Na opinião de MacCormick, a província da lógica formal não é outra senão a elaboração de implicações detalhadas desses requisitos de consistência, universalidade e qualidade sistemática no discurso. Consequentemente, a lógica formal não é menos aplicável aos tópicos do raciocínio prático do que aos tópicos do raciocínio teórico ou especulativo. Em nenhum dos casos, porém, consistência significa ou implica em que não seja possível rever a situação; a importância deste ponto aparecerá oportunamente.

O autor em questão sugere que, desde que as razões possam conflitar, devemos obrigatoriamente [*must*][360] ter razões de segunda ordem – princípios – por discriminação entre os de primeira ordem, tanto em questões práticas quanto especulativas[361].

Para MacCormick é importante o questionamento acerca de que algumas razões (para agir, para crer) somente podem ser julgadas razões melhores do que outras se houver alguns princípios de classificação superior

[358] *Ibidem*, p. 193.

[359] MACCORMICK, Neil. WEINBERGER, Ota. *Op. cit.*, p. 193.

[360] *Ibidem*, p. 193.

[361] *Ibidem*, p. 193.

[*higher order principles of grading*][362]; isto é, razões para se preferir essa àquela, ou a qualquer outra, razão no caso de um conflito. Assim, a análise lógica da racionalidade em dois ou mais níveis de racionalidade ou reflexão devem necessariamente estar certas, e podemos aceitar a caracterização mínima do nível mais baixo como convincente[363].

Os propósitos devem ser submetidos à disciplina de princípios de preferência de ordem superior, sustentados de forma consistente ao longo do tempo e universalmente sobre pessoas e casos[364]. Tais princípios fornecem classificações avaliativas de propósitos ou estabelecem normas que excluem certos propósitos de tipos de ação como erradas e, consequentemente, devem ser evitadas, apesar da força do desejo de realizar um determinado objetivo. Portanto, as "razões de retidão" [*rightness reasons*[365]] não governam inteiramente o que é ter propósitos, mas certamente excluem a ação de maneiras que seriam de propósito em determinados contextos. Sob essa ótica, pode ser possível estabelecer um determinado conjunto ou grupo de fins, objetivos ou objetivos permanentes, que estão entre os desígnios reais de alguém (ou alcançados pela generalização de propósitos reais) e que são sempre admissíveis a perseguir e, portanto, dignos de cultivos conscientes como fins ou propósitos[366].

A sujeição de propósitos particulares à disciplina da racionalidade seria inconcebível, a menos que, de fato, não houvesse algum desejo de viver uma vida ordenada, social e racional.

Contudo, todo sistema é crítico e passível de revisão à luz daquilo que ele admite e daquilo que exclui. Essa crítica pode ser puramente racional, com base na consistência interna ou, também, pode se estender a uma crítica mais ampla sob a égide do que MacCormick chama de "coerência". Na sua visão, isso dependeria de tratar os objetivos ou fins permanentes legitimados no sistema como bases constitutivas de objetivos justificativos gerais do sistema: como valores ou bens que sua observação na prática tende a realizar.[367]

[362] *Ibidem*, p. 194.
[363] *Ibidem*, p. 194.
[364] MACCORMICK, Neil. WEINBERGER, Ota. *Op. cit.*, p. 195.
[365] *Ibidem*, p. 195.
[366] *Ibidem*, p. 196.
[367] *Ibidem*, p. 196.

Em casos de dificuldades, ajustes ou correções nos princípios ou regras de ordem inferior, estes podem ser justificados diante do desejo da manutenção desses valores por mais tempo ou de sua afirmação. Na medida em que um sistema de princípios práticos, em vários níveis, mantém (ou fica aquém) daquilo que parece um bom equilíbrio entre tais valores, deve ele ser considerado mais (ou menos) "coerente" no que tange à sua pertinência. Além disso, é um teste relevante para uma necessidade de possível ajuste ou acréscimo no conjunto de princípios, ao qual é provável que seja mais completa a promoção ou manutenção do valor em questão[368]. Generalizar, a partir de objetivos particulares que podem ser legitimamente perseguidos dentro de um sistema de razão prática, é construir valores permanentes[369].

Sugere que é da essência do agir racional que se imponha uma ordem consistente e universalizável sobre o esquema de objetivos e finalidades ou gostos e desgostos, sendo não racionais em si mesmos, e que se invente meios efetivos de realizar tais propósitos. O requisito de racionalidade ou razoabilidade na ação é um requisito de regulação ordenada e sistemática da vida de alguém nesse sentido. Porém, está longe de ficar claro que, para indivíduos ou grupos de seres humanos, os requisitos de racionalidade são tão determinados que podem gerar para um ou para todos um único sistema de princípios e valores práticos que seria, entre todos os outros, suprema e perfeitamente racional[370].

Assim, o limite mais significativo da racionalidade é que, embora possa excluir muitos princípios putativos de ação como "discursivamente impossíveis", deixa em aberto a possibilidade de que possa haver uma pluralidade de sistemas igualmente racionais de raciocínio prático, diferentes em sua substância prática embora não em sua forma racional. A racionalidade é, então, um elemento comum em todo sistema aceitável de razão prática, mas não um que pode determinar a escolha entre possibilidades igualmente racionais. Atribuir um valor ou virtude universal é também fundamental. Contudo, se os agentes racionais devem escolher racionalmente entre esquemas ou sistemas de ação igualmente racionais ou crenças teóricas (especulativas), devem fazê-lo por algum padrão que não seja a própria "racionalidade".

368 *Ibidem*, p. 196.

369 MACCORMICK, Neil. WEINBERGER, Ota. *Op. cit.*, p. 197.

370 *Ibidem*, p. 198-199.

Questiona MacCormick se a dificuldade seria a de que os valores aos quais se poderia apelar nesta avaliação já seriam valores gerados em algum sistema ou sistemas de raciocínio prático. Há, no entanto, pelo menos a possibilidade de que existam algumas qualidades que, como a própria racionalidade, devem ser valorizadas dentro de qualquer sistema racional[371].

Para ele, a racionalidade é uma virtude fundamental, ainda que limitada na esfera do raciocínio prático, pois embora sempre seja essencial, às vezes é um guia indeterminado. Entre princípios e sistemas da vida que são mutuamente incompatíveis, pode ser impossível justificar uma escolha apenas com base no fato de que um é mais racional que o outro. Vários sistemas incompatíveis podem ser igualmente racionais como tais[372].

Se tais limites à racionalidade no discurso prático forem reconhecidos, seria, na opinião de MacCormick, um grande erro supor que sejam permanentes, absolutos ou demonstráveis anteriormente. O que ele confronta aqui, em sua compreensão, provavelmente será um limite nas capacidades de raciocínio, refletindo a racionalidade imperfeita das deliberações sobre esses assuntos até agora, como um limite inerente à orientação que os requisitos de uma concepção adequada de racionalidade podem dar. Para ele, parece improvável que um dia deixe de ser verdade que haverá outras virtudes humanas além dos requisitos da racionalidade, nas quais se encontram as razões finais para escolhas fora da orientação da racionalidade, embora não substituam seus constrangedores[373].

As virtudes fundamentadas na experiência de fato não cancelam ou derrotam os requisitos de "lógica" ou racionalidade; mas fornecem bases racionais de escolha além dos limites, sendo pré-descritos pelo respeito aos requisitos formais da própria racionalidade[374].

No que tange à moralidade institucional, esta trata da existência de uma analogia apropriada entre o caso particular do raciocínio jurídico e a racionalidade prática em geral[375].

Um processo judicial racional exigiria que houvesse normas que pretendessem governar a conduta de uma população no sentido de provar padrões para sua avaliação crítica. Sob tais normas, algumas formas de conduta

[371] *Ibidem,* p. 199-200.

[372] MACCORMICK, Neil. WEINBERGER, Ota. *Op. cit.,* p. 200.

[373] *Ibidem,* p. 200.

[374] *Ibidem,* p. 200.

[375] *Ibidem,* p. 201.

são excluídas, visto que são tidas como "erradas", enquanto alguns métodos para alcançar a aplicação legal de acordos voltados para fins privados seguros são "válidos", outros "inválidos", e assim por diante. Essas normas devem ser universais em termos de conteúdo (mas podem ter aplicação mais ou menos geral) e devem ser coerentes, ou seja, livres de conflito ou contradição mútua. Para garantir a aplicação regular e consistente dessas normas em casos individuais, deve haver pessoas nomeadas para funções judiciais, bem como processos de julgamento de questões controvertidas devem incluir um método racional de apuração de fatos. O sistema contínuo de adaptação e revisão de todo o corpo de normas exige a existência de um legislador aconselhado por um órgão especializado de juristas treinados[376].

Segundo MacCormick, essa imagem de um sistema jurídico é facilmente reconhecível, por se tratar de um esboço de O Conceito de Direito, como exposto na referida obra de Hart, ou de tantos outros textos que poderiam ser citados em apoio a esse esboço. E, assim, a ideia de um processo jurídico "racional" derivado da explicação anterior da racionalidade gerou uma visão do processo jurídico racional que não tinha nenhuma semelhança com as concepções atuais dos sistemas jurídicos[377].

Para o referido autor, o que é exigido pela estipulação de um sistema de normas consistente e livre de conflitos é um sistema de regras relativamente específicas e, na maioria dos casos, legislativamente projetadas e elaboradas, cada uma delas declarada como tendo uma esfera cuidadosamente demarcada de aplicação distinta da outra, salvo no caso de exceções explícitas ou qualificações feitas de uma regra a outra. Na concepção dele, tal perfeição do desenho legislativo não é alcançada em nenhum lugar e as deficiências são corrigidas pelo recurso a máximas como *specialia generalibus derogant, lex posterior priori derogat* e outros cânones de interpretação e construção semelhantes em carimbo. O processo de implementação desse sistema é direto. Assim, sempre que os fatos gerais que uma regra estipula possam ser estabelecidos pelo processo probatório racional para serem particularmente instanciados em um caso particular, a consequência prevista na regra deve ser implementada especificamente. Onde isso não for possível, não há razão suficiente para implementar a consequên-

376 *I* MACCORMICK, Neil. WEINBERGER, Ota. *Op. cit.*, p. 201.
377 *Ibidem*, p. 201.

cia legal prevista nessa regra. Esse processo de aplicação de regras é um processo simples de lógica dedutiva[378]. Por meio do processo de aplicação de regras específicas, em casos particulares, o sistema inteiro de regras é extremamente complexo.

Um processo legal como esse constitui uma estrutura ou sistema de "racionalidade direcionada a valores", nos termos weberianos: atos particulares sob o sistema são todos juridicamente corretos ou incorretos e, do ponto de vista jurídico, o ato de uma ação estar errada é razão suficiente para não praticá-la, seja qual for o objetivo individual do ato ilícito do agente. E todos os atos normativos alegados são válidos ou inválidos e, se forem válidos, quaisquer atos que conflitem com a disposição feita por esse meio, por sua vez, estão errados. Assim, concebido como um sistema de regras, um sistema jurídico é um sistema altamente desenvolvido de racionalidade prática de segunda ordem, como foi explicado previamente. Ele fornece um conjunto permanente de razões de exclusão, afastando a atuação mesmo com propósitos sobre os quais, no primeiro nível, pareceria ou poderia parecer racional agir[379].

Segundo MacCormick, boa parte do debate contemporâneo é devotada à reintegração, de uma forma ou de outra, da concepção de razões de princípio como superiores ao raciocínio a partir de meras regras, assim como de razões de substância, como tendo primazia sobre meras "razões de autoridade" no discurso jurídico. Na medida em que tais argumentos buscam subverter ou refutar a teoria de que os sistemas jurídicos incluem centralmente sistemas de regras no sentido estrito e específico, eles estão claramente errados. Entretanto, se eles são interpretados como argumento de que a racionalidade jurídica, ou o raciocínio jurídico à luz de um discurso racional, deve sempre incluir mais do que o mero raciocínio das regras, eles estão mais do que corretos[380].

O argumento mencionado anteriormente, em relação às escolhas entre razões práticas de primeira ordem, aplica-se também à primeira ordem da racionalidade legal na justificação das decisões (que é, confusamente, no segundo nível da racionalidade prática geral). Por mais que os legisladores possam evitá-lo, sempre existem conflitos de possíveis interpretações de

[378] *Ibidem*, p. 201-202.

[379] MACCORMICK, Neil. WEINBERGER, Ota. *Op. cit.*, p. 202.

[380] *Ibidem*, p. 203.

regras estabelecidas sobre o que deve ser classificado adequadamente como englobado pelos termos estipulados como fatos operacionais de uma regra e até mesmo entre as regras. Se podem haver razões para se escolher entre razões conflitantes, elas devem ser de ordem superior. E se essas tomam a forma de princípios jurídicos, como geralmente acontece, a grande generalidade de tais princípios garante que, em muitos casos, eles também entrem em conflito. No entanto, ainda haverá escolhas a fazer. Para uma determinada área de controvérsia, coberta por pelo menos dois princípios gerais de direito, cada um dos quais apoia uma resolução diferente do conflito jurídico e prático de ordem inferior, que deve governar o caso em questão. Que tipo de razões podem ser apresentadas na justificativa de uma escolha, que é uma decisão, de um jeito ou de outro?

MacCormick responde a essa questão no seguinte sentido: como tal veredito deve implicar em uma decisão sobre o ponto disputado de interpretação ou classificação jurídica (ou, de fato, "relevância"), nenhuma justificativa poderia ser aceita como adequadamente racional dentro do sistema se oferecesse apenas razões puramente específicas para o caso particular em disputa. Mesmo que apenas em um grau bastante modesto de generalidade, a decisão terá que ser universal ou universalizável. Contudo, ainda há uma opção a ser adotada entre possíveis decisões rivais desse tipo, cada uma tendo algum apoio no nível dos princípios legais. Algum motivo deve ser apresentado para essa escolha. Portanto, não é surpreendente que, nesses casos, os juízes pesem cuidadosamente as "consequências" de sua decisão[381].

Um exame mais cuidadoso do processo real de deliberação revela, no entanto, que a principal preocupação desse raciocínio é com consequências lógicas como implicações, em vez de consequências comportamentais de decisões ou outros resultados prováveis. O que precisa ser feito é avaliar os méritos e deméritos dos tipos de decisão em outros casos semelhantes aos quais o tribunal será cometido por sua decisão na lei sobre o ponto de disputa no caso. Está fora do domínio de propósitos particulares e dentro do domínio dos valores generalizados, supostamente mantidos pela observação geral das regras e princípios legais. No entanto, valores jurídicos são, de fato, declarações generalizadas dos propósitos, os quais, segundo a lei, é legítimo perseguir. Os valores jurídicos, como valores morais, são afir-

[381] MACCORMICK, Neil. WEINBERGER, Ota. *Op. cit.*, p. 203-204.

mações generalizadas dos propósitos que as normas do sistema geral de razões práticas autorizam a seguir. Seu apelo, distinto de sua legitimidade dentro de um esquema de racionalidade prática, é uma questão da força do comprometimento emocional ou afetivo com eles, dentro da restrição do compromisso pressuposto com a racionalidade prática[382].

Exige-se um alto grau de racionalidade, tanto na estruturação de nossos sistemas jurídicos quanto nos processos de sua administração. O raciocínio jurídico é uma forma de racionalidade prática. Não se deve subestimar a extensão do alcance da racionalidade no raciocínio jurídico, mas se deve reconhecer que existem limites em que o julgamento da experiência vai além de qualquer razão que possa ser construída dentro da lógica do direito. A racionalidade na lei e no processo legal é a primeira virtude. Há outras além dessa. Sem a busca por valores que suportam a sociedade, como a moral institucional, a mera racionalidade parece poder permitir atos que são verdadeiramente irracionais.

[382] *Ibidem*, p. 204.

6
PRIMEIROS PASSOS PARA UM INCLUSIVISMO NO BRASIL: A OBJETIVIDADE MORAL E O RESPEITO AO PLURALISMO COMO PRESSUPOSTO À CONSTRUÇÃO DA MORALIDADE INSTITUCIONAL

Neste capítulo, será trazida à baila a relação entre moralidade institucional e constitucionalismo, a partir de MacCormick, para então apresentar a teoria de J.J. Moreso e, a partir disso, tratar de pressupostos para a construção e identificação da moralidade institucional no Brasil.

6.1. Moralidade institucional e constitucionalismo: a concepção de Maccormick

A ideia de moralidade institucional e, consequentemente, o inclusivismo de MacCormick, para a presente pesquisa, necessita levar em conta alguns pressupostos para que seja adequada à realidade latina. Não escapa à observação da autora deste trabalho que a discussão acerca do positivismo jurídico é primordialmente europeia e anglo-saxã, não se vislumbrando preocupação relevante em se pensar outras realidades. Os jusfilósofos anglo-saxões, como se vê, estabeleceram um diálogo entre si que ainda é muito direcionado ao *common law*. Justamente em atenção a isso é que se defende a necessidade de pensar os conceitos postos de uma forma diferente da tradicional, com o olhar direcionado à realidade brasileira e latina.

Especificamente no caso do Brasil, verifica-se que, apesar de haver um pré-compromisso institucional, elencado na Constituição Federal de 1988, este não se baseou num costume prévio robusto, mas num ideal futuro compartilhado. Logo, muito embora haja a necessidade de uma moral institucional forte para o Brasil, especialmente diante das demandas de segurança jurídica, coerência e da limitação da discricionariedade quando há abertura do direito a moral, estamos num passo anterior ao ponto de partida de MacCormick. O autor escocês apenas extrai conclusões de sua própria realidade ao analisar e elencar um fenômeno que ele identifica no contexto britânico. Já no Brasil, falar de moral institucional tem a ver com sua identificação e construção, o que se dará quando houver preenchimento dos princípios e dos valores morais compartilhados – textura aberta e conceitos jurídicos indeterminados – positivados em nossa Carta Magna.

Para tanto, preliminarmente, trataremos da maneira na qual MacCormick compreende essa relação entre moralidade institucional e constitucionalismo.

MacCormick entende ser óbvio que qualquer teoria geral do direito deva incluir uma explicação adequada das partes mais fundamentais dos sistemas legais, ou seja, deve explicar a natureza das constituições e do direito constitucional. Dessa forma, a teoria geral do direito deve dar conta satisfatoriamente dos fundamentos da tomada de decisão jurídica, aos quais se deve recorrer na justificação de decisões, em se tratando de questões de direito constitucional. Por conseguinte, há um importante questionamento: as teorias positivistas do direito podem e fornecem uma explicação satisfatória desses assuntos? Essa questão foi colocada por Dworkin que, na ótica de MacCormick, sugere que todo o positivismo jurídico falha nesse teste.

MacCormick se propõe a abordar a discussão da jurisprudência e da constituição, por meio da crítica a Dworkin, para apresentar alguns esboços [*sketchy outlines*] do que lhe parece o caminho correto a seguir[383].

Segundo MacCormick, o problema posto por Dworkin é o seguinte: no direito constitucional, ainda que não somente nele, os argumentos jurídicos são quase sempre expressos em termos de argumentos sobre princípios básicos[384]. Não é suficiente apenas o texto escrito da lei quando a disputa envolve direitos constitucionais individuais básicos ou poderes básicos de órgãos estatais. Esses princípios, de certo modo, apoiam-se na constituição material, não podendo ser identificados como jurídicos simplesmente com referência à norma fundamental de Kelsen ou à regra de reconhecimento de Hart, o que estabelece a validade das normas jurídicas. Também não se mostra suficiente dizer que os princípios constitucionais são meramente regras cruéis aplicadas por juízes ao decidirem casos constitucionais.

383 MACCORMICK, Neil. WEINBERGER, Ota. *Op. cit.* p. 171.

384 *Ibidem*. p. 171.

Entre outras coisas, isso poderia recriar o que MacCormick chama de paradoxo realista [*realist paradox*][385], o paradoxo que deriva da visão hartiana da jurisprudência realista. O paradoxo é o seguinte: se "de um lado a constituição é definida como aquela que contém os princípios fundamentais que os juízes aplicam, enquanto que, de outro lado, os juízes devem ser pessoas cumprindo o dever definido pela Constituição, então, a questão que se coloca é quem define quem"[386].

Cabe ressaltar aqui que a realidade brasileira é diferente, pois como há uma Constituição escrita, delimitadora da atuação judicial, os juízes, em verdade, preenchem os conceitos e preceitos constitucionais, mas detém limitações quanto ao exercício de definição da Constituição. Logo, esse paradoxo serviria, até certo ponto, especialmente para o Supremo Tribunal Federal, que é o órgão constitucionalmente legitimado para dizer o que é a Constituição, dando a última palavra sobre o assunto.

Quanto ao paradoxo, Dworkin aponta que, às vezes, queremos argumentar que a Constituição não enuncia de fato aquilo que alguns juízes erroneamente dizem que ela quer dizer, e argumenta que tais erros principiológicos devem ser retificados estabelecendo o verdadeiro sentido da lei ao invés de entender que haveria a necessidade de promulgar outra, substitutiva àquela[387].

MacCormick explica que isso não demonstra a falsidade das teorias positivistas, nem de Kelsen, nem de Hart pois, para ele, "o positivismo jurídico, em respeito a isso, é ele mesmo um discurso contra a teoria do erro, pois expõe o erro não só na crença popular mas, em verdade, na retórica popular"[388]. Agora, "o Direito é como é, e os argumentos para mudá-lo não devem ser usados como argumentos de que realmente tem sido assim o tempo todo"[389].

385 *Ibidem*. p. 172.

386 Tradução livre de: "*The paradox is that on the one hand the constitution is defined as the fundamental principles which the judges implement, while on the other hand judges are supposed to be persons holding an office defined by the constitution – so who dines whom*". MACCORMICK, Neil. WEINBERGER, Ota. *Op. cit.*, p. 172.

387 *Ibidem*, p. 173.

388 Tradução livre de: "*Positivism, in this respect, is itself as against ordinary discourse an 'error theory', since it exposes error in popular belif and indeed popular rethoric*". *Ibidem*, p. 173.

389 "*The law is now how it is, and arguments for changing it should not be dressed up as arguments that it has really been that way all along*". *Ibidem*, p. 173.

Mesmo assim, isso seria, aparentemente, mais satisfatório se se pudesse encontrar uma teoria que permitisse escapar do paradoxo realista e reestabelecer a possibilidade de se reconhecer o erro judicial. E esta teoria é justamente aquela que trata da moralidade institucional.

Há importantes diferenças do método geral e da análise particular entre as teorias de direito de Kelsen, Hart e Austin. O ponto de MacCormick é lembrar que cada um deles busca responder, à sua maneira, a questão acerca da explicação e da descrição das instituições, cuja justificação política é um papel provido pela moralidade institucional dworkiniana. Relacionado a isso está o questionamento sobre como explicar e descrever a qualidade sistematicamente interrelacionada das inúmeras instituições encontradas em qualquer ordem jurídica.

Sobre isso, MacCormick esclarece que a teoria da moralidade institucional não pode ser aplicada à tarefa de responder a essas questões, considerando que ela já pressupõe algumas respostas para elas. Se a resposta deve ser em termos de leis constitutivas e regulativas, retorna-se aos recursos analíticos da teoria do positivismo jurídico; embora se possa desejar fazer a análise enquanto se aceita apenas uma forma qualificada do postulado positivista de uma estrita distinção conceitual entre o jurídico e o moral.

MacCormick conclui que a linha mais proveitosa de análise positivista para refinar e desenvolver a sua própria teoria é a linha hartiana, devido ao método hermenêutico. Porém, com a ressalva de que isso não implica, no entanto, no endosso de todas as conclusões particulares de Hart, relativas a regras primárias de obrigação e regras secundárias de reconhecimento, adjudicação e alteração legislativa[390].

Um exemplo dessa discordância está na relação supostamente existente entre uma regra de reconhecimento e a Constituição. Alguns identificariam a regra de reconhecimento com a Constituição, porém, para MacCormick, uma constituição escrita, como a alemã ou a norte-americana, dificilmente poderia ser considerada, em si, uma regra de reconhecimento. Ressalto aqui que a Constituição brasileira estaria mais próxima dessas duas, por ser escrita. Para tanto, ele apoia a ideia do *Chief Justice* Marshal de que a primeira e mais fundamental obrigação dos juízes, em países de Constituição positivada, é defender e efetivar a Constituição, de modo que a própria deve ser reconhecida como instância suprema de lei vincu-

390 MACCORMICK, Neil. WEINBERGER, Ota. *Op. cit.*, p. 183.

lativa. E é por esse motivo que MacCormick defende que a Constituição não se identifica com a regra de reconhecimento, mas é reconhecida por ela. Dado seu caráter vinculativo, a Constituição fornece critérios adicionais, mas subordinados, para o reconhecimento das leis como vinculativas para os cidadãos e os tribunais[391].

Para ele, a sobrevivência de uma ordem constitucional depende do costume, isto é, do costume de encaminhar todas as questões legais para, em última análise, serem regidas por e sob as disposições estabelecidas na carta constitucional. Esse costume não se reduz a uma mera questão de fatos vistos de forma puramente externa[392]. Para MacCormick, "não é o 'ser' de um observador que, por algum processo misterioso, se transforma no 'dever' de um participante"[393]. O costume, como ele compreende o termo, é uma emanação da razão prática humana aplicada à necessidade prática de assegurar um quadro estável da convivência em comunidade[394]. Isso se constitui pelo compartilhamento dos julgamentos acerca de como deve se realizar a coexistência entre os julgamentos práticos (dentro dos limites do direito) e a tomada de decisão coletiva de uma comunidade. Ainda que, segundo ele, o consenso nunca seja perfeitamente alcançado, sendo sempre precário em algum grau (algumas vezes resolvendo-se somente por meio de guerra), o costume de uma pessoa pode ser a coerção de outra, porém, a coerção desse último nem sempre é desarrazoada. Muitas vezes, no entanto, ela é, sim, desarrazoada, afinal, quanto mais perversos e distorcidos forem os julgamentos da razão prática incorporados no costume fonte de regras, ou postos em prática sob ele, menos razoável é o cumprimento extraído de regras.

Nesse ponto, fica claro o distanciamento dessa teoria da realidade brasileira. Há dificuldades impostas ao reconhecimento de um costume que abarque todo nosso país, dada a sua dimensão continental, seus regionalismos e a heterogeneidade dos grupos sociais. Como se verá quando da análise de dois casos julgados pela Cortes Superiores, o conteúdo dos princípios e o peso moral dos conceitos não é univocamente pré-estabelecido, mas, sim, influenciado por um certo populismo.

[391] *Ibidem*, p. 183.

[392] MACCORMICK, Neil. WEINBERGER, Ota. *Op. cit.*, p. 184.

[393] Tradução livre de *"It is not an observer's "is" which by some mysterious process transmogrifies into a participant's "ought"*. *Ibidem*, p. 184.

[394] *Ibidem*, p. 184.

O que se verifica é que o clamor das massas é levado em conta quando da abertura do direito à moral. Logo, no Brasil, para se poder falar de moral institucional, precisamos dar um passo atrás, para buscar identificá-la, construí-la e fortalecê-la, porque estamos em uma democracia nova, surgida de uma ruptura, de modo que a moralidade institucional anterior passa a não mais servir.

A Constituição Brasileira de 1988 elenca princípios pensados para o futuro, para o país que a Assembleia Constituinte desejou e idealizou após os "anos de chumbo" da ditadura militar e não uma Carta que simplesmente positiva costumes.

Nesse ponto, vê-se o ponto de inadequação da posição de MacCormick à nossa realidade pois, para ele, o costume se revela a base fundamental de qualquer constituição estável e duradoura. É possível dizer, na sua perspectiva, que o ponto de vista interno é um exercício de razão prática emitido a partir do consentimento de muitos e diversos indivíduos a uma alocação de autoridade para regular, adjudicar e levar adiante a administração pública naquilo que esses indivíduos consideram como uma comunidade. A ideia de ordem sobre o caos é um dos valores que justificam o consentimento social ser concedido como subserviente, sendo a ordem em questão, frequentemente e, também, manifestamente, mais favorável ao interesse privado daqueles que concordam com isso com mais veemência.

Se é assim, tem-se que o costume não é, em si mesmo, um repositório de regras, mas um conjunto de atitudes práticas para padrões de conduta, os quais podem ser moldados em regras relativamente articuladas por juízes e legisladores. Assim, para MacCormick, o costume é o que legitima regras promulgadas ou formulações de autoridades. Diante disso, o ponto daquilo que Dworkin chama de moralidade institucional, na ótica de MacCormick é, precisamente, o enquadramento de uma moralidade institucional com o objetivo de expor atitudes práticas como um conjunto de princípios completamente articulados[395].

Contudo, isso não retira o mérito da tentativa de MacCormick de demonstrar o ponto de intersecção entre duas empreitadas: uma é a de buscar elucidar, em termos gerais, os padrões estruturais e sistêmicos do direito no nível legal e institucional; e a outra é fazer uma asserção de

[395] MACCORMICK, Neil. WEINBERGER, Ota. *Op. cit.*, p. 186.

que a vida do direito é um esforço permanente para cumprir os imperativos morais práticos implícitos nas instituições jurídicas e nas regras legais[396].

O ponto de interseção, portanto, é o reconhecimento do costume como razão prática compartilhada que, ao assentir com a necessidade de uma alocação de autoridade por meio de um acordo ou estabelecimento de regras, ainda mantém sua perspectiva mais ampla como uma razão prática geral que busca estabelecer os princípios pelos quais devemos ser governados por aqueles que alcançam posições de autoridade constitucionalmente[397].

A conclusão oferecida por MacCormick é a de que não se pode nem descartar as elucidações positivistas acerca das normas constitucionais e tampouco se pode se contentar com elas como completas em si mesmas. Por outro lado, por maior que seja a força da sugestão alternativa de Dworkin, ela exige algo a mais do que abandono da investigação analítica dos positivistas[398].

Diante desse panorama, passa-se a tratar de pressupostos para a construção de moralidade institucional no Brasil, a partir da teoria de J. J. Moreso.

6.2. Inclusivismo latino e constitucionalismo: a teoria de J. J. Moreso

Josep Joan Moreso é jusfilósofo e professor da Universidade Pompeu Fabra em Barcelona, onde foi reitor de 2005 a 2013. Possui licenciatura e doutorado em Direito pela *Universidade Autónoma de Barcelona*, tendo conquistado o "*prémio extraordinário*" em ambos os casos, e lecionou na *Universidade Autónoma de Barcelona* (1988-1995); Universidade de Girona (1996-2000) e Universidade Pompeu Fabra (2000-2005). Em 2010 recebeu o título de doutor honorário da Universidade de Valparaíso, no Chile, por sua carreira como acadêmico e jurista. Desde 2013 ele é presidente da *AQU Catalunya*[399].

É autor de um vasto número de obras e artigos jurídicos, porém, diante do recorte deste trabalho, será explorada, principalmente, a obra *La Constituición: Modelo para Armar*, ainda que serviram de base a estra trabalho *El Positivismo Jurídico Contemporâneo, El Derecho: Diagramas Conceptuales, Introducción a La Teoría del Derecho, La Indeterminación del Derecho y la Inter-*

396 *Ibidem*, p. 186.

397 *Ibidem*, p. 186.

398 MACCORMICK, Neil. WEINBERGER, Ota. *Op. cit.*, p. 186.

399 UNIVERSITAT POMPEU FABRA BARCELONA. Disponível em: https://www.upf.edu/web/moreso. Acesso em 20 out. 2020.

pretación de la Constituición e, ainda, a entrevista concedida por Moreso a Francisco Sifuentes.

Moreso está inserido em um cenário latino de *civil law*, o que o aproxima da realidade brasileira, de modo que suas reflexões sobre problemas e soluções cabíveis à sua realidade podem ser aproveitados. Muito embora tenha estudado em Oxford, sob orientação de Joseph Raz, e tenha forte influência da tradição anglo-saxã, ele também se revela influenciado pela escola argentina de Carlos Santiago Nino, Ernesto Garzón Valdés e Eugenio Bulygin, pela tradição norte-americana, especialmente por Dworkin[400], bem como passou um tempo pesquisando na Itália (Universidade de Gênova) e, ainda, foi interlocutor de Alexy, dentre outros tantos filósofos[401].

A relevância de trazer a discussão posta neste livro– qual seja, pensar o positivismo jurídico – para o mundo latino é tamanha que, em 2014, houve a criação, capitaneada por Manuel Atienza, de um Congresso com este intuito, o ILATINA – Congresso de Filosofia do Direito para o Mundo Latino, cuja apresentação se coloca da seguinte forma:

> O mundo latino tem investido na construção de uma jusfilosofia que objetiva produzir epistemologias e referências conceituais a partir de contextos latinos, de modo a contribuir para a transformação das instituições jurídicas, políticas e sociais. Considerando a preponderância do mundo anglo-saxão em termos da produção e articulação do pensamento jusfilosófico em nível internacional, pareceu apropriada a viabilização de uma alternativa equivalente para o mundo latino.[402]

Feitas essas considerações, passa-se a tratar da filosofia de Moreso. Ele defende sua posição inclusivista, com forte relação com o neo-constitucionalismo, ao que deixa claro que o contexto em que está inserido, assim como o brasileiro, necessita que discussões morais cheguem às cortes,

[400] Sobre o diálogo entre a teoria de Dworkin e a de Moreso, recomenda-se a leitura de: MERLIN DE ANDRADE, Melanie. **Entre J.J. Moreso e R. Dworkin: Conexões Entre Objetivismo Moral, Liberalismo Político E Democracia.** *In* SERBENA, Cesar Antonio (ed). Colloquia philosophica: diálogos com Joseph J. Moreso. Curitiba: UFPR, 2019, p. 27-39.

[401] SIFUENTES, Francisco M. Mora. **Os intocáveis do Direito. Entrevista com Josep Joan Moreso.** *In* SERBENA, Cesar Antonio (ed). Colloquia philosophica: diálogos com Joseph J. Moreso. Curitiba: UFPR, 2019, p. 122-138.

[402] ILATINA – Iusfilosofía del mundo latino. Disponível em: https://www.conpedi.org.br/eventos/ilatina/#apresenta%C3%A7%C3%A3o. Acesso em 20 set. 2020.

dado ao histórico cultural ocidental-cristão-burguês-patriarcal que, ainda hoje, sugere determinadas orientações da concepção de direitos humanos. Justamente por isso é que, neste trabalho, escolheu-se a teoria deste autor para aperfeiçoar a ideia de moralidade institucional de MacCormick.

J. J. Moreso apresenta a tese da incorporação do seguinte modo: "Quando as fontes do direito (a Constituição, as leis, os precedentes judiciais, por exemplo) incluem conceitos e considerações morais, o que o direito estabelece tem de ser identificado mediante o uso da argumentação moral"[403]

Para ele, essa fórmula evoca um dos prismas possíveis da incorporação, mas nada diz acerca da justificação dos atos jurídicos, se deve ser moral ou se a existência do direito contém, de modo necessário, algum valor moral. Moreso[404] explica que, quanto à relação entre a identificação do direito e da argumentação moral, as relações, do ponto de vista da moralidade, podem ser somente de três tipos: ou são necessárias ou são impossíveis ou são contingentes.

Para o referido autor, é possível que a identificação do direito dependa da moralidade. Porém, a ideia da tese da incorporação é, precisamente, a de que algumas vezes aquilo que o direito estabelece pode depender de argumentos morais, de modo que a identificação do direito se revele contingente e, portanto, compatível com sistemas jurídicos cujas fontes remetam à moralidade e com sistemas que não realizem essa remissão[405].

Assim, tem-se o constitucionalismo incorporacionista:

> Moreso apresenta as razões que tornam compatível a incorporação de diretrizes morais na legislação com o ideal ilustrado de certeza do direito. E é a isso que ele propõe chamar de constitucionalismo incorporacionista. Trata-se do ideal ilustrado da certeza da lei, partindo do pressuposto que a inflação legislativa, juntamente com certo descuido no processo de elaboração legislativa, acarreta imprecisões e obscuridades que poderiam ter sido evitadas. Para ele, é indiscutível que a certeza é um ideal de regulação legal, que é valiosa. Porém, ressalta que devemos determinar as razões que contam em favor da certeza, a fim de estabelecer se é importante derrotar qualquer tipo

[403] Tradução livre de "*Cuando las fuentes del derecho (La Constitución y las leyes, por exemplo) incluyen conceptos y consideraciones morales, lo que el Derecho estabelece há de ser identificado mediante el uso de la argumentación moral*". MORESO, J.J. ***El Derecho: Diagramas Conceptuales.*** Univeridad Externado de Colombia, Bogotá: 2017, p. 142.

[404] *Ibidem*, p. 143.

[405] *Ibidem*, p. 145.

de razão contra ela. Na concepção de Moreso, muitas vezes, as razões criadas para conferir certeza ao direito estão relacionadas ao valor dado à autonomia pessoal, que está relacionada à capacidade de escolher e executar seus planos de vida, e apenas leis claras, precisas e cognitivas permitem que as pessoas escolham e tracem seus planos de vida com segurança. Porém, não haveria razões suficientes para que o ideal de certeza fosse levado ao extremo, porque Moreso acredita que a autonomia pessoal também exige deixar aberta a possibilidade de que os destinatários das regras argumentem a favor da justificativa de sua conduta, quando as regras são *prima facie* violadas. Para fazer isso, as normas legais devem, em muitas ocasiões, possibilitar a seus seus destinatários o recurso às razões subjacentes (que são de natureza moral) para explicar seu comportamento.

Logo, tem-se que se admite certa relativização do ideal de certeza do direito em prol da abertura do sistema para a moral (objetivamente falando). Apenas dessa forma será garantida a autonomia pessoal dos indivíduos e, por consequência, o liberalismo político e a democracia. Trata- se do chamado constitucionalismo incorporacionista[406].

O constitucionalismo, para ele, está relacionado aos direitos humanos, ao que Moreso[407] esclarece o seguinte:

> É certo, por outro lado, que alguns autores (entre os quais se destaca Hans Kelsen), pensaram que o melhor fundamento do liberalismo político, da democracia e dos direitos humanos era sob uma doutrina cética em matéria moral. Mas creio que esse argumento contém um espetacular *non sequitur.* A doutrina dos direitos humanos, por exemplo, pressupõe que há razões para que os governos não estabeleçam uma censura previa às publicações. Essa ideia pressupõe uma concepção da liberdade de expressão que forneça razões decisivas a favor de não autorizar o controle prévio das publicações por parte do governo. Por outro lado, se somos céticos em matéria moral, pensamos consequentemente que não há razões decisivas para proibir a censura, como não há para autorizá-la. E se não há razões decisivas, não há modo de justificar tal proceder, nem seu contrário. A ideia, muito difundida, de que o ceticismo ético leva à tolerância é também errônea. A tolerância é uma posição moral que diz que, em determinado âmbito, temos que aceitar ações, modos

406 Merlin de Andrade, Melanie. *Op. cit.*, p. 27-39.

407 Moreso, J.J. *Op. cit.* 2017, p. 130.

de vida, opiniões, distintas das que nós preferimos. O ceticismo é incapaz de fundamentar essa posição posto que para os céticos nenhuma posição moral, nem a do tolerante nem a do intolerante, tem fundamento.

Por conseguinte, Moreso[408] entende que a doutrina moral dos direitos humanos pressupõe o objetivismo ético, ainda que ressalve que isso não outorga a vantagem inicial de que, no espaço da objetividade moral, somente temos a força das razões. Segundo ele, é possível que determinadas orientações da concepção de direitos humanos (orientações ocidentais, machistas, burguesas ou o que se quiser) embaçam a visão adequada das coisas. Quanto a isso, Moreso afirma que que "o espaço da objetividade é o espaço das razões, não o espaço de nossos prejulgamentos" [409].

Moreso[410] conclui que:

> Qualquer teoria jurídica deve ter compatibilidade com duas dimensões do direito que se encontram em tensão. De um lado, o direito tem uma dimensão substantiva, regula o comportamento, estabelece deveres e direitos dos cidadãos, que podem obviamente ser vulneráveis. Ao exercer esta função, o direito, algumas vezes, remete a argumentos morais e, desse modo, faz com que a correção e a validade jurídica dependam do acordo com a moralidade de determinadas ações. De outro lado, o direito tem uma dimensão procedimental, estabelecendo por meio de procedimentos quais são as autoridades jurídicas com competência para por fim a controvérsias. Esta dimensão não pode estar aberta à moralidade, porque senão seria virtualmente impossível por fim às controvérsias. A dimensão processual do direito lhe confere a necessária estabilidade em que repousam as múltiplas controvérsias e desacordos sobre as questões substantivas.

408 *Ibidem*, p. 130.

409 *Ibidem*, p. 130.

410 Tradução livre de: "*Cualquier teoria jurídica debe hacer compatible dos dimensiones del derecho que se hallan em tensión Por un lado, el derecho tiene una dimensión sustantiva, regula el comportamento, establece deberes y derechos de los ciudadanos, que pueden obviamente ser vulnerados. Al ejercer esta función, el derecho alguns veces remite a la argumentación moral y, de este modo, hace que la correción y validez jurídica dependa del acuerdo com la moralidade de determinadas accions. Por otro lado, el derecho tiene uma dimensión procedimental, establece mediante qué procedimientos caules son las autoridades jurídicas que ponen fin a las controversias. Esta dimensión no puede estar aberta a la moralidade, porque entonces sería virtualmente imposible poner fin a las controversias.La dimensión procesal del derecho le confiere de la necessária estabiidad em la que descansan las múltiples controversias y desacuerdos sobre las cuestiones substantivas*". MORESO, J.J. *Op. cit,.* 2017, p. 179.

No Brasil, como será demonstrado por meio da análise de alguns julgamentos, é possível identificar o problema de ausência do reconhecimento de uma moralidade institucional, o que acaba fazendo com que as diretrizes institucionais variem de acordo com a posição ideológica dos donos do poder. Em consequência, há uma gritante incoerência entre leis[411], diretrizes, decisões judiciais e interpretação jurídica, tal qual explicitado nos casos apresentados neste trabalho. Afinal, sem reflexão acerca de qual seja a moral institucional de base, não há como se controlar, tampouco estabelecer limites ao modo pelo qual a moral se apresenta no direito.

Conforme tratado anteriormente, para MacCormick, a moralidade institucional tem duas dimensões: a) o melhor encaixe possível nas instituições legais e políticas de uma sociedade; b) o dever de se aproximar ao máximo do ideal de moralidade política fundamental[412], desde que consistente com o requisito de adequação nas instituições legais e políticas. Nesse esteio, o conceito capta um conjunto de princípios concebidos com o objetivo de fazer o máximo sentido moral nas instituições políticas existentes.

Em se tratando das democracias constitucionais, segundo Moreso, não existe um acordo sobre os seus aspectos centrais, no seguinte sentido: primeiro, não existe acordo acerca de quais tipos de razões amparam esse modelo, tampouco se entre elas estão as razões morais; em segundo lugar, não existe acordo sobre como se deve deixar de fora das decisões democráticas, tomadas nos termos da regra da maioria, a concepção acerca do ideal das democracias constitucionais, ou seja, concretamente, falta restar acordado sobre quais questões, na hipótese de haver alguma, devem ficar à margem das decisões democráticas de acordo com a regra da maioria[413].

Moreso se propõe a tratar da questão acerca de qual deve ser a teoria da intepretação nos (numerosos) casos em que as declarações de direitos

[411] A exemplificar isso está a situação dos diversos (mais que sete) Decretos expedidos em menos de dois anos, regulamentando a questão das armas no Brasil. Para tanto, sugere-se a leitura de: HUFFPOST BRASIL. **Um ano após 1º decreto de armas de Bolsonaro, confusão sobre regras em vigor impera.** Disponível em: https://www.huffpostbrasil.com/entry/1-ano-decreto-armas_br_5e1f57b6c5b673621f6f73ae. Acesso em 17 ago. 2020. E SUPREMO TRIBUNAL FEDERAL. **Partidos pedem que STF declare nulidade de decretos que regulamentam o Estatuto do Desarmamento**. Disponível em: stf.jus.br/portal/cms/verNoticiaDetalhe.asp?idConteudo=412975&caixaBusca=N. Acesso em 17 ago. 2020.

[412] MACCORMICK, Neil. WEINBERGER, Ota. *Op. cit.*, p. 174.

[413] MORESO, José Juan; ***La Constituición: Modelo para Armar***. Marcial Pons: Madrid, 2009. p. 22-23.

remetem a conceitos e juízos de valor. Segundo ele, as constituições, nas democracias contemporâneas, contêm muitos termos valorativos em suas declarações de direito, os quais conduzem à questão acerca da identificação do direito sem o recurso a argumentos morais[414].

A moralidade institucional, a partir disso, serviria como uma ferramenta para se chegar na justiça processual perfeita que, segundo Moreso, é aquela em que se dispõe de um critério prévio e independente do que é justo, e qual o procedimento a se seguir para assegurar a satisfação desse critério[415].

Em decorrência dessa integração coerente do direito, a partir da compreensão (formulação, identificação) de uma moralidade institucional, naturalmente, questões envolvendo unicidade se assentam, como é o caso do uso dos precedentes. Com um direcionamento, é certo que as decisões judiciais poderão conversar entre si, sofisticando as discussões e gerando segurança, ainda que com a possibilidade de evolução de valores a permear uma sociedade supercomplexa.

Note-se que não se trata da moral de um grupo imposta sobre os demais, mas é imprescindível que ela respeite a pluralidade das sociedades contemporâneas e sua complexidade.

Ao tratar no tópico anterior da teoria de MacCormick, falou-se em diversos pontos acerca da ideia de pré-compromisso. Nas constituições rígidas, como a brasileira, a proteção desse pré-compromisso acontece de maneira diversa do que nas constituições flexíveis, como é o caso do contexto em que o referido jusfilósofo está inserido.

A ideia de pré-compromisso, segundo Moreso[416], está expressa adequadamente no ideal de democracia constitucional. Nesse sistema, determinadas matérias (como direitos fundamentais, estrutura territorial do Estado, divisão dos Poderes, etc.) são eleitas para ficar de fora da agenda política cotidiana e, portanto, fora do debate público e legislativo, dado que a regra da maioria só valeria para a agenda política do resto das questões.

Moreso[417] explica que, também para as decisões coletivas, vale o pré-compromisso. Isso se daria ante a exclusão da possibilidade de tomar

[414] *Ibidem*, p. 35 e ss.

[415] *Ibidem*, p. 123.

[416] MORESO, José Juan. ***La Indeterminación del Derecho y la Interpretación de la Constitución.*** *Centro de Estudios Políticos y Constitucionales*: Madrid, 1997, p. 166.

[417] *Ibidem*, p. 166.

algumas decisões no futuro, com o objetivo de preservar conteúdos especialmente valiosos. E é essa eleição de conteúdo que difere o poder constituinte e o poder constituído.

A fim de relacionar a ideia de MacCormick com a de Moreso – inserida dentro da ideia de democracia constitucional – temos que esse pré-compromisso deve ir além dos direitos elencados e limites fixados na constituição, também dando conteúdo aos direitos e princípios.

Entretanto, pressupostos e limites devem ser observados quando da construção dessa moral institucional e do conteúdo dos direitos – que é o que se encontra em disputa. O primeiro pressuposto é a ideia de que existe um objetivismo moral e o segundo é o respeito ao pluralismo, fundamental para a existência de uma democracia constitucional.

6.3. Pressupostos para a construção e identificação da moral institucional no Brasil a partir de Moreso: objetividade moral e o argumento *reductio ad ratzingerum*

Como mencionado neste trabalho, a ideia de moral institucional, tal como inicialmente concebida por MacCormick, pressupõe a identificação de um compromisso institucional que já foi pré-estabelecido historicamente, dado que ele está inserido numa sociedade cujo costume foi fortemente e paulatinamente estabelecido na construção daquela nação e daquele povo.

Contudo, como já visto, este não é o caso do Brasil, em que o conteúdo dos princípios elencados na Constituição de 1988 ainda está em disputa, ao que se denota a necessidade de construção de uma moral institucional a fim de que se estabeleça a segurança jurídica e a coerência, para que as decisões não fiquem ao sabor das massas ou do grupo político dominante.

Não bastasse isso, nosso sistema legal, herança ibérica (por isso também a escolha de Moreso), aproxima-se da estrutura kelseniana, e não da tradição do *common law* austiniano e, portanto, de MacCormick.

Para tanto, é imperioso que se estabeleçam pressupostos quando da construção da moral institucional. O primeiro é aceitar que é possível o objetivismo moral e combater subjetivismos. E o outro, inegociável, é o respeito ao pluralismo, base de qualquer democracia.

Moreso é um defensor do objetivismo moral e sua incorporação ao direito, posição que se acolhe neste trabalho. Consigna ele: "Não compartilho plenamente essa posição [referindo-se ao positivismo ético ou normativo], mas creio que o ideal que está presente nela teria que ser compatível com o ideal que subjaz o *positivismo jurídico inclusivo*"[418].

O objetivismo moral defendido por Moreso sustenta que há "juízos morais verdadeiros, aqueles que aceitariam os agentes morais racionais e razoáveis"[419]. Trata-se de uma posição construtivista em moral próxima da apresentada por Nino, que pretendeu formular uma via intermediária entre as posições Rawls e Habermas[420]. O catalão acredita que a tarefa fundamental da metaética esteja em "justificar a objetividade de nossa prática moral, de nossa prática de elogiar e censurar os comportamentos, de atribuir responsabilidade aos agentes morais que são seres sensíveis às razões"[421].

Na compreensão de Moreso, para garantir a moralidade institucional frente a um cenário latino, com forte influência patriarcal e religiosa e, portanto, opressora de minorias, ao tratar da moralidade objetiva, ele oferece um interessante argumento adicional, para a garantia do pluralismo, que ele chama de *reductio ad Ratzingerum*[422].

Relata Moreso que, durante o conclave que elegeria Joseph Ratzinger como papa, em uma homília pragmática de seu pontificado, ele denunciou o que chamou de "ditadura do relativismo"[423] que, em sua opinião, não reconheceria nada como definitivo e que deixaria a pessoa, como última coisa, com seus próprios desejos. O centro desse argumento seria:

> Ter uma fé clara, segundo o Credo da Igreja, muitas vezes é classificado como fundamentalismo. Enquanto o relativismo, isto é, deixar-se levar "aqui e além por qualquer vento de doutrina", aparece como a única atitude à altura dos tempos hodiernos. Vai-se constituindo uma ditadura do relativismo que nada reconhece como definitivo e que deixa como última medida apenas o próprio eu e as suas vontades.[424]

418 SIFUENTES, Francisco M. Mora. Os intocáveis do Direito. *Op. cit.*, p. 126.

419 SERBENA, Cesar Antonio (ed). ***Colloquia philosophica*:** diálogos com Joseph J. Moreso. Curitiba: UFPR, 2019 -B, p. 127.

420 *Ibidem*, p. 127.

421 SERBENA, Cesar Antonio. *Op. cit.*, 2019 -B, p. 127.

422 MORESO, José Juan. ***La Constituición: Modelo para Armar***. Marcial Pons: Madrid, 2009. p. 24-26.

423 *Ibidem*. p. 24.

424 RATZINGER, J. **Homilia do Cardeal Joseph Ratzinger Decano do Colégio Cardinalício na Santa Missa *Pro Eligendo Romano Pontifice*.** Disponível em: http://www.vatican.va/gpII/documents/homily-pro-eligendo-pontifice_20050418_po.html. Acesso em 19 ago. 2020.

O argumento apresenta duas premissas e uma conclusão[425]. As premissas são as seguintes: 1) ou se aceita na integralidade a fé católica e sua ideia de moralidade ou se está fadado ao relativismo; 2) rechaça o relativismo moral, dado que ele deixaria a pessoa à mercê e à submissão de seus próprios desejos. A conclusão de Ratzinger é, portanto, a de que a ideologia moral da Igreja Católica é a que deveria ser adotada em sua integralidade.

A partir disso, Moreso sustenta que, apesar de haver boas razões para rejeitar o relativismo moral, a primeira premissa apresenta, em verdade, um falso dilema, passível de converter todo o argumento em um "*non sequitur formidable*"[426].

Como já adiantado anteriormente, a fim de tornar a crítica deste trabalho mais plausível, compartilha-se a defesa da objetividade moral, tal qual efetivada por Moreso. Essa defesa passa pela rejeição da posição relativista. A posição relativista é aquela que entende que as razões morais nunca são razões independentes do contexto que são pensadas, que para alguns é dado por um conjunto de convicções subjetivas e para outros parte da perspectiva moral a que se adere[427].

Moreso admite que o relativismo moral pode parecer de alguma forma atrativo quando se leva em conta o pluralismo e os desacordos característicos das sociedades contemporâneas. Nesse contexto, o pluralismo é entendido como a discrepância sobre o modo que se deve abordar a vida em comum e isso "acarreta a tentação de considerar as condições morais de cada um como uma esfera opaca às razões dos outros"[428].

Note-se que a manutenção do pluralismo sempre foi uma preocupação central do positivismo jurídico, tanto que Hans Kelsen, o principal nome do positivismo jurídico continental tradicional, ao defender a pureza do direito, pensou nela como estrutura social adequada a uma realidade pluralista, valor que lhe era caro.

Em uma sociedade pluralista, o problema acaba surgindo quando se dá conta de que é preciso fixar pautas morais comuns para ações que afetam aos outros[429]. Moreso considera que "as tentativas de fundar essas

[425] Moreso, José Juan. *Op. Cit.* 2009, p. 24.
[426] *Ibidem*, p. 25.
[427] Moreso, José Juan. *Op. cit.* 2009, p. 23.
[428] Tradução livre de: "[...] *conlleva la tentación de considerar las conciciones morailes de cada uno como um ámbito opaco a las razones de los demás*". *Ibidem*, p.23.
[429] *Ibidem*, p. 23.

pautas comuns em algo distinto da moralidade são tentativas condenadas ao fracasso"[430].

Nesse ponto, compreende-se que o conjunto dessas pautas morais comuns seria justamente a moralidade institucional, que pode ser um elemento essencial a impedir o fracasso das instituições.

Defende Moreso[431] que o relativismo é uma concepção muito instável e, talvez, autodestrutiva, porque a proposição de que tudo é relativo ou é absolutamente verdadeira ou relativamente verdadeira. Se é absolutamente verdadeira, então nem tudo é relativo, se é relativamente verdadeira, então não pode ser uma doutrina global. É claro que se admite a plausibilidade de alguns relativismos locais. No entanto, em se tratando de desacordos morais, de um lado não dispomos de critérios de adequação para a delimitação dos marcos (são diversas culturas ou cada um tem a sua convicção ou, ainda, as teorias morais que cada um aceita); de outro lado, os debates acerca da correção moral da guerra do Iraque ou da prática de extirpação do clitóris "não se terminam com argumentos de essas são as conexões de uma cultura ou do foro interno de um indivíduo. 'Aqui fazemos assim' não é um bom argumento moral"[432]. Fato é que nem todas as proposições morais podem ou devem ser questionadas, afinal, ninguém em sã consciência defenderia, por exemplo, que seria correto torturar crianças por diversão, ou trair os amigos, ou assassinar alguém, ao que se pode concluir que há razões morais que ninguém rejeitaria[433].

Dessa forma, Moreso, ao questionar quais seriam os critérios para aceitar ou rechaçar um determinado juízo moral, aventura-se a sustentar que "a qualidade de um juízo moral depende das razões que sejamos capazes de oferecer a seu favor"[434]. Dessa forma, frequentemente, ao se argumentar para fundamentar no âmbito dos direitos humanos, um âmbito especialmente protegido, como a esfera razoável de conivência e cooperação

[430] Tradução livre de: "[...] *los intentos de fundar estas pautas comunes en algo distinto de la moralidad son intentos condenados al fracaso*". *Ibidem*, p. 23.

[431] *Ibidem*, p. 25.

[432] Tradução livre de: "[...] *no se terminan arguyendo que éstas son las concciones em mi cultura o em mi foro interno. 'Aqui lo hacemos así' no es um buen argumento um moral*". ". MORESO, José Juan. *Op. cit.* 2009, p. 25.

[433] *Ibidem*, p. 25-26.

[434] Tradução livre de "[...] *la calidad de um juicio moral depende de las razones que seamos capaces de ferecer a su favor*". *Ibidem*, p. 26.

mútua[435], são cabíveis muitas formas de vida moralmente valiosas "e este pluralismo contribui precisamente para tornar a vida em comum digna de ser vivida"[436].

Retomando o argumento *reductio ad Ratzingerum*, Moreso conclui que, ao abandonar o relativismo, o referido argumento sustenta que se deve aceitar a ideologia moral da fé católica. Contudo, essa posição ideológica muitas vezes não passa pelo filtro da razão pública. Cita Moreso que o catecismo da Igreja, por exemplo, no art. 2357, sustenta que os atos homossexuais são intrinsecamente desordenados, são contrários à lei natural e, a partir disso, explica que esse é um juízo que nenhuma pessoa razoável defenderia, e que "é um juízo que exclui algumas pessoas do debate público"[437]. Assim, "obviamente que os católicos podem continuar a pensar de acordo com seu catecismo, mas não podem usar esse julgamento como uma razão no fórum público"[438], pois, somente assim estariam aptos a "mostrar seu respeito e compromisso com o pluralismo"[439].

Por conseguinte, o argumento *reductio ad Ratzingerum* nos permite concluir que juízos que nenhuma pessoa razoável rechaçaria excluem algumas pessoas do debate público, porque só assim mostram seu respeito e compromisso com o pluralismo, que é um pressuposto inquestionável das democracias institucionais.

Revela-se um espaço para o foro da razão pública, fundada em um objetivismo moral pluralista: o objetivismo das razões morais que ninguém, em condições morais que lhes permitam apartar os prejuízos que nublam sua visão adequada das coisas, rechaçaria [440].

O argumento *reductio ad Ratzingerum* se revela especialmente relevante na cultura política brasileira, que contém resquícios de seu histórico escravagista e de forte influência religiosa, que acabam por arraigar em nossa cultura posições anti-pluralistas, incompatíveis com a ideia de democra-

435 *Ibidem*, p. 26.

436 Tradução livre de: "[...] *y este pluralismo precisamente contrubye a hacer la vida em común merecedora de ser vivida*". *Ibidem*, p. 26.

437 Tradução livre de: "[...] *es um juicio que excluye a algunas personas del debate público*". MORESO, José Juan. *Op. cit.*, 2009, p. 26.

438 Tradução livre de: "[...] *obviamente que los católicos pueden seguir pensando conforme a su catecismo, pero no pueden usar este juicio como uma razón en el foro público*". *Ibidem*, p. 26.

439 Tradução livre de: "[...] *muestran su respeto e sus compromissos con el pluralismo*". *Ibidem*, p. 26.

440 *Ibidem*, p. 27.

cia. Afinal, ao defender o objetivismo e o abandono do relativismo moral, alguns poderiam concluir pela apologia a algum tipo de absolutismo moral, impondo-se uma tirania ao invés da interpretação e aplicação do direito[441]. Acerca da situação espanhola, em muito similar com a nossa brasileira, dado que ambas são latinas, assim explica Moreso[442]:

> No entanto, se desejo oferecer um argumento adicional que acredito ser conveniente em nossa cultura política: alguns parecem acreditar que se abandonarmos o relativismo moral, então devemos abraçar algum tipo de absolutismo moral, em nosso âmbito, algo semelhante às versões mais intolerantes da doutrina católica e, portanto, se se aceitar que a argumentação jurídica se remete à argumentação moral, então os juízes nos imporiam uma espécie de tirania absoluta por meio de sua interpretação e aplicação do Direito. Acho que este é um mau argumento. Por razões que logo se tornarão transparentes, proponho nomear o contra-argumento que apresento como *reductio ad Ratzingerum.*[443]

Para ilustrar a relevância desse argumento, denota-se a reprodução do discurso de Ratzinger pelo atual Ministro da Educação brasileiro, Milton Ribeiro, que afirmou que "parcela dos jovens se tornou 'zumbis existenciais' que não acreditam em Deus"[444]. Segundo ele, "vivemos em um tempo de desconstrução de tudo. De tudo que é valor, de tudo que é absoluto. De todas as certezas da vida"[445], ao que ressalta que "Não há mais uma juventude que acredite nas coisas como Deus, religião, política e família.

[441] *Ibidem*, p. 24.

[442] *Ibidem*, p. 24.

[443] Tradução livre de: "*Sin embargo, si deseo oferecer un argumento adicional que creo conveninete en nuestra cultura política: algunos parecen crer que si abandonamos el relativismo em moral, entonces debemos abrazar algún tipo de absolutismo moral, em nuestro ámbito algo semejante a las versiones más intolerantes de la doctrina católica y, por ende, si se acepta que la argumentación jurídica remite a la argumentación moral, entonces los jueces nos impodrían uma especie de tiranía absoluta a través de su interpretación y aplicación del derecho. Creo que éste es un mal argumento. Por razones que enseguida serán transparentes, proponho denominar al contra-argumento que presento como* ***reductio ad Ratzingerum***". MORESO, José Juan. *Op. cit.* 2009, p. 24.

[444] URIBE, Gustavo. **Sem fé, jovens do Brasil são 'zumbis existenciais', diz ministro da Educação.** Folha de São Paulo. 11 set. 2020. Disponível em: https://www1.folha.uol.com.br/educacao/2020/09/sem-fe-jovens-do-brasil-sao-zumbis-existenciais-diz-ministro-da-educacao.shtml. Acesso 12 set. 2020.

[445] *Ibidem.*

Eles perderam totalmente o referencial"[446]. O referido Ministro, antes de assumir a pasta, defendeu educar crianças com dor, porque "A correção é necessária para a cura. Não vai ser obtido por meios justos e métodos suaves" [447], disse.

Outro exemplo é o de que o atual presidente Jair Bolsonaro declarou que um Ministro "terrivelmente evangélico" seria um bom nome para o STF[448].

Voltando à moral institucional, seria possível interpretar que Moreso concretizaria esse conceito a partir de uma ideia construtivista. Para ser possível defender a construção e identificação dessa moralidade, é imprescindível pressupor a possibilidade da objetividade moral.

Para Hart, se não existirem fatos morais objetivos (por se tratar de uma teoria filosófica discutível), só se pode entender essa exigência como um apelo ao exercício de sua discricionariedade legislativa, partindo da melhor compreensão que o juiz tem da moral e seus requisitos, sem que haja prejuízo acerca de quaisquer restrições impostas pelo sistema jurídico. O dever do julgador, em consequência, é decidir acerca da melhor avaliação moral que lhe seja possível para solucionar as suas causas, criando o direito a partir de sua avaliação moral sobre qual lei, já existente, revela-se por meio de um critério moral do direito.

Nesse ponto, a moral objetiva aperfeiçoa essa ideia, porque reduz a discricionariedade e subjetividade. Moreso, a partir de Rawls, defende ainda um argumento que coloca fim ao paradoxo realista tratado anteriormente. Segundo ele, a constituição não é o que a corte diz que é, mas sim o povo, a partir da sua atuação constitucional, através de outros ramos do governo, que permite, em último caso, que o tribunal decida o que é a constituição[449].

No entanto, acredita-se que o problema, em verdade, está não só em fixar os valores comuns da moralidade institucional os quais, eventualmente, poderiam ser estabelecidos a partir da Constituição Federal de 1988 mas, principalmente preencher, de alguma forma, como um norte

[446] *Ibidem.*

[447] *Ibidem.*

[448] URIBE, Gustavo. **Bolsonaro diz que ministro "terrivelmente evangélico" da AGU é bom nome para o STF.** Disponível em: https://www1.folha.uol.com.br/poder/2019/07/bolsonaro-diz-que-ministro-terrivelmente-evangelico-da-agu-e-bom-nome-para-o-stf.shtml. Acesso em 12 set. 2020.

[449] MORESO, José Juan; *Op. cit.* 2009, p. 136.

moral, esses conceitos. Afinal, há dois problemas: a ausência de identificação de uma moral institucional, ou seja, de uma diretriz institucional clara e unívoca; e a incoerência acerca dos preenchimentos dos conceitos morais quando de sua aplicação pelos diversos órgãos institucionais e, inclusive, internamente a eles. Conclui-se, assim, pela necessidade de construção da moral institucional e, para isso, devem ser tidos como pressupostos a objetividade moral e a pluralidade, ao que aqueles com discursos contrários a esta última devem ser excluídos do debate público, por incoerência lógica.

Para tanto, segue-se a lição de Moreso no sentido de que o ideal de auto governo se traduz na democracia constitucional, com a voz de todos nas decisões que nos afetam, de modo que o ideal seja compatível como o respeito e a garantia dos direitos[450], portanto, levando em consideração o argumento *reductio ad Ratzingerum*. Assim, um dos direitos básicos será o de participação, que sempre deve ser compatível com o resto dos direitos. Além disso, Moreso defende que esse desenho contenha as características do *Rule of Law*:

> [...] que as leis sejam claras, gerais, públicas, não retroativas, não contraditórias, que não imponham deveres impossíveis de cumprir, estáveis ao longo do tempo e que a atuação dos órgãos do Estado sejam consistentes com o que as leis estabelecem – , ou seja, uma compreensão plena do princípio da legalidade; mas também com a inclusão do respeito pelos direitos e pela democracia (a lei como uma expressão da vontade popular assim entendida)[451].

Contudo, Moreso está consciente da compreensão de que há uma ingenuidade em crer que nossos ideais se encaixam perfeitamente em um todo harmonicamente pré-estabelecido e que isso seria, inclusive, conceitualmente incoerente, pois os bens maiores não podem conviver e estamos condenados a elegê-los[452].

De fato, não se nega isso. A coerência absoluta é conceitualmente impossível e engessaria o sistema de uma forma não saudável. Aqui está se tra-

[450] *Ibidem*, p. 28.

[451] Tradução livre de: "[...] *que las leyes sean claras, generales, públicas, irretroactivas, no contradictorias, que no impongan deberes impossibles de cumplir, estables em el tiempo y que la actuación de los órganos del estado sea congruente com lo que las leyes estabelecen –, es decir, uma compreensión cabal del principio de la legalidad; sino que también incluye el respeto de los derechos y la democracia (la ley como expressión de la voluntad popular así entendida)*". MORESO, José Juan; *Op. cit.* 2009, p. 28.

[452] *Ibidem*, p. 29.

tando de um passo anterior, ou seja, reconhecer um pré-compromisso e construir, por meio da eleição de valores, a moral institucional, a fim de promover um mínimo de coerência institucional, absolutamente indispensável para a manutenção de um sistema hígido, ético e seguro.

O direito e a identificação de um pré-compromisso, que elege os valores a guiar aquela sociedade e instituição, são pré-condições à democracia. Entretanto, há uma tensão entre os direitos e a regra da maioria. Bayón, citado por Moreso, sustenta o seguinte:

> [...] a justificação de qualquer desenho institucional depende de um equilíbrio entre o seu valor intrínseco e o seu valor instrumental e que, por isso, está disposta a considerar que os mecanismos democráticos devem ser concebidos de forma a aumentar a probabilidade de produzir resultados respeitosos com os direitos, aceitará que no desenho constitucional se honrem os direitos por meio de seu entrincheiramento em uma declaração de direitos.[453]

A forma como se declaram os direitos na constituição é o modo como se articula o compromisso com a honra de todos os direitos. Há vários modos de promover os direitos e, se se aceita a tese de justificação de um desenho institucional, isso depende de um balanço entre seu valor intrínseco e seu valor instrumental. Independente do desenho institucional preferível, ele está atrelado a esse contexto, de maneira que, para diferentes condições sociais, será preciso considerar justificados procedimentos de decisão distintos[454].

Defende-se, portanto, que, para que haja uma obediência à lei, é necessário um pré-compromisso por parte da maioria dos membros da sociedade e dos órgãos públicos. Esse compromisso, essencialmente moral, deve ficar claro para aquela sociedade, e aplicado quando da garantia dos direitos individuais e da proteção da minoria. Mas, não só nas ocasiões que se abre a textura do direito, nos termos de Hart, ou que se revela a existência de uma conexão, ainda que contingente, entre o direito e a moral.

[453] Tradução livre de "[...] *la justificación de cualquier diseño institucional depende de un balance entre su valor intrínseco y su valor instrumental y que, por ello, está dispuesto a considerar que los mecanismos democráticos han de ser deseñados de modo que se aumente la probabilidad de producir resultados respetuosos con los derechos, aceptará que em diseño constitucional se honren los derechos mediante su atrincheramiento em una declaración de derechos.*" *Ibidem*, p. 30.

[454] Moreso, José Juan. *Op. cit.* 2009, p. 31.

O que geralmente se dá quando da interpretação jurídica num caso em julgamento é que os valores que permeiam esse pré-compromisso e constituem essa sociedade devem vir à tona.

Segundo Moreso, mesmo que aceitemos um espaço para a objetividade moral, a existência do desacordo moral talvez seja erradicável diante das amplas dificuldades epistêmicas[455]. Defende ele que, muito embora a discrepância em matérias morais seja muito ampla, ela não é absoluta. Exemplifica ele:

> Quando a lei proíbe punições cruéis, ela claramente proíbe a *poena cullei*, a pena que o direito romano previa para os parricidas: inserir o infrator em um saco de couro junto com um macaco, um galo, um cachorro e uma cobra e jogar o saco ao mar. Quando o direito autoriza o uso justificado da força física em legítima defesa, refere-se a repelir o ataque de um estranho que me ataca pelas costas com a intenção de me esfaquear com uma faca. Quando o direito considera nulo um contrato aceito por meio de coerção injusta, ele classifica como inválido o contrato que alguém assinou sob ameaça de matar sua filha se não o tivesse assinado.[456]

Diante desses exemplos, Moreso apresenta a seguinte conclusão: "ninguém pode argumentar que quando o direito incorpora esses conceitos morais e as normas jurídicas, os juízes sempre têm discricionariedade e esses casos são deixados a critério da discricionariedade judicial"[457]. Consequentemente, ele reformula uma premissa do positivismo ético da seguinte forma: 1) "Há um grau relevante de discordância acerca de quais comportamentos são moralmente corretos"[458].

455 *Ibidem*, p. 44.

456 Tradução livre de: "*Cuando el derecho prohíbe los castigos crueles, prohibe claramente la poena cullei, la pena que el derecho romano preveía para los parricidas: introducir al reo en un saco de piel junto con un mono, um gallo, um perro y uma serpiente y arrohar el saco al mar. Cunado el derecho autoriza el uso justificado de la fuerza física en legítima defensa, remite repeler al ataque de um extraño que me ataca por la espalda con la intención de clavarme um cuchillo. Cuando el derecho considera nulo un contrato aceptado mediante coacción injusta, califica como inválido el contrato que algien firmó bajo la amenaza de matar a su hija pequena si no lo firmaba*". *Ibidem*, p. 45.

457 Tradução livre de: "[...] *nadie pueda argüir que cuando el derecho incorpora estos conceptos moralis e las normas jurídicas, entonces los jueces tienen siempre discreción y estos casos quedan abandonados a la discreción judicial*". Moreso, José Juan; *Op. cit.* 2009, p. 45.

458 "*Hay un grado relevante de discrepância acerca de qué comportamientos son moralmente correctos*". *Ibidem*, p. 45.

Em seguida, ele trata da segunda reformulação do referido positivismo, que é a que dispõe que: 2) "para respeitar a autonomia moral das pessoas, devemos governar o comportamento humano por meio de regras claras e precisas que nos permitam determinar com certeza quando determinados comportamentos são juridicamente proibidos"[459]. Afirma que há necessidade de debatê-la com atenção. É verdade que a certeza é um ideal da regulação jurídica, porém, devem ser determinadas as razões que contam em favor da incerteza. Grande parte das razões que dão valor à certeza do direito estão relacionadas ao valor da autonomia pessoal, que tem como uma de suas dimensões a capacidade de eleger e executar os planos de vida com garantias. Para tanto, mostram-se necessárias lei claras, precisas e conhecidas. E é possível fazer isso sem levar a certeza ao extremo, porque a autonomia pessoal exige que se deixe aberta a possibilidade para que os destinatários da norma argumentem a favor da justificação de sua conduta quando as vulneram *prima facie*. Nesse contexo, Moreso defende o conceito de *defeaters*, o que não será tratado neste trabalho[460].

Ora, quanto a esse ponto, fica mais uma vez evidente a necessidade de estabelecimento da moral institucional, porque as pessoas necessitam de segurança e clareza para tomar decisões a longo prazo, e exercer com plenitude sua autonomia pessoal.

6.4. A construção da moral institucional pensada para a realidade brasileira sob a ótica das três teses positivistas

Como visto no tópico anterior, compreende-se a necessidade de reflexão acerca da identificação e construção da moral institucional pós ditadura militar[461], a fim de gerar, além de outras coisas, coerência, segurança e reforço da confiança nas instituições democráticas e plurais. Para isso, como visto, defende-se que é possível encontrar a objetividade moral, extremamente necessária, bem como que a pluralidade deve ser um pressuposto

[459] Tradução livre de: "[...] *para respetar la autonomía moral de las personas, debemos gobernar el comportamento humano mediante reglas claras y precisas que nos permitan determinar con certeza cuándo determinados comportamientos están jurídicamente prohibidos". Ibidem*, p. 43.

[460] *Ibidem*, p. 45-46.

[461] Deve-se levar em conta, contudo, a narrativa histórica. Fato é que existiam práticas constitucionais compartilhadas antes de 1988, mas sofreram interrupções. No Brasil, denota-se uma narrativa de interrupções, que pode ser uma das origens da disputa problemática pelo conteúdo dos direitos.

dessa construção. A base teórica dessa relação se dá nos termos da estrutura positivista inclusivista de MacCormick e Moreso.

As democracias constitucionais se apresentam como uma condição necessária de uma circunstância suficiente que contribui para o desenvolvimento humano. Afinal, segundo Moreso, um sistema político que respeita os sistemas individuais, tendo como ponto de partida instituições democráticas sólidas que geram confiança nos cidadãos, respeitando a divisão de poderes e o princípio da legalidade, incrementa o bem-estar humano em sua integridade[462].

A partir disso, tem-se que, no Brasil, há necessidade de aperfeiçoar a atuação das cortes, a fim de acurar o sistema democrático constitucional. Para tanto, sugere-se a identificação e a consolidação da moralidade institucional pós-regime militar – reduzindo a disputa acerca dos conceitos postos na Constituição. Acredita-se que, com isso, instituições democráticas serão afirmadas, gerando confiança dos cidadãos. O percurso da construção dessa ideia, como uma aplicação prática do positivismo jurídico inclusivista, parte da teoria de MacCormick, relacionando-o com a posição de Moreso, ao que se acredita ser a ponte ideal para a adequação e aproximação necessária à nossa realidade brasileira.

Sob a ótica do positivismo inclusivista, o direito pode ser reconhecido e tido como válido independentemente da moral. Porém, em muitos casos, o sistema jurídico se abre a ela, especialmente quando da interpretação jurídica, havendo uma relação contingente. Nessa situação, surge a necessidade de se estabelecer como isso deve se dar, para que não seja um terreno livre para subjetivismos, ocasionando insegurança. Nos casos que serão apresentados, julgados pelas cortes superiores, fica claro o prejuízo que a ausência de identificação e construção da moral institucional é passível de causar, estando as cortes submetidas a certo populismo e clamor popular.

Nessas situações, quando a identificação do direito recorrer à moral, defende-se que se deve levar em conta a moral institucional, a qual, em sua construção e identificação, deve obrigatoriamente considerar a possibilidade de objetividade, bem como respeitar o pluralismo, exemplificado no argumento *reductio ad Ratzingerum*.

Fato é que, especificamente no Brasil, uma parte relevante das pautas jurídicas, com especial importância àquelas discutidas pelo Supremo

462 MORESO, José Juan. *Op. cit.* 2009, p. 22.

Tribunal Federal, recorre a argumentos morais. Esse recurso acaba sendo necessário, dado que, por se tratar de um país historicamente racista, patriarcal, burguês, entre outras características, certas pautas, especialmente as das minorias, acabam por se verem obrigadas ao recurso às cortes superiores. E, justamente nessa situação, a moral institucional deve vir à tona, ser identificada, exposta e reafirmada pela Corte Suprema, a fim de dar coerência a todo sistema jurídico. Isso também se dá de forma importante no julgamento das Ações Diretas de Inconstitucionalidade e nas Ações Diretas de Constitucionalidade, quando é exigida a coerência legislativa a partir da Constituição Federal, atentando-se eventualmente também a seus conceitos abertos e ao conteúdo dos seus preceitos.

Diante disso, a Corte tem importância fundamental no reconhecimento, aplicação e replicação da moral institucional. Ela se baseia e alimenta a moral institucional, porque também reforça o desenho institucional. Isso se torna especialmente relevante quando do controle de constitucionalidade, mas não só nele, como se denota nos casos que serão apresentados neste trabalho, em que coube à Corte dar conteúdo a conceitos jurídicos abertos e eleger e afirmar os valores e a força deles na sociedade brasileira.

Segundo Moreso:

> Ora, se o controle judicial de constitucionalidade é um instrumento adequado para garantir a preservação estrita de direitos depende de considerações contingentes e estratégicas. Em algumas sociedades e em alguns momentos, o mecanismo de controle constitucional pode ser adequado para aumentar a probabilidade de que as decisões coletivas sejam justas; em outras sociedades ou em outros momentos, pode favorecer as minorias de elite ansiosas por manter o *status quo*. Portanto, a conveniência dos mecanismos de controle judicial da constitucionalidade depende de circunstâncias históricas e contingentes.[463]

[463] Tradução livre de: "*Ahora bien, si el control jurisdiccional de constitucionalidad es um instrumento adecuado para assegurar el coto vedado de los derechos depende de consideraciones contingentes y estratégicas. Em algunas sociedades y em algunos momentos, el mecanismo del control de constitucionalidade puede ser adequado para aumentar la probabilidad de que las decisiones colectivas sena justas; em otras sociedade o em otros momentos, puede favorecer a minorías elitistas deseosas de manter el status quo. Por lo tanto, la conveniência de los mecanismos de control judicial de la constitucionalidade depende de circunstâncias históricas y contingentes.*" Moreso, José Juan; *Op. cit.* 2009, p. 32.

Não bastasse isso, a identificação da moral institucional também escancararia leis e posicionamentos frutos de *lobby*, compras de voto, trocas de favores e tentativas de imposição de um grupo dominante.

Afinal, o inclusivismo de MacCormick, baseado na moral institucional, está relacionado a toda estrutura de criação e aplicação do direito, formando um todo coerente. A moralidade institucional, como explicitado previamente, é a moralidade que permeia as instituições político-jurídicas de uma determinada sociedade, traduzida num conjunto de doutrinas e princípios morais, os quais são encaixados às instituições existentes, havendo o menor sacrifício possível de uma visão moral ideal acerca do dever ser de uma a vida em uma sociedade organizada[464], ao que acrescento ao termo sociedade os adjetivos "plural e democrática".

A estrutura jurídica necessariamente deve se mostrar coerente, e essa coerência só se alcança a partir do reconhecimento e fortalecimento de uma base moral reconhecida e institucionalizada em determinada sociedade.

A questão da (eventual) recepção da moralidade pelo direito dá-se em torno das três principais teses positivistas, conforme estabelecido no debate entre Hart e Dworkin, quais sejam: tese da separação, tese das fontes sociais e tese da discricionariedade.

Diante disso, a fim de melhor apresentar a ideia de moral institucional maccormickiana aperfeiçoada pelos pressupostos colocados por Moreso, passa-se a tratar do comportamento dessa nova moral institucional quanto a tais teses.

6.4.1. Tese da separação

A tese da separação é aquela que dispõe que a validade de uma norma não implica necessariamente na sua validade moral e vice e versa. Uma norma não é juridicamente válida pelo mero fato de ser moralmente aceitável e do fato de que uma norma seja imoral não se conclui que ela não seja juridicamente vinculante. Direito e moral são conceitualmente diferentes, não existindo nenhum tipo de vinculação necessária, ainda que possam existir vinculações contingentes.

[464] Tradução livre de: "*The question seems self answering: institutional morality is the morality of the politico-legal institutions of the civil society un view; that is, it is the set of moral doctrines and principles which best fits actual existing institutions at the least sacrifice t an ideal or background moral view of how life is an organized society ought to be for individuals.*" MACCORMICK, Neil; WEINBERGER, Ota. *Op. cit.*, p. 180.

Enquanto exclusivistas defendem uma separação forte entre direito e moral, inclusivistas acreditam numa relação contingente. Por seu turno, os não positivistas, como Dworkin, sustentam uma relação necessária, tal qual já explicado nesta obra.

No que tange à tese da separação, é certo que a defesa da moral institucional é um forte argumento para se sustentar uma separação fraca. Em verdade, denota-se uma relação contingente, não obrigatória, quando o direito necessita de elementos para sua completude e coerência. Assim, o direito não necessariamente precisa fazer remissão à moral, nem encontra nela sua fonte legitimadora, de modo que ela não é, mas pode ser, necessária para identificar sua validade.

No entanto, nas ocasiões que o direito se abrir para a moral, o que especialmente acontece quando da interpretação jurídica, deve-se fazê-lo a partir do norte dado pela moral institucional.

Note-se que, no entendimento de Moreso, a estrutura construída por Kelsen[465] pressupõe que a tolerância, a democracia e os direitos humanos se sustentariam por si, ainda que a filosofia do direito não teria nada a dizer sobre como deveriam ser as instituições políticas e jurídicas. Assim, mesmo que na argumentação moral não houvesse espaço para a objetividade (como defende o trabalho de Serbena[466] sobre o realismo kelseniano), subsistia a crença de que, no âmbito do direito, havia lugar para a objetividade. Kelsen tinha fé no progresso das sociedades humanas a partir do desenvolvimento científico[467].

Vale lembrar da discussão entre Hart e Dworkin, ao que se reforça que, neste trabalho, rejeita-se a ideia de Dworkin de que "o direito é uma prática

465 Para Kelsen, a teoria do Direito deve ser "separada da moral exatamente porque o campo do dever ser moral concerne a valorações, enquanto o cientista do direito verifica, também com o auxílio da lógica, o direito como um fato, como um dado positivo, existente". Assim, não caberiam discussões e crenças subjetivas, especialmente impostas por um grupo pequeno dominando o restante com base em seus valores, favorecendo, portanto, um sistema plural e democrático. Justamente por essas razões, Kelsen isola o problema da justiça, porque, de acordo com Losano "o problema da justiça enquanto problema valorativo situa-se fora de uma teoria do direito que se limita à análise do direito positivo como sendo a realidade jurídica." Morrison explica que, para salvar o humanismo das pressões dos primórdios do século XX, o jusfilósofo austro-húngaro reconhece a liberdade essencial do homem e despoja o Direito dos perigos da tradição expressiva. MORRISON, Wayne. *Op. cit.*, p. 121, 383-385; LOSANO, Mário G. Introdução à edição italiana, *in* KELSEN, Hans. *Op. cit.*, 1998. p. VII.

466 SERBENA, Cesar Antonio. *Op. cit.* 2019-B.

467 MORESO, José Juan. *Op. cit.* 2009, p. 24

social cuja intencionalidade tem uma dimensão avaliativa moral e essencialmente argumentativa (e não meramente *autoritativa*)"[468], bem como não se aceita a crença de que deve haver uma fundamentação moral para que se possa afirmar a existência de direitos e deveres jurídicos.

O que se sustenta é um aperfeiçoamento da ideia de Hart, que defende a abertura do sistema jurídico. Esse aperfeiçoamento será promovido a partir da ideia de moral institucional de MacCormick e do inclusivismo e objetivismo moral de Moreso.

Para Moreso,[469] a conexão necessária entre direito e moral, como aquela defendida por Dworkin,[470] prevê que esses conceitos pertencem a um determinado sistema jurídico e estão relacionados aos valores de verdade das proposições jurídicas, o que pode ser eleito como jurídico. Verifica-se, entre as condições de verdade das proposições jurídicas, se há ou não a adequação a determinadas argumentações morais.

Logo, a identificação do direito depende necessariamente do recurso à argumentação moral, de modo que o valor verdade das proposições jurídicas é verificado nos termos de sua consistência com a moralidade. Afinal, se a existência do direito é um fenômeno convencional (de acordo com o positivismo de Hart), devem existir convenções compartilhadas por um determinado grupo que permitam a identificação do direito. Contudo, essas convenções são desafiadas pelas diversas concepções de direito que uma sociedade requer[471].

Para Moreso[472], Dworkin defende que o direito é uma parte institucionalizada da moralidade política, ao passo que compreende o direito como uma prática interpretativa, aceitando ter sentido afirmar que uma lei era um direito válido, mas muito injusto para ser aplicado. O problema do direito injusto acabaria se assemelhando a uma disputa verbal.

Essas considerações se mostram relevantes porque, de acordo com o professor catalão, o positivismo inclusivista transita na mesma via de Dworkin, e permite argumentar no sentido de que "as discrepâncias entre

[468] Macedo Junior, Ronaldo Porto. *Op. cit.*, p. 158.

[469] Moreso, J.J. *Op. cit.* 2017, p. 145.

[470] Segundo a qual "*Derecho designa uma familia de conceptos, y que aquel va a resultar privilegiado em um determinado contexto depende de nuestros interesses teóricos y prácticos*". *Ibidem*, p. 145

[471] *Ibidem*, p. 147.

[472] Moreso, J.J. *Op. cit.* 2017, p. 148-149.

os juristas respondem, em realidade, a uma maneira diversa de apelar a um fundamento comum presumido"[473].

Moreso[474] admite que a regra de reconhecimento inclua razões morais entre os critérios de validade jurídica de modo que as fontes usuais do direito, como leis e normas constitucionais, podem incluir conceitos e considerações morais.

Cabe consignar que, nesses termos, a tese forte da separação, aquela segundo a qual a determinação do que o direito é, não poderia depender de sua adequação à moralidade, tem um problema. O problema seria o de que: "as normas jurídicas frequentemente incorporam conceito morais e, para identificar aquilo que tais normas requerem, parece ser preciso recorrer a razões morais"[475]. Sustenta ele que os tribunais acabam por ter discricionariedade em muitos casos porque os ordenamentos jurídicos acabam por conter disposições que remetem à moralidade.

Diante do exposto, tem-se que a ideia de moral institucional aperfeiçoada, tal como apresentada nesse trabalho, é compatível com uma tese fraca da separação e vêm à tona como limitador quando da conexão contingente entre direito e moral.

6.4.2. Tese das fontes sociais

A tese das fontes sociais é aquela que dispõe que a existência e o conteúdo do direito de uma sociedade dependem de um conjunto de fatores sociais (fontes legislativas, jurisprudenciais ou decorrentes do costume, etc.), de maneira que o ato de identificar normas jurídicas implica conhecer certos fatos sociais que dão lugar à criação do direito.

Como visto, Hart compreende que o direito pode ser determinado ao se consultar as fontes do direito sem que seja necessária a referência à moral, enquanto Dworkin insiste que, para especificar e reconhecer o direito, é necessário se recorrer a um juízo moral, afinal, as proposições jurídicas só serão consideradas verdadeiras se forem derivadas de um conjunto de princípios adequados ao direito, ao que a teoria interpretativa tem duas funções: identificar e justificar o direito.

473 Tradução livre de: "[...] *las discrepâncias entre los juristas respondem, em realidade, a um modo diverso de apelar a um presunto fundamento común.*" *Ibidem*, p. 148.

474 *Ibidem*, p. 158-159.

475 Tradução livre de "[...] *las normas jurídicas a menudo incorporan conceptos Morales y para identificar aquello que dichas normas requieren parece preciso acudir al razionamento moral*". MORESO, José Juan; VILAJOSANA, Josep Maria. *Op. cit.*, p. 197.

Disso se conclui que os não positivistas, como é o caso de Dworkin, insistem que é impossível determinar o conteúdo do direito sem que se recorra a razões morais (tese contrária ao positivismo jurídico). Por sua vez, os positivistas exclusivistas, defendem que a existência e o conteúdo do direito são completamente determinados por fontes sociais; já os inclusivistas, corrente a qual se vincula este trabalho, aduzem que as fontes do direito podem incluir conceitos e considerações morais, de modo que, em certos casos, o julgador deve aplicar o direito identificado recorrendo à moralidade.

No que diz respeito à tese das fontes sociais, neste trabalho, compreende-se como adequada a ideia de MacCormick, assim como a de Moreso, aperfeiçoando o defendido por Hart em seu pós-escrito. Para Hart, os juízes detêm um poder de criar o direito, que conta com muitas limitações que restringem sua escolha, tendo direito de seguir padrões ou razões que não são impostos pela lei e podem diferir dos eventualmente usados por outros juízes em casos difíceis semelhantes. Já MacCormick entende ser possível compreender a existência de uma lei quase que independentemente de qualquer teoria da justiça, pois as leis existem independentemente de sua justiça/injustiça[476]. Ainda, a partir da compreensão da obra do professor escocês, defende-se que, para que o sistema seja coerente, há que se levar em conta, quando do poder exercido pelos juízes, a moral institucional. Moreso, por sua vez, concorda com Hart no sentido de que a existência do direito é um fenômeno convencional, ao que devem existir convenções compartilhadas por um determinado grupo que permitam a identificação do direito. Nesse contexto, sustenta-se a intrínseca aproximação entre o inclusivismo de Moreso e MacCormick.

Note-se que Hart expressamente afirma que, em alguns sistemas jurídicos, os critérios últimos de validade podem incorporar explicitamente, além do *pedigree*, princípios de justiça ou valores morais substantivos, e esses podem integrar o conteúdo das restrições jurídicas constitucionais. No que tange à tese da convencionalidade, o critério de validade das normas jurídicas, conforme Hart, está relacionado à regra de reconhecimento, cuja aceitação é convencional, "ainda que por meio de uma trama complexa de práticas realizadas por tribunais, seus funcionários e agentes públicos"[477].

[476] MACCORMICK, Neil. WEINBERGER, Ota. *Op. cit.*, p. 127-128.
[477] MACEDO JUNIOR, Ronaldo Porto. *Op. cit.*, 2013, p. 160.

Hart aceita que a norma de reconhecimento pode incorporar, como critérios de validade jurídica, a obediência a princípios morais ou valores substantivos que, como já dito, é justamente a razão pela qual sua teoria é reconhecida como "positivismo brando" [*soft-positivism*]. E é justamente nessa incorporação que pode se encontrar a moral institucional.

Passa-se, então, a tratar da regra de reconhecimento.

Conforme a lição de Hart, a regra de reconhecimento indica como reconhecer as demais regras do sistema e estabelece seus critérios de validade, de modo que tem uma natureza fática e funciona como fundamento do sistema, não sendo subordinada a nenhum critério de validade[478]. Assim, a regra de reconhecimento é usada como critério para reconhecer o direito válido.

A regra de reconhecimento é justamente o que dá validade a toda norma jurídica. Neste trabalho entende-se que a regra de reconhecimento pode colocar como critério padrões morais, ou seja, pode estabelecer que, para que a norma seja válida, ela se refira a padrões vigentes da sociedade.

A função da norma de reconhecimento, para Hart, "é apenas definir as condições gerais que devem ser satisfeitas pelas decisões jurídicas corretas nos modernos sistemas jurídicos"[479]. Além das questões de *pedigree* – que se refere à forma e ao procedimento de criação e adoção das leis – a norma de reconhecimento também oferece critérios à obediência a valores ou princípios morais substantivos, permitindo a aplicação prática.

Quanto à regra de reconhecimento, MacCormick entende que a lei encarna valores e estes acabam sendo expressos em forma de enunciados de princípios. Vê-se, assim, que ele considera a existência de um sistema de valores. Logo, os princípios não são determinados pela regra de reconhecimento mas, como já dito neste trabalho, "pode haver um conjunto e generalizações normativas que podem ser apresentadas como racionalização das normas que 'pertencem' ao sistema referentes a um determinado assunto"[480].

A fim de compatibilizar a regra de reconhecimento com a moral institucional, MacCormick sustenta que deve ser essencial à regra de reconhecimento haver um compromisso "consciente de exercer os valores políticos que

478 HART, H. L. A. *Op. cit.*, 2009, p. 121-128.

479 *Ibidem*, p. 333.

480 MACCORMICK, Neil. *Op. cit.* 2009, p. 306.

parecem ampará-la e de sustentar de modo concreto os princípios políticos considerados inerentes à ordem constituída da sociedade em questão"[481].

Nesse ponto, outra questão vem à tona: o ponto de vista interno.

O ponto de vista interno é o reflexo da maneira pela qual o grupo encara seu comportamento de acordo com as normas, que é a base para a sua conduta social. Ele justifica o tratamento hostil dado aos que violam as regras. Esse é o ponto de vista do participante, do membro do grupo[482], o ponto de vista interno. Para Hart, esse ponto de vista interno, do participante, do membro do grupo, da pessoa que se considera membro do grupo, tem como significado que a pessoa não apenas aceita para si um padrão de conduta, mas espera que todos os outros também se comportem dessa maneira. Ele é hermenêutico, pressupondo-se aceitação.

Consequentemente, deve-se extrapolar o exame de Hart acerca do "aspecto interno" para levar em conta os componentes volitivos e cognitivos. Para Hart, a regra de reconhecimento é uma questão de fato social, portanto, sugeriria que é levada em conta apenas a visão que o observador tem.

Quando as fontes do direito incluem conceitos e considerações morais, o direito acaba por ser identificado por meio desses conceitos e considerações. Como explica Moreso, assim, em determinados casos, os juízes têm que aplicar o direito identificado por meio do recurso à moralidade[483], e nesse ponto é que há conexão com teoria dos direitos humanos e com o neo-constitucionalismo.

Ao decidirem um caso, os juízes precisam concordar em elevado grau quanto ao que realmente vale como norma de direito e sobre as condições imediatas de validade da lei, como pressuposto da existência de um sistema jurídico, enquanto as outras autoridades precisam estar dispostas a trabalhar em consonância com esses critérios[484].

MacCormick parte dessa ideia, aproveitando a crítica formulada a Dworkin e, a nosso ver, refina a teoria de Hart. Ele reestrutura a norma de reconhecimento nos seguintes termos:

481 *Ibidem*, p. 314.

482 HART, H. L. A. *Op. cit.*, 2009, p. 112-118.

483 MORESO, J. J. *Op. Cit. 2017*, p. 159.

484 "[...] há fortes motivos para esperar um alto grau de concordância e harmonia em meio ao judiciário, no que diz respeito a essa questão – de modo tal que de fato não é raro que o observador seja capaz de especificar com razoável precisão a norma de reconhecimento 'vigente' em determinada época". *In* MACCORMICK, Neil. *Op. cit.* 2009, p. 315.

> A norma de reconhecimento inclui quatro critérios de reconhecimento organizados em ordem de prioridade decrescente: (i) a Constituição; (ii) as leis da Assembleia Legislativa que não sejam incompatíveis com (i); (iii) legislação delegada não incompatível com (i) e (ii); (iv) precedentes judiciais de tribunais de recursos não incompatíveis com (i), (ii) e (iii), respeitada a hierarquia dos tribunais, e respeitando o poder da reforma dentro dessa hierarquia. "Critérios de reconhecimento" e "critérios de validade" são expressões equivalentes.[485]

A tese da validade é aquela que sustenta a existência de um modelo exato de todos os Estados que dispõem de um sistema jurídico institucionalizado[486]. Assim, o conceito de norma jurídica acaba se definindo a partir da tese posta neste livro, acontecendo dessa forma com normas de reconhecimento ou normas válidas de um determinado sistema jurídico que esteja operando dentro de um Estado. Para tanto, e considerando essa diferenciação, MacCormick[487] utiliza a terminologia "norma instituinte" ou "norma validamente instituída".

Para o referido autor, os conceitos de lei e de sistema jurídico não se exaurem na referência a todo o conjunto de normas jurídicas, afinal, os sistemas compreendem princípios, que também se enquadrariam no gênero lei, e tudo mais. Segundo ele, a norma de reconhecimento ou as normas instituintes podem ser enunciadas verbalmente com relativa clareza de expressão, o que não garante clareza ou uniformidade na aplicação. Consequentemente, quem sabe fosse melhor compreendê-las como "normas que estipulam condições de validade 'ordinariamente necessárias e presumivelmente suficientes'"[488].

Por conseguinte, tem-se a possibilidade de afirmar a existência de princípios que são jurídicos, dado seu relacionamento indireto com as normas instituintes, e que essas normas juntamente com outras validamente instituídas são restritas à luz de tais princípios, tornando-se plenamente compreensíveis por referência a eles[489].

485 *Ibidem*, p. 318.
486 *Ibidem*, p. 318-319.
487 *Ibidem*, p. 319.
488 MACCORMICK, Neil. *Op. cit.* 2009, p. 319.
489 *Ibidem*, p. 319-320.

Ainda que pareça contraditório, isso ocorre porque, ao compreender a lei em ação, é possível apreender uma constante dialética entre o que aconteceu e é considerado concluído, e o processo dinâmico e contínuo de tentar resolver os novos problemas que se apresentam, de modo satisfatório. Então, tem-se o fenômeno do direito como algo circular, de modo que "uma explicação circular do fenômeno não é viciosa, mas exigida pela veracidade"[490].

Aqui é que se insere a moral institucional, que ao mesmo tempo que se mostra como norma instituinte (numa versão da regra de reconhecimento), torna o conteúdo dos princípios compreensíveis à sua luz, como uma espécie de limitação à discricionariedade. Para exercer essa função, é importante a compreensão de objetividade moral, bem como ter como pressuposto a pluralidade, a fim de que não haja uma imposição de uma moral opressora de grupos sociais como institucional, portanto, incompatível com uma democracia.

6.4.2.1. Um exemplo do problema das fontes sociais no Brasil: o caso do Código Florestal brasileiro, a incoerência e falta de clareza na aplicação legislativa.

O Código Florestal – Lei nº 12.651, de 25 de maio de 2012 – está cercado de discussões. Desde sempre foi muito questionado pelo Ministério Público, sendo objeto de três ADIN, nas quais, entre outras coisas, o STF enfrentou a colisão dos valores da proteção ambiental e da proibição de retrocesso em face de perspectivas desenvolvimentistas. Ocorre que o legislativo estava há anos discutindo o tema, firmando, inclusive, acordos com os envolvidos. No Capítulo XIII da Lei foram estabelecidas as denominadas normas de transição, que foram alvo das maiores críticas. A resistência do Ministério Público[491] tomou o dia a dia de aplicação legislativa, ao que por oito anos, a

[490] *Ibidem*, p. 321.

[491] Para Ministério Público de SP, novo Código Florestal é injusto e caótico. Em entrevista concedida à Revista Época (Blog do Planeta), a Procuradora de Justiça, Lídia Helena Ferreira da Costa dos Passos, coordenadora do Centro de Apoio Operacional Cível e de Tutela Coletiva do Ministério Público do Estado de São Paulo, faz críticas ao novo Código Florestal. Segundo ela, o novo Código abre brechas para devastação e anistia quem burlou a lei no passado. Lídia coordena o Projeto Florestar, uma iniciativa do MPSP para padronizar a atuação dos promotores do estado. Ela respondeu as perguntas de Época sobre o Código. Época: Como a senhora vê o novo Código Florestal? Seria mais claro e menos ambíguo do que as leis e decretos

federais anteriores? Lídia Passos: Eu não chamaria assim a nova lei florestal. A lei produzida – ao longo de um desgastante e excepcionalmente conturbado processo legislativo – não constitui propriamente um "código florestal". O conceito de "código florestal" remeteria a um conjunto sistemático de disposições legais relativas à proteção das florestas e da (riquíssima) biodiversidade no Brasil...e a ideia de "novo", nesse caso, apontaria para uma esperada evolução em relação à lei anterior (de 1965). Esse conceito normativo que envolve método científico, transparência de interesses e consistência sistêmica de forma alguma se aplica ao arranjo de disposições legais que os legisladores afinal entregaram ao país. Podemos tranquilamente reconhecer que a lei 12.651/12 (chamada de novo Código Florestal) nos remete mais à ideia de um "arranjo normativo" do que a um autêntico código florestal, conforme inicialmente se esperava. Daí a frustração e a polêmica que caracterizam os debates sobre a legitimidade da nova lei, que já nasceu velha. Representou, sem dúvida, retrocesso. (...) Época: Qual é a lógica do novo Código? Lídia: Após tantos embates e reviravoltas, não é possível reconhecer consistência sistêmica na confusa, discriminatória e permissiva legislação produzida. Por exemplo: houve alteração significativa e injustificada do conceito e dimensões da pequena propriedade ou posse rural familiar. A legislação anterior definia um tamanho de até 30 hectares para a pequena propriedade rural no Estado de São Paulo. As condições atuais de enquadramento são bem mais complexas e confusas. Foram, na prática, flexibilizadas para redimensionar a medida das "pequenas propriedades" em até 4 módulos fiscais definidos por outra legislação (a Instrução Normativa do Incra, de 2006, que varia de município a município), agregando-se ainda a figura do empreendedor (pessoa jurídica). Essa flexibilização disparatada causa insegurança e confusão em situações há muitas décadas pacificamente definidas, pois os módulos fiscais variam amplamente (entre cerca de 10 hectares até cerca de 100 hectares!). Outro exemplo, ainda no mesmo artigo dessa lei: o conceito de "área rural consolidada" relativo a área de imóvel rural com ocupação humana preexistente a 22 de julho de 2008 foi flexibilizado de forma discriminatória, pois promove anistia generalizada de passivos ambientais anteriores a essa data. Época: O novo Código não ficou mais objetivo que as leis anteriores? Lídia: Diante da lei que acabou sendo produzida, vivemos situação caótica e insegura, com excesso de disposições dependentes da edição de decretos, resoluções e outros atos administrativos, cuja competência não foi estabelecida. Somando-se a esse quadro a ausência de transparência a respeito do embasamento científico que apoiou alterações das normas de proteção das Áreas de Proteção Permanente e Reserva Legal, além de distorções conceituais, podemos prever longo e conflituoso período de incerteza e insegurança jurídica, com prejuízos evidentes para os investimentos nos setores econômicos interessados. Sob tal enfoque, por sinal, é significativa a atual disputa a propósito dos necessários vetos presidenciais e da medida provisória em substituição aos dispositivos vetados. (...) Época: O novo Código é mais justo? Lídia: Definitivamente, não. Há uma tendência a privilegiar quem promoveu degradação irregular em detrimento de quem preservou. Um exemplo claro está na dispensa de reserva legal para as pequenas propriedades rurais (que podem chegar, na Amazônia, a cerca de 400 hectares, equivalente a 4 milhões de metros quadrados). Nessas propriedades, quem tinha remanescentes florestais em 22 de julho de 2008 deve cadastrá-los como reserva legal. Mas não há exigência para quem desmatou tudo. Outro exemplo: o estabelecimento de faixas diferenciadas de recuperação de florestas em APPs de margem de rios em função do tamanho da propriedade. Trata-se de uma diretriz completamente desprovida de base científica que,

aplicação da lei não avançou, não restou efetivada, e em todo o país foram suscitados controles difusos de constitucionalidade[492].

Em 12.08.2019, 18 meses após o julgamento, o Supremo Tribunal Federal publicou um acórdão envolvendo quatro ações diretas de inconstitucionalidade, ADIs 4.901, 4.902, 4.903 e 4.937, além de uma ação direta de constitucionalidade, ADC 42, ajuizadas sobre o Código Florestal brasileiro. Porém, a manifestação da Corte Suprema não foi suficiente para harmonizar o entendimento sobre o tema.

Até recentemente, os problemas permaneciam em discussão no Judiciário. Mesmo que numa análise superficial, é possível verificar a incoerência das Cortes Superiores. Ao passo que o Supremo Tribunal Federal afirma a aplicação do Código Florestal, o Superior Tribunal de Justiça não o aplica, sob alegação do princípio *tempus regit actum*, como se vê dessas duas notícias retiradas da *website* do STF e STJ, respectivamente:

Decisão do STF de 02 de março de 2020:

> Segunda-feira, 02 de março de 2020 – **Suspensa decisão que determinava retirada de cultura de café em fazenda em MG** O ministro Gilmar Mendes, do Supremo Tribunal Federal (STF), suspendeu a eficácia de sentença do juízo da 1ª Vara Federal de Divinópolis (MG) que determinou ao proprietário da Fazendas Nossa Senhora da Guia S/A a demarcação da Área de Proteção Permanente (APP) do imóvel, localizado às margens do reservatório de Furnas, segundo as regras do antigo Código Florestal (Lei 4.771/1965). Segundo o ministro, a decisão contraria o entendimento vinculante do STF sobre a regra de transição do novo Código (Lei 12.651/2012). Na Reclamação (RCL) 39270, o proprietário do imóvel sustenta que a regra de transição do

na prática, vai dificultar ou impedir que tais áreas – que são muito importantes – cumpram efetivamente suas funções ecológicas. Por sinal, nesse contexto foram estabelecidas grandes injustiças na nova lei a começar contra aqueles que cumpriram a lei anterior. Também contra os pequenos produtores que não terão condições de se sustentar em pouco espaço de tempo – seja pela diminuição da produtividade seja pela falta de apoio financeiro. (...) MINISTÉRIO PÚBLICO DO ESTADO DE SÃO PAULO. **Para Ministério Público de SP, novo Código Florestal é injusto e caótico.** Disponível em: http://www.mpsp.mp.br/portal/page/portal/cao_criminal/Boas_praticas/Relacao_Projetos/projetoflorestarl/Entrevista-Revista-Epoca.pdf. Acesso em 17 ago. 2020.

492 MINISTÉRIO PÚBLICO DO ESTADO DE MINAS GERAIS. **TJMG declara a inconstitucionalidade do artigo 67 do Novo Código Florestal.** Disponível em: https://www.mpmg.mp.br/areas-de-atuacao/defesa-do-cidadao/meio-ambiente/noticias/tjmg-declara-a-inconstitucionalidade-do-artigo-67-do-novo-codigo-florestal.htm. Acesso em 21 ago. 2020.

novo Código Florestal autoriza a continuidade de atividades agrossilvipastoris em áreas consolidadas até 22/7/ 2001 (artigo 61-A) e estabelece nova faixa de proteção relativa a reservatórios artificiais de água (artigo 62). Segundo ele, ao aplicar a regra ambiental vigente na época dos fatos, a sentença violou a autoridade do STF, que reconheceu a constitucionalidade desses dispositivos. *Ao deferir a liminar, o ministro Gilmar Mendes verificou a plausibilidade do direito, pois, ao recusar a aplicação das regras de transição do novo Código Florestal para a regularização de áreas consolidadas em APPs, o juízo desobedeceu a decisão vinculante do STF no julgamento das Ações Diretas de Inconstitucionalidade (ADI) 4901, 4902 e 4903, 4937 e da Ação Declaratória de Constitucionalidade (ADC) 42.* O ministro apontou, ainda, o perigo da demora, ao assinalar que a sentença suspende os efeitos do Termo de Compromisso firmado com o Ministério Público Federal, proíbe a realização de novos plantios, determina a paralisação de qualquer atividade e dá prazo de 30 dias para a apresentação de plano para a retirada da cultura do café na área.[493] (sem grifos no original)

Decisão do STJ de 31.07.2020

DECISÃO – 31/07/2020 07:50 – **Para Primeira Turma, constitucionalidade de artigo do Código Florestal não significa aplicação retroativa da regra**

Por entender que a declaração de constitucionalidade do **artigo 15** do Código Florestal, pelo Supremo Tribunal Federal (STF), não significa a aplicação automática dessa regra a casos pretéritos, a Primeira Turma do Superior Tribunal de Justiça (STJ) afastou a incidência do dispositivo em uma ação civil pública e manteve a área de preservação ambiental nos moldes da legislação vigente à época dos fatos. *"O Superior Tribunal de Justiça, em diversos julgados, tem defendido a tese de que, em matéria ambiental, deve prevalecer o princípio tempus regit actum, de forma a não se admitir a aplicação das disposições do novo Código Florestal a fatos pretéritos, sob pena de retrocesso ambiental" – afirmou o ministro Gurgel de Faria, no voto que foi acompanhado pela maioria do colegiado.* O Ministério Público de São Paulo (MPSP) moveu a ação contra os proprietários de um terreno para obrigá-los a instituir uma área de reserva ambiental, comprovar a existência de cobertura florestal ou demonstrar que estavam realizando a recomposição

[493] SUPREMO TRIBUNAL FEDERAL. **Suspensa decisão que determinava retirada de cultura de café em fazenda em MG.** Disponível em: http://www.stf.jus.br/portal/cms/verNoticiaDetalhe.asp?idConteudo=438284. Acesso em 17 ago. 2020 – A.

natural da área. O MPSP também pediu que os proprietários não explorassem a área. A sentença foi parcialmente favorável ao MPSP, impondo obrigações aos proprietários como a instituição da área de reserva ambiental no terreno. O Tribunal de Justiça de São Paulo (TJSP) deu provimento parcial à apelação dos donos, aplicando as regras do atual Código Florestal que permitem o cômputo da área de preservação permanente na reserva legal, desde que preenchidos os requisitos do artigo 15. **Abordagens diversas:** Por meio de recurso especial, o MPSP questionou a aplicação imediata dos artigos 15 e **66** do Código Florestal, e alegou que o TJSP *desconsiderou o princípio da proibição de retrocesso ambiental. Segundo o ministro Gurgel de Faria, a interpretação do STF – que, em controle concentrado de constitucionalidade, considerou válido o artigo 15 – não impede a análise da irretroatividade do atual Código Florestal, por serem abordagens diferentes.* "A orientação desta corte não ingressa no aspecto constitucional do novo diploma, nem poderia tê-lo feito, mas aprecia a irretroatividade da norma ambiental, amparada na Lei de Introdução às Normas do Direito Brasileiro (LINDB). Isto é, efetua uma leitura de ordem infraconstitucional", explicou. **Análise infraconstitucional:** Gurgel de Faria disse que o STF, ao confirmar a adequação de pontos do Código Florestal à Constituição, não inibiu a análise da aplicação temporal do texto legal no plano infraconstitucional, tarefa que cabe ao STJ. No mesmo sentido, o ministro lembrou que a Corte Especial do STJ, baseada em entendimento do STF, concluiu que os conceitos de direito adquirido, de ato jurídico perfeito e de coisa julgada não são fixados pela Constituição Federal, mas sim pela legislação infraconstitucional, motivo pelo qual é possível o conhecimento de recurso especial que invoca a aplicação de direito adquirido à luz do **artigo 6º**, parágrafo 2º, da LINDB. "A declaração de constitucionalidade do artigo 15 da Lei 12.651/2012 não desqualifica a aferição da aplicação imediata desse dispositivo aos casos ocorridos antes de sua vigência. Tal compreensão, reitero, não conflita com o decidido pelo STF, porque se trata de juízos realizados em campos cognitivos diversos", afirmou o ministro. Em seu voto, Gurgel de Faria citou jurisprudência do STJ sobre a proibição do retrocesso em matéria ambiental para justificar o parcial provimento do recurso e, em consequência, determinar que os proprietários implementem a área de reserva legal nos moldes do antigo Código Florestal.[494] (sem grifos no original)

[494] SUPERIOR TRIBUNAL DE JUSTIÇA. **Para Primeira Turma, constitucionalidade de artigo do Código Florestal não significa aplicação retroativa da regra.** Disponível em: http://www.stj.jus.br/sites/portalp/Paginas/Comunicacao/Noticias/31072020-Para-Primeira-

Nesse panorama, constata-se que, mesmo após a profunda discussão do tema no STF, chancelando a aplicação das normas transitórias, que têm por finalidade regulamentar situações pretéritas, o comando normativo não tem a devida efetividade. A existência da discussão de aplicabilidade ou não no âmbito do STJ coloca novamente o tema em campo nebuloso.

Apesar de toda essa discussão entre as cortes, a Presidente à época, Dilma Rousseff, não cedeu totalmente à vontade das massas, manteve seu posicionamento, mesmo diante do movimento chamado de "veta Dilma". Entretanto, o que se vê é a ausência de fixação de quais valores referentes ao meio ambiente devem ser protegidos, quais tem prioridade, e quais os são importantes frente a outros anseios, especialmente os de cunho econômico, o que acaba por gerar uma absoluta insegurança institucional.

Não bastasse isso, recentemente, em 28.09.2020, o Conselho Nacional do Meio Ambiente (Conama), presidido pelo Ministro do Meio-Ambiente, Ricardo Salles, revogou quatro resoluções que tratavam de preservação ambiental em todo o país, sendo duas delas referentes à proteção de áreas de vegetação nativa, como manguezais e restingas[495]. Essa ação vai frontalmente de encontro ao Código Florestal, que pretendia proteger áreas de manguezais e restingas no litoral, restringindo o desmatamento e a ocupação nesses locais de preservação ambiental, dada a riqueza de sua biodiversidade. No dia seguinte, contudo, a Justiça Federal suspendeu tais atos do Conama[496] e, até a conclusão desta obra, o processo ainda não havia sido julgado definitivamente.

Como se vê, no Brasil, ainda é confusa a delimitação das fontes sociais e das fontes de direito, o que vai muito além do conteúdo de princípios e normas abertas. Logo, é imprescindível compreender a necessidade de reflexão aprofundada sobre o assunto em nosso país. Assim, compreende-se que a clareza quanto à existência de uma moralidade institucional pode ser uma ferramenta importante para a unificação e a segurança em se tratando de fontes sociais.

Turma--constitucionalidade-de-artigo-do-Codigo-Florestal-nao-significa-aplicacao-retroativa-da-regra.aspx. Acesso em 17 ago. 2020.

495 DEUTSCHE WELLE. **Salles revoga regras que protegem restingas e manguezais.** Disponível em: https://p.dw.com/p/3j8L8. Acesso em 01 out. 2020.

496 BANDA B. **Justiça suspende revogação de normas de proteção a mangues e restingas.** Disponível em: https://www.bandab.com.br/politica/justica-suspende-revogacao-de-normas-de-protecao-a-mangues-e-restingas/. Acesso em 03 out. 2020.

Isso posto, passa-se a tratar da terceira tese positivista, a da discricionariedade e sua relação com a moral institucional.

6.4.3. Tese da discricionariedade

De acordo com a tese da discricionariedade, as normas jurídicas válidas não abrangem integralmente todos os comportamentos, de forma clara. Assim sendo, nos casos em que a lei é indeterminada, os juízes têm o poder da discricionariedade para tomar decisões.

Em relação a isso, Dworkin, tido aqui como representante do não-positivismo, defende a ideia de uma única resposta correta, dado que o Juiz Hércules deve encontrá-la a partir de uma base de princípios e valores daquela sociedade. Como já mencionado, aqui compreende-se como mais adequada a ideia inclusivista que, nos termos de MacCormick e Moreso, quando as fontes do direito incluem conceitos e considerações morais, o direito acaba podendo ser identificado por meio desses conceitos e considerações. Assim, em determinados casos, os juízes têm que aplicar o direito identificado por meio do recurso à moralidade[497]. Consigne-se a forte relação da teoria de Moreso com a teoria dos direitos humanos e o neo-constitucionalismo.

Moreso explica que a tese que defende a existência do direito não pode ser compreendida sem algum fundamento moral é distinta da que defende que a existência do direito detém algum valor moral. Atualmente, vislumbra que a cultura das democracias constitucionais está em expansão e os sistemas jurídicos das democracias constitucionais são abertos à moralidade por conterem declarações de direitos que dependem da interpretação, ou seja: só conseguem dizer o que estabelecem com remissão a considerações de caráter moral. [498]

Aqui não se defende uma tese forte da discricionariedade, tampouco uma tese fraca como a da única resposta correta, mas, sim, a existência de uma discricionariedade limitada pelos parâmetros da moral institucional, inserido numa democracia constitucional, gerando um sistema coerente e seguro.

Hart entende que há casos que estarão em uma zona de penumbra normativa e, nesses casos, não se teria como precisar se a conduta está ou não enquadrada pela norma. O referido professor de Oxford, então, com o

[497] SIFUENTES, Francisco M. Mora. *Op. Cit.* p. 159.
[498] SIFUENTES, Francisco M. Mora. *Op. cit.*, 2019, p. 128.

objetivo de resolver o que ele entende ser um problema da textura aberta e da zona de penumbra, admite existir discricionariedade judicial. Afinal de contas, sob a ótica dele, não haveria como superar o problema de forma segura, tampouco com o estabelecimento de regras de interpretação, porque elas também poderiam levar a incertezas.

Se é assim, para Hart, o juiz possui poder discricionário e está autorizado a criar o direito para suprir lacunas, e essa criação existe de duas maneiras: a primeira é quando o ordenamento prevê a discricionariedade, ao que o julgador só pode exercê-la dentro de sua limitação material; a segunda é quando o juiz deve respeitar os princípios subjacentes do ordenamento, preenchendo as lacunas com vistas à integração. Cabe esclarecer que, nessa ótica, o juiz exerce o poder discricionário de forma intersticial, quando há lacunas, e não inova o ordenamento, criando o direito para preencher lacunas, e as suas soluções só valem para o caso que está sendo julgado, sem que haja reforma do ordenamento existente.

Como visto, a discricionariedade judicial é o ponto de maior conflito entre as teorias de Hart e Dworkin. Para o primeiro, o direito é incompleto, de modo que sempre será possível encontrar casos que não estão regulamentados juridicamente, ao que o juiz terá que criar um direito para o caso determinado através do exercício de sua discricionariedade, por meio da qual o juiz, ao mesmo tempo que cria um direito, aplica a regra jurídica estabelecida, simultaneamente lhe outorgando o poder de legislar e restringindo esse poder. Já para o segundo, o direito é completo, razão pela qual formula uma crítica à imagem que o positivista tem de que o direito é um sistema incompleto. Assim, a ideia de direito interpretativista inclui não só o direito estabelecido explícito, o qual é identificado por referência às fontes sociais, mas também o direito implícito, adequando-se ao direito explícito e oferecendo a melhor justificativa para este[499].

Neste trabalho, discorda-se dessa tese de Hart porque há necessidade de coerência institucional. Logo, ao juiz cabe não apenas resolver o caso *subjudice*, mas também reafirmar a moralidade institucional identificada principalmente pelas cortes superiores, levando em conta a unicidade e a coerência institucional, imprescindível à segurança jurídica e estabilidade. Nesse sentido, a moralidade institucional funciona diferente da discricionariedade proposta por Hart, pois ela limita materialmente a decisão ainda

[499] HART, H. L. A. *Op. cit.* 2009. p. 352.

que o ordenamento preveja discricionariedade ao preencher lacunas com vista à integração. A decisão, embora só valha para o caso em julgamento, acaba por ecoar nas outras decisões, com vistas não só à integração, mas a um ordenamento coerente, e buscando a segurança, com a reafirmação daquele conteúdo do direito, sempre com vistas à pluralidade.

Concorda-se com Dworkin quanto ao fato de que um caso difícil deve ser decidido por alguma autoridade pública, como um juiz, "exercendo seu discernimento pessoal", o que significa ir além do direito na busca por algum tipo de padrão que o oriente na confecção de nova regra jurídica ou na complementação de uma regra já existente[500]. Porém, não se trata de acolher a ideia do juiz Hércules.

Certamente se está defendendo um meio termo entre a posição de Hart e de Dworkin. É necessário esclarecer que o juiz aplicador da moralidade institucional não é o juiz Hércules, ainda que se concorde com Dworkin que os desacordos existem porque há posições rivais que se apoiam em concepções morais e políticas concorrentes. A moralidade institucional é um conjunto de valores que dão conteúdo ao direito, mas não prevê, de antemão, o peso desses direitos, sendo possível mais de uma resposta correta, ainda que todas tenham que ser necessariamente coerentes e afirmativas dessa moralidade.

Dessa forma, também se pode admitir que, até certo ponto, o direito é um tipo de prática que se apoia em conceitos de tipo interpretativo e, portanto, não pode ser determinado simplesmente a partir de um acordo linguístico, simplesmente porque não há acordo linguístico a seu respeito.

Dworkin, diferentemente de Hart, apresenta um conceito de direito interpretativo porque, "a seu ver, toda teoria do direito deve ter caráter parcialmente avaliativo e justificatório, bem como se dirigir a uma cultura jurídica específica"[501]. Diante disso, a tarefa central da teoria do direito, na sua visão, é interpretativa e avaliativa, pois pressupõe a identificação daqueles princípios que mais se adequam ao direito estabelecido ou são mais coerentes com ele na prática jurídica estabelecida em um sistema jurídico.

Sob a ótica da tese aqui posta, ao descrever o direito como prática interpretativa, Dworkin pressupõe a moral institucional e deixa claro: trata-se de uma sociedade liberal. Esse é outro problema do uso indiscriminado da

[500] Dworkin, Ronald. *Op. cit.* 2016, p. 28-29.
[501] Dworkin, Ronald. *Op. cit.* 2016, p. 310.

teoria de Dworkin na realidade brasileira: não há convenção, reflexão ou identificação acerca da moralidade institucional que permeia nossa realidade. Ou seja, o pré-compromisso precisa ser identificado ou a moralidade institucional construída.

Quanto a esse ponto, retoma-se o conceito de aguilhão semântico, para consignar que a moral institucional pode ser um elemento para reduzir sua incidência. O aguilhão semântico, como mencionado no tópico sobre Dworkin, é o seguinte, conforme explicação de Juliano Maranhão:

> Trata-se da crença na possibilidade de caracterizar o que é direito a partir da identificação de critérios abstratos necessários e suficientes para o emprego do termo <direito> (concepção criteriológica de sentido). Esses critérios não podem ser encontrados no limitado exercício positivista de compreensão do ponto de vista interno ao direito, justamente porque, para Dworkin, os positivistas não levam às últimas consequências a atitude hermenêutica que esse ponto de vista implica.[502]

Nesse ponto, construção de uma moral institucional forte serve como um instrumento de combate ao aguilhão semântico dworkiniano. Isso porque proporciona clareza quanto ao significado dos conceitos e acerca do conteúdo dos princípios e acordos, de modo que é inevitável a redução dos desacordos conceituais

No atual momento em que nos encontramos, no Brasil, a tarefa de um juiz singular de apreender a moralidade institucional ou o pré-compromisso seria mais que hercúlea, próxima do impossível, e não pode, nos termos expostos neste trabalho, ser a ele delegada. Em se tratando do Poder Judiciário, essa tarefa deve caber aos guardiões da Constituição, em colegiado, como uma construção no tempo, a partir de posições coerentes a serem afirmadas e reafirmadas, paulatinamente, definidas a partir das disputas por direitos que ainda correm entre os atores políticos e as instituições.

A recepção da moral institucional quando do exercício da discricionariedade das cortes parece ser o momento em que isso se destaca, ante sua aplicação prática. E essa questão tem especial relevância nas democracias constitucionais, que contêm, muitas vezes, direitos baseados – proposita-

[502] Maranhão, Juliano. **Positivismo jurídico lógico-inclusivo.** Marcial Pons: São Paulo, 2012, p. 56.

damente – em conceitos abertos, passíveis de preenchimento pelos juízes nos casos concretos e, no caso brasileiro, como já dito, o conteúdo dos direitos elencados na Constituição de 1988 ainda está em disputa.

Justamente, diante desse contexto, é possível compreender a possibilidade de mais de uma resposta correta, desde que decorrentes da compreensão da moral institucional e coerentes não só internamente, mas também com a lógica do sistema constitucional.

Importante mencionar que, ainda que MacCormick concorde com Dworkin quanto à alegação de que os juízes não têm um arbítrio forte, no sentido de que eles poderiam escolher a decisão que considerassem mais adequada com base nos motivos que julgassem mais adequados, ele discorda da concepção de arbítrio fraco de Dworkin e, portanto, da tese da única resposta correta, ao que se defende a posição de MacCormick neste trabalho.

A correção pressupõe critérios, mas eles devem ser elaborados com base em alguma teoria pertinente. Dessa forma, ao corrigir uma teoria como um todo, está-se pressupondo mais alguma teoria e, nesse sentido, Dworkin postularia que o juiz Hércules estruturaria a melhor teoria possível para um sistema jurídico.

MacCormick compreende que há um ponto em que se verifica a existência de uma pura divergência prática em que se exige um esforço para além do que já está estabelecido, para se decidir como se quer viver e como a sociedade deve se organizar. Segundo ele, diante das eventuais extrapolações racionais da tradição jurídica e política, deve ser feita uma escolha, a qual deve ser aceita por todos que irão conviver com a deliberação e com os efeitos dela. Isso se encontra fora do alcance do que pode ser racionalizado, ainda que seja algo que tenha ocorrido a partir de determinadas razões.

O ataque de MacCormick à tese da única resposta correta se inicia a partir da compreensão de que, realmente, em um caso difícil, o juiz tem que escolher o direito de qual das partes do processo teria preferência ou qual seria o melhor direito a aplicar no caso e, para isso, deve-se levar em conta que princípios do direito determinam direitos *prima facie*, da mesma forma que interpretações rivais de normas ambíguas. Nesses casos, a decisão envolve estabelecer qual o melhor direito, com todos os aspectos levados em consideração. Pressupõe-se que a decisão sempre sustenta direitos preexistentes, partindo-se de uma escolha real a ser feita entre direitos *prima facie* que competem entre si.

Como se vê, a teoria da argumentação jurídica apresentada por MacCormick, a qual é compatível com o positivismo jurídico, dá peso a princípios e outras normas no processo jurídico, ao que se concluiu por um arbítrio limitado dos juízes em todos os casos, até mesmo nos difíceis. A teoria depende do que o direito é e o justifica, pressupondo a norma fundamental de Hart, com as modificações propostas por MacCormick, diante da sua explanação de normas sociais. Entende-se que há divergências práticas e não somente especulativas, não se podendo deixar de se atentar para os limites da razão prática[503].

Vale lembrar que, no método de Hércules, as leis precisam ser manipuladas de modo que decorra da melhor interpretação do processo legislativo como um todo, partindo-se do pressuposto que é possível encontrar a melhor explicação para um evento legislativo do passado e, para isso, o julgador tenta apresentar um exemplo de história social – "o relato de uma legislatura democraticamente eleita que elabora um texto particular em circunstâncias particulares"[504] – sob a melhor luz geral possível.

Assim, ainda que a atuação jurisprudencial possa ter alguma similaridade com a do juiz ideal Hércules, no sentido de buscar apreender o pré-compromisso e a moral institucional, ela não se identifica. Isso porque, como visto, não se compreende uma única resposta mas, sim, várias. Também se acredita que essa tarefa de identificação do pré-compromisso e da moralidade institucional deve caber às cortes superiores, ao colegiado. Aos juízes, cabe compreendê-la e reaplicá-la, sempre objetivando coerência e unicidade institucional numa estrutura democrática e plural. Nesse ponto, concorda-se com Moreso, que entende que os "princípios são articulados em um esquema geral que dá uma resposta unívoca para cada caso"[505]. Segundo ele, "cada caso individual é uma instância de um caso genérico que o relaciona a uma solução normativa, possibilitando a subsunção"[506].

Ainda, como apresentado no tópico anterior, compreende-se, com Moreso, a possibilidade de objetividade moral. Para ele, há razões morais que amparam a adoção de um sistema jurídico que respeite a democracia, os direitos e a legalidade, bem como a democracia deve ser entendida como uma ideal de autogoverno e, assim, deve ser compatível com o com-

503 MacCormick, Neil. *Op. cit.* 2009, p. 336.

504 Dworkin, Ronald. *Op. cit.* 2016, p. 404.

505 Merlin de Andrade, Melanie. *Op. cit.*.p. 27-39.

506 *Ibidem*, p. 27-39.

promisso de honrar e respeitar os direitos[507]. Para Moreso, esse respeito tem especial relevância quanto aos direitos humanos.

Por todo exposto, tem-se que: quanto à tese da separação, a moral institucional implica numa relação contingente entre direito e moral; quanto à tese das fontes sociais tem-se que a existência do direito é um fenômeno convencional, ao que devem existir convenções compartilhadas por um determinado grupo que permitam a identificação do direito, bem como que nos sistemas jurídicos, os critérios últimos de validade podem incorporar explicitamente, além do *pedigree*, princípios de justiça ou valores morais substantivos, e estes podem integrar o conteúdo das restrições jurídicas constitucionais; e, finalmente, quanto à tese da discricionariedade, tem-se que a moral institucional é uma limitação a ela, ao mesmo tempo que serve como direção para dar conteúdo ao direito, não havendo apenas uma, mas várias respostas corretas, reafirmando os direitos em disputa.

6.4.3.1. Um exemplo do problema da discricionariedade no Brasil e a disputa de conteúdo dos direitos: o caso das liminares de Lula e Moreira Franco

Especificamente quanto à Corte Superior, há um caso muito interessante que, em situações muito semelhantes, revelou desfechos totalmente diferentes. Trata-se do Mandado de Segurança n. 34.609/DF e do Mandado de Segurança n. 34.070/DF cujas liminares foram dadas com menos de um ano de diferença. A situação principal é a mesma: nos dois casos, políticos são nomeados ministros de Estado após serem indiciados em investigação dentro da operação Lava-Jato, e os impetrantes dos mandados de segurança alegam nulidade das nomeações por desvio de finalidade, dado que essas teriam se dado para evitar o julgamento monocrático e ter direito à prerrogativa de função.

Preliminarmente, cabe esclarecer que ato administrativo conceitua-se como “declaração do Estado ou de quem o represente, que produz efeitos jurídicos imediatos com observância da lei, sob regime jurídico de Direito público e sujeita a controle pelo Poder Público”[508], enquanto o desvio de finalidade é definido na Lei de Ação Popular, na alínea “e”, do parágrafo

[507] Moreso, José Juan. *Op. cit.*, 2019, p. 22-23.

[508] Di Pietro, Maria Sylvia Zanella. **Direito Administrativo.** 23ª edição. São Paulo: Editora Atlas, 2010.

único do art. 2°, nos seguintes termos: "o desvio de finalidade se verifica quando o agente pratica o ato visando a fim diverso daquele previsto, explícita ou implicitamente, na regra de competência".

Como se vê, trata-se de conceito aberto a ser preenchido com valores morais quando de sua aplicação no caso concreto. E, se é assim, isso deveria ocorrer utilizando-se a mesma direção moral em ambas as decisões, como pressuposto de coerência e segurança institucional.

Apesar da identidade entre os casos e da proximidade temporal, como dito, os desfechos foram absolutamente opostos.

Passa-se a tratar primeiramente MS 34070/DF[509] cuja liminar foi concedida em 18.03.2016, impedindo a assunção do ex-Presidente Luiz Inácio Lula da Silva para o cargo de Chefe da Casa Civil, com *status* de ministro de Estado.

A alegação da parte impetrante foi a seguinte:

> Relatou que a autoridade impetrada nomeou Luiz Inácio Lula da Silva para o cargo de Chefe da Casa Civil, com *status* de ministro de Estado. Afirmou que a Presidente da República tem competência para, a seu juízo, escolher os ministros de Estado. No entanto, a nomeação em tela teria sido praticada em desvio de finalidade, na medida em que buscou finalidade não pública – conferir prerrogativa de foro ao nomeado, impedindo o curso das investigações. Alegou que o ato da Presidente da República violou o princípio da moralidade estampado no art. 37, caput, da Constituição Federal, bem como outros princípios fundamentais, que devem reger toda e qualquer atividade da Administração Pública. Sustentou ainda que a referida nomeação ofende os preceitos do juiz natural e do devido processo legal. Aduz que a Presidente da República, por meio do ato impugnado, praticou crime de responsabilidade por violar o art. 85, caput e os incisos II, IV e VII, da Constituição Federal. Sustentou, em síntese, que o ato impetrado "atentou contra a Constituição Federal e, especialmente, contra o livre exercício do Poder Judiciário, a probidade na administração e o cumprimento das decisões judiciais do juízo da 13ª Vara Criminal Federal de Curitiba. [510]

[509] BRASIL. Supremo Tribunal Federal. **Medida Cautelar em Mandado de Segurança MS 34070 MC/DF.** Partido Popular Socialista e Presidente da República. Relator: Ministro Gilmar Mendes, DJe-54. Publicado em 28 mar. 2016.

[510] BRASIL. Supremo Tribunal Federal. *Op. cit.* Publicado em 28 mar. 2016.

Na liminar, o ministro argumentou que:

> Nenhum Chefe do Poder Executivo, em qualquer de suas esferas, é dono da condução dos destinos do país; na verdade, ostenta papel de simples mandatário da vontade popular, a qual deve ser seguida em consonância com os princípios constitucionais explícitos e implícitos, entre eles a probidade e a moralidade no trato do interesse público "lato sensu". O princípio da moralidade pauta qualquer ato administrativo, inclusive a nomeação de ministro de Estado, de maneira a impedir que sejam conspurcados os predicados da honestidade, da probidade e da boa-fé no trato da "res publica".[...] Porque, a despeito de sua aparência de legalidade, porque, a despeito de estarem, à primeira vista, em conformidade com uma regra, destoam da razão que a justifica, escapam ao princípio e ao interesse que lhe é subjacente. Trata-se simplesmente de garantir coerência valorativa ou justificativa ao sistema jurídico e de apartar, com clareza, discricionariedade de arbitrariedade. [...] Especificamente nos casos de desvio de finalidade, o que se tem é a adoção de uma conduta que aparenta estar em conformidade com um certe regra que confere poder à autoridade (regra de competência), mas que, ao fim, conduz a resultados absolutamente incompatíveis com o escopo constitucional desse mandamento e, por isso, é tida como ilícita. Aplicando essas noções ao caso em tela, tem-se que a Presidente da República praticou conduta que, a priori, estaria em conformidade com a atribuição que lhe confere o art. 84, inciso I, da Constituição – nomear ministros de Estado. Mas, ao fazê-lo, produziu resultado concreto de todo incompatível com a ordem constitucional em vigor: conferir ao investigado foro no Supremo Tribunal Federal. Não importam os motivos subjetivos de quem pratica o ato ilícito. O vício, o ilícito, tem natureza objetiva. A bem dizer, a comprovação dos motivos subjetivos que impeliram a mandatária à prática, no caso em tela, (...) configura elemento a mais a indicar a presença do vício em questão, isto é, do desvio de finalidade. A rigor, não cabe investigar aqui o dolo, a intenção de fraudar a lei. Não está em questão saber se a Presidente praticou crime, comum ou de responsabilidade. Não é disso que se cuida. É exatamente esse pano de fundo que deve nortear a análise de eventual desvio de finalidade na nomeação de ministro de Estado. Nesse contexto, o argumento do desvio de finalidade é perfeitamente aplicável para demonstrar a nulidade da nomeação de pessoa criminalmente implicada, quando prepondera a finalidade de conferir-lhe foro privilegiado. No caso concreto, a alegação é de que o ex-Presidente Luiz Inácio Lula da Silva teria sido empossado justamente para deslocar o foro para o

> STF e salvaguardar contra eventual ação penal sem a autorização parlamentar prevista no art. 51, I, da CF. [...] Não se nega que as investigações e as medidas judiciais poderiam ser retomadas perante o STF. Mas a retomada, no entanto, não seria sem atraso e desassossego. O tempo de trâmite para o STF, análise pela PGR, seguida da análise pelo relator e, eventualmente, pela respectiva Turma, poderia ser fatal para a colheita de provas, além de adiar medidas cautelares. Logo, só por esses dados objetivos, seria possível concluir que a posse em cargo público, nas narradas circunstâncias, poderia configurar fraude à Constituição. A rigor, assim como nos precedentes acerca da manutenção da competência do Tribunal em caso de renúncia em fase de julgamento, não seria necessário verificar os motivos íntimos que levaram à prática do ato. A simples nomeação, assim como a renúncia, demonstram suficientemente a fraude à Constituição.

Em seguida, o Tribunal passa a basear a decisão em indícios probatórios, no caso, o vazamento de escutas pelo então juiz da investigação, Sérgio Moro. Logo, fica claro que se tratava de meros indícios que foram passíveis de derrubar a presunção de legalidade, legitimidade e veracidade do ato administrativo que, neste caso específico, tem pouca ou quase nenhuma força ou relevância. Ao que o ministro relator, Gilmar Mendes, conclui "defiro a medida liminar, para suspender a eficácia da nomeação de Luiz Inácio Lula da Silva para o cargo de ministro chefe da Casa Civil, determinando a manutenção da competência da justiça em primeira instância dos procedimentos criminais em seu desfavor".[511]

Passa-se, então, à análise do MS 34609/DF[512], cuja liminar foi indeferida em 14.02.2017, permitindo ao então presidente Michel Temer nomear Wellington Moreira Franco como ministro de estado chefe da Secretaria-Geral da Presidência da República.

A parte impetrante alegou que:

> Trata-se de mandado de segurança, com pedido de medida liminar, impetrado por agremiação partidária contra o decreto presidencial de nomeação do Senhor Wellington Moreira Franco, investido no cargo de Ministro de

[511] BRASIL. Supremo Tribunal Federal. *Op. cit.*, Publicado em 28 mar. 2016.

[512] BRASIL. Supremo Tribunal Federal. **Medida Cautelar em Mandado de Segurança MS 34609 MC/DF.** Rede Sustentabilidade – Diretório Nacional e Presidente da República. Relator: Ministro Celso de Mello, DJe-31. Publicado em 16 fev. 2017.

Estado Chefe da Secretaria-Geral da Presidência da República. Sustenta-se, nesta sede mandamental, que referido ato de nomeação mostrar-se-ia inválido, porque afetado por desvio de finalidade, eis que a razão subjacente a tal deliberação presidencial consistiria, alegadamente, em virtude da outorga de prerrogativa de foro ao litisconsorte passivo necessário, em "evitar o regular andamento das investigações em sede da operação Lava Jato", para, desse modo, "impedir sua prisão e os regulares desdobramentos perante o juízo monocrático", o que "coloca em risco a celeridade do julgamento". O impetrante do presente mandado de segurança coletivo insiste na afirmação de que "a criação de um Ministério quatro dias após a homologação de delações premiadas [o caso Odebrecht] teve o fito de obstrução da justiça", revelando-se "dispensáveis provas subjetivas para tanto". Após enfatizar que o "ato ilegal de criação de Ministério para concessão de prerrogativa de função cumpre todos os requisitos clássicos das hipóteses sempre narradas como exemplificativas do desvio de finalidade", o autor desta ação mandamental adverte que a permanência do Senhor Wellington Moreira Franco no cargo de ministro de Estado, por implicar deslocamento da competência penal, para esta Suprema Corte, do órgão judiciário de primeira instância, repercutirá, "ilegalmente, na sequência das investigações e em eventual apreciação de pedido de prisão formulado contra ele", dando causa – segundo alega o impetrante – a um contexto claramente revelador de fraude à Constituição.[513]

O ministro relator, Celso de Mello fixa a controvérsia como a seguinte:

> A controvérsia suscitada na presente causa mandamental cinge-se a uma questão específica que pode ser resumida na seguinte indagação: a nomeação de alguém para o cargo de ministro de estado, mesmo preenchidos os requisitos previstos no art. 87 da Constituição da República, configuraria hipótese de desvio de finalidade pelo fato de importar – segundo sustenta o impetrante – em obstrução aos atos de investigação criminal supostamente provocada em razão de o ministro de Estado dispor de prerrogativa de foro perante o Supremo Tribunal Federal?[514]

Ou seja, exatamente a mesma controvérsia do caso relatado anteriormente: nomeação de ministro investigado pela operação Lava-Jato, com

[513] BRASIL. Supremo Tribunal Federal. *Op. cit.* Publicado em 16 fev. 2017.
[514] *Ibidem.*

pedido de invalidade ante à alegação de desvio de finalidade por objetivar dar ao nomeado a prerrogativa de foro garantida ao cargo.

Quanto ao desvio de finalidade, o conceito foi preenchido, desta vez, da seguinte forma: "desvio de finalidade qualifica-se como vício apto a contaminar a validade jurídica do ato administrativo, inquinando-o de nulidade". Ao que se seguiu:

> A configuração desse grave vício jurídico, no entanto, que recai sobre um dos elementos constitutivos do ato administrativo, pressupõe a intenção deliberada, por parte do administrador público, de atingir objetivo vedado pela ordem jurídica ou divorciado do interesse público (José dos Santos Carvalho Filho, "Manual de Direito Administrativo", p. 118/119, item n. 5, 25ª ed., 2012, Atlas), desígnio esse que não se presume, sob pena de subversão dos postulados referentes à presunção de legalidade, de veracidade e de legitimidade de que se reveste todo e qualquer ato emanado da Administração Pública. Nessa linha de entendimento, incumbe a quem imputa ao administrador público a prática desviante de conduta ilegítima a prova inequívoca de que o agente público, não obstante editando ato revestido de aparente legalidade, ter-se-ia valido desse comportamento administrativo para perseguir fins completamente desvinculados do interesse público.[515]

E seguiu-se que

> Não constitui demasia assinalar, neste ponto, que o decreto presidencial ora impugnado, à semelhança de qualquer outro ato estatal, reveste-se de presunção "juris tantum" de legitimidade, devendo prevalecer, por tal razão, sobre as afirmações em sentido contrário, quando feitas sem qualquer apoio em base documental idônea que possa infirmar aquela presunção jurídica. Esse entendimento – que põe em evidência o atributo da legitimidade e da veracidade inerente aos atos emanados do Poder Público e de seus agentes [...] A jurisprudência desta Suprema Corte, por sua vez, tem enfatizado, em sucessivas decisões, que, em decorrência do atributo da presunção de legitimidade e de veracidade que qualifica os atos da Administração Pública, impõe-se a quem os questiona em juízo o ônus processual de infirmar a veracidade dos fatos que motivaram sua edição, não lhes sendo oponíveis, por insuficientes, meras alegações ou juízos conjecturais deduzidos em sentido contrário [...][516]

[515] *Ibidem.*
[516] BRASIL. Supremo Tribunal Federal. *Op. cit.*, Publicado em 16 fev. 2017.

No tocante à imunidade conferida a ministros de Estado, a lógica da Corte, desta vez foi totalmente contrária à aplicada no outro caso, confira-se:

> E a razão é uma só: a mera outorga da condição político-jurídica de ministro de Estado não estabelece qualquer círculo de imunidade em torno desse qualificado agente auxiliar do Presidente da República, pois, mesmo investido em mencionado cargo, o ministro de Estado, ainda que dispondo da prerrogativa de foro "*ratione muneris*", nas infrações penais comuns, perante o Supremo Tribunal Federal, não receberá qualquer espécie de tratamento preferencial ou seletivo, uma vez que a prerrogativa de foro não confere qualquer privilégio de ordem pessoal a quem dela seja titular. [...] Vê-se desse rol de medidas que o ministro de Estado, além de estar sujeito a todas elas, também não dispõe de quaisquer benefícios adicionais ou vantagens processuais em razão da prerrogativa de foro de que é titular, sendo-lhe dispensada, nessa matéria, igualdade de tratamento aplicável a qualquer outro cidadão da República, como sucede, p. ex., em relação aos direitos e garantias individuais a todos assegurados, indistintamente, pela própria Constituição, com especial destaque, ante o seu caráter de essencialidade, para o direito fundamental de sempre ser presumido inocente até o trânsito em julgado de eventual condenação criminal [...] Cumpre insistir, portanto, em que a investidura de qualquer pessoa no cargo de ministro de Estado não representa obstáculo algum a atos de persecução penal que contra ela venham eventualmente a ser promovidos perante o seu juiz natural, que, por efeito do que determina a própria Constituição (CF, art. 102, I, alínea "c"), é o Supremo Tribunal Federal.[517]

Ao que se concluiu, ao final, pelo indeferimento da liminar e, portanto, pela manutenção da nomeação ministerial.

Diante disso, resta escancarada a ausência de reconhecimento da moralidade institucional e os danos que ela pode causar, havendo instabilidade, manipulação dos princípios e conceitos abertos ao gosto político da Corte, mais uma vez, tudo correndo ao desejo instável das massas que, à época do julgamento do MS 34070/DF, se manifestavam contra a então Presidente Dilma Rousseff, que nomeou Lula ministro, a ponto de que tal indignação popular culminou em seu *impeachment*.

[517] *Ibidem*.

Extrai-se que, no julgamento de Lula, a prerrogativa de foro foi tida como desvio de finalidade porque se buscaria atraso e desassossego na investigação e medidas judiciais, dado que o Relator aduziu que o tempo em trâmite para o STF e PGR se manifestarem poderia ser "fatal para a colheita de provas e adiar medidas cautelares", entendendo a existência de fraude à Constituição.

Como visto, no primeiro caso, a presunção de legitimidade teve pouca ou nenhuma relevância, já que, como argumentou o ministro: "a despeito de sua aparência de legalidade, porque, a despeito de estarem, à primeira vista, em conformidade com uma regra, destoam da razão que a justifica, escapam ao princípio e ao interesse que lhe é subjacente".

Ainda, o que deu azo à ilegalidade, conforme relatado acima, foi a Presidente ter produzido

> "[...] resultado concreto de todo incompatível com a ordem constitucional em vigor: conferir ao investigado foro no Supremo Tribunal Federal. Não importam os motivos subjetivos de quem pratica o ato ilícito. O vício, o ilícito, tem natureza objetiva. A bem dizer, a comprovação dos motivos subjetivos que impeliram a mandatária à prática (...) configura elemento a mais a indicar a presença do vício em questão, isto é, do desvio de finalidade"

E continuou o ministro: "Nesse contexto, o argumento do desvio de finalidade é perfeitamente aplicável para demonstrar a nulidade da nomeação de pessoa criminalmente implicada, quando prepondera a finalidade de conferir-lhe foro privilegiado."

No caso do Moreira Franco, restou consignado que a prerrogativa de foro "não estabelece qualquer círculo de imunidade" porque, segundo o relator, não gera privilégio pessoal, dado que o ministro não receberá qualquer espécie de tratamento diferenciado. Consta na decisão que também não teria benefício adicional ou vantagem processual, restando ressalvado seu direito à presunção de inocência e seus direitos fundamentais.

Assim, no segundo caso, o conteúdo do discurso restou substancialmente alterado. Deu-se forte peso à presunção *juris tantum* de legitimidade, devendo essa prevalecer, sobre as afirmações em sentido contrário, rejeitada toda a situação fática, porque não serviria como "base documental idônea" a rejeitar a presunção jurídica, "não lhes sendo oponíveis, por insuficientes, meras alegações ou juízos conjecturais deduzidos em sentido contrário". Ainda, como mencionado acima, insistiu-se que a

"[...] mera outorga da condição político-jurídica de ministro de Estado não estabelece qualquer círculo de imunidade em torno desse qualificado agente auxiliar do Presidente da República, pois, mesmo investido em mencionado cargo, o ministro de Estado, ainda que dispondo da prerrogativa de foro *ratione muneris*, nas infrações penais comuns, perante o Supremo Tribunal Federal, não receberá qualquer espécie de tratamento preferencial ou seletivo, uma vez que a prerrogativa de foro não confere qualquer privilégio de ordem pessoal a quem dela seja titular".

Note-se que, em posição diametralmente oposta ao primeiro caso, restou entendido que não há qualquer ilegalidade na garantia de foro privilegiado a ministro investigado, ao que o relator esclareceu que "mera outorga da condição político-jurídica de ministro de Estado não estabelece qualquer círculo de imunidade em torno desse qualificado agente auxiliar do Presidente da República pois, mesmo investido em mencionado cargo, o ministro de Estado, ainda que dispondo da prerrogativa de foro *ratione muneris,* nas infrações penais comuns, perante o Supremo Tribunal Federal, não receberá qualquer espécie de tratamento preferencial ou seletivo, uma vez que a prerrogativa de foro não confere qualquer privilégio de ordem pessoal a quem dela seja titular".

Tais exemplos revelam a instabilidade, a insegurança e ausência de compromisso com uma moral institucional por parte da nossa Corte Suprema, dado que os julgamentos foram realizados com intervalo de, aproximadamente, um ano.

A instabilidade e a incoerência não ocorrem somente entre as instituições, mas também dentro delas, como no caso específico do Judiciário, descrito a seguir. No dia 04 de agosto de 2020, o ministro Sebastião Reis Júnior, do Superior Tribunal de Justiça, levou a julgamento, na 6ª turma, um pedido em *habeas corpus*, "com o expresso objetivo de, ao conceder a ordem, fazer um apelo aos tribunais de segundo grau que desrespeitam a jurisprudência das cortes superiores"[518]. Na ocasião, fez críticas à desobediência reiterada de precedentes e súmulas.

Diante do exposto, passa-se à conclusão deste trabalho, em que se formula uma reflexão para o aperfeiçoamento da atuação das cortes brasileiras.

[518] MIGALHAS. **Ministros do STJ criticam TJ-SP por desobediência de jurisprudência criminal.** Disponível em: https://www.conjur.com.br/2020-ago-04/ministros-stj-criticam--desobediencia-jurisprudencia-criminal. Acesso em 10 ago. 2020.

6.5. Positivismo inclusivista e moralidade institucional: uma reflexão para o aperfeiçoamento da atuação das cortes brasileiras

A tese defendida neste trabalho apresenta o problema da ausência de identificação de uma moralidade institucional, dado que o conteúdo dos direitos consignados na Constituição Federal de 1988 ainda estão em disputa, gerando insegurança e incoerência. Tal situação faz com que as Cortes, muitas vezes, deixem-se reger pelo clamor das massas, o que acaba por desembocar em uma espécie de populismo.

Diante do exposto, tem-se claramente a necessidade de construção de uma moralidade institucional no Brasil, num contexto de falta de coerência e unicidade institucional quanto ao conteúdo dos direitos. Passados mais de trinta anos da promulgação da Constituição Federal atual, o conteúdo dos direitos continua em disputa, sem que haja um foco em estabelecer coerência e unicidade. Isso gera o enfraquecimento das instituições, num cenário de insegurança e desconfiança.

Há que se observar que se compreende como válida a crítica que MacCormick faz a Hart, no sentido de que o preço a se pagar pela certeza, eficiência e adaptabilidade de instituir que regras são compulsórias por deter autoridade em determinada comunidade, aplicadas por meio de um processo de coerção contra aqueles que desobedecerem, é alto e questionável. Afinal, em sociedades com sistemas jurídicos em que, supostamente, os cidadãos não precisam endossar as regras por si, aqueles que se beneficiam significativamente das regras podem, por sua força coletiva, sustentar uma ordem social independente de consenso social real, desde que possam manter seu sistema em vigor[519].

Porém, diferente do inicialmente defendido por Hart[520], o direito permite, em MacCormick, heterorreferência, ou seja, referência a conceitos morais. Isso se dá por meio do pré-compromisso moral daquela sociedade: a moralidade institucional.

[519] MACCORMICK, Neil. WEINBERGER, Ota. *Op. cit.*, p. 137.

[520] Ainda que Hart, tal qual Hans Kelsen, concorde com a tese de que não há vinculação entre direito e moral, fato é que a versão anglo-saxônica do positivismo jurídico é positivista não só por isso, mas também porque analisa o direito a partir da noção de regra e obrigação jurídica. Hart defende que a constatação da legitimidade do sistema exaure-se na legalidade do procedimento de normativização/positivação, de modo que o direito é tido como um sistema autônomo e autorreferente, pois condiciona a validade da norma ao atendimento dos procedimentos prescritos juridicamente, ou seja, prescritos nele mesmo.

Nos termos do positivismo de MacCormick, o direito se apresenta como uma forma de prática social ou instituição social que deve ser submetida a uma crítica moral permanente, fundada em princípios de moralidade esclarecida, os quais, inclusive, podem vir a divergir radicalmente dos princípios e valores existentes no direito. O referido autor acredita que o direito constitucional se estabelece na visão de um Estado constitucional que é ou aspira ser uma ordem moral. Portanto, é inegável a existência de uma moralidade institucional a sustentá-lo.

A moralidade institucional aqui, como mencionado acima, é compreendida como uma espécie de pré-compromisso institucional, podendo ter como objetivo alcançar resultados adequados, bem como servindo como mecanismo de proteção aos direitos[521]. Sem a compreensão de uma moralidade institucional em determinado sistema jurídico, o que se tem são posicionamentos institucionais contraditórios entre si, prejudicando, por óbvio, a confiança institucional.

Neste trabalho, tem-se que os valores e princípios foram fixados na Constituição brasileira de 1988, concretizando um pré-compromisso futuro, dada o momento de ruptura institucional, nos termos do país idealizado pela Assembleia Constituinte, após anos de Ditadura Militar. Esses princípios e conceitos abertos consignados na Carta, contudo, passaram a ser objeto de disputa e, passados mais de trinta anos, pelo que se vê dos exemplos judiciais colacionados, parece não haver a preocupação das Cortes em solucionar essa disputa de conteúdo.

Na ótica de MacCormick, a chave está no enquadramento de uma moralidade institucional que tem por objetivo atitudes práticas, como um conjunto de princípios completamente articulados. Como visto, ele tenta demonstrar o ponto de intersecção entre buscar elucidar, em termos gerais, os padrões estruturais e sistêmicos do direito, no nível legal e institucional, e fazer uma asserção de que a vida do direito é um esforço permanente para cumprir os imperativos morais práticos implícitos nas instituições jurídicas e nas regras legais[522].

Para tanto, deve-se aceitar a ideia de que é possível a objetividade moral, nos termos defendidos por Moreso, e ter como pressuposto dessa construção que o pluralismo obrigatoriamente deve ser respeitado, afinal, é essa a

[521] MACCORMICK, Neil. WEINBERGER, Ota. *Op. cit.*, p. 141.
[522] MACCORMICK, Neil. WEINBERGER, Ota. *Op. cit.*, p. 186.

base de qualquer democracia constitucional. Se é assim, ideias excludentes e contrárias ao pluralismo devem ser compreendidas de acordo com a tese desenvolvida por Moreso, no argumento *reductio ad Ratzingerum*, ou seja, não podem participar do debate público e não devem ser consideradas quando da disputa dos direitos.

Para reconhecer a moralidade institucional, uma dica poderia ser encontrada em Dworkin, que indica o seguinte caminho: para se identificar os princípios vigentes numa determinada comunidade, é necessário identificar as preocupações e tradições morais que, para o jurista, sustentem determinada regra. Esse processo leva o jurista à análise profunda da teoria moral e política, indo além da simples afirmação de que existe algum teste de *pedigree* para decidir qual justificação apresentada tem maior peso perante as instituições políticas. Parte-se da ideia de que argumentos convincentes podem ser oferecidos para caracterizar uma teoria superior a outra[523]. Explica Dworkin que o padrão moral de uma comunidade se refere a princípios morais que servem de base para instituições de suas leis, no sentido de que tais princípios podem figurar em uma teoria do direito bem fundada.

Contudo, a integridade deve ser entendida como completude do sistema, a fim de se tornar um todo coerente, valor este que é caro a MacCormick.

No Brasil, como dito acima, é possível identificar o problema de ausência do reconhecimento de uma moralidade institucional, o que acaba fazendo com que as diretrizes institucionais variem de acordo com a posição ideológica dos donos do poder. Em consequência, pode-se vislumbrar certa incoerência entre leis, diretrizes, decisões judiciais e interpretação jurídica. Afinal, sem reflexão acerca de qual a moral institucional que dá conteúdo aos direitos, eles não só continuam em disputa, mas também podem ser facilmente manipulados pelo grupo momentaneamente no poder.

E, em se tratando das democracias constitucionais, segundo Moreso, não existe um acordo sobre os seus aspectos centrais, no seguinte sentido: primeiro, não há acordo acerca de quais tipos de razões amparam esse modelo, tampouco se entre elas estão as razões morais; em segundo lugar, não se tem um acordo acerca de quais questões, na hipótese de haver alguma, devem ficar à margem das decisões democráticas de acordo com a regra da maioria[524].

523 *Ibidem*, p. 102-107.

524 MORESO, José Juan. *Op. cit.*, 2009, p. 22-23.

Moreso se propõe a tratar da questão acerca de qual deve ser a teoria da intepretação nos (numerosos) casos em que as declarações de direitos remetem a conceitos e juízos de valor. Segundo ele, as constituições, nas democracias contemporâneas, contêm muitos termos valorativos em suas declarações de direito, os quais conduzem à questão acerca da identificação do direito recorrendo-se a argumentos morais. Neste trabalho, compreende-se que, justamente por isso, é que os direitos se mostram em disputa e há necessidade de se trabalhar para formar um todo coerente e coeso.

Como restou demonstrado pelos julgamentos analisados, é urgente a reflexão sobre o conteúdo e o direcionamento moral dos direitos. Para tanto, a reflexão e a busca por uma moral institucional, a partir dos pressupostos colocados, mostra-se como uma excelente ferramenta para se buscar solucionar adequadamente a situação do conteúdo dos princípios, o reforço da Constituição e a segurança institucional.

Assim, como expôs Moreso, há um conteúdo moral na constituição, afinal, conforme MacCormick, toda ordem constitucional aspira uma ordem moral. Esse conteúdo moral foi corporificado como jurídico por meio de uma Assembleia Constituinte legitimamente constituída, de modo que pode-se concluir que é na Constituição brasileira que se encontra a moralidade básica que rege o país.

Reforça-se que um dos problemas está na maneira como as instituições devem dar conteúdo a esses princípios jurídico-morais. As disputas interpretativas sobre esse conteúdo inevitavelmente surgem por conta da indeterminação da linguagem. Assim, ele deve ser disputado e densificado pelas instituições e atores sociais e políticos, e a resolução dessa disputa deve ser reafirmada no espaço institucional, ao que deveria vir à tona a identificação da moral institucional.

As decisões colegiadas, por usa vez, devem evitar o aguilhão semântico e partir do pressuposto comum acerca do que entendem por direito. Esse consenso identifica, reforça e alimenta a moralidade institucional, reduzindo problemas de interpretação e incoerência. Logo, o compromisso institucional deve ser reafirmado quando das manifestações estatais.

Em decorrência dessa integração coerente do direito, a partir da compreensão, formulação ou identificação de uma moralidade institucional, questões envolvendo unicidade se assentam, como é o caso do uso dos precedentes. Com um direcionamento, é certo que as decisões judiciais poderão conversar entre si, sofisticando as discussões e gerando segurança, ainda que com a possibilidade de evolução de valores, que naturalmente permeiam uma sociedade supercomplexa.

Note-se que não se trata de uma moral de um grupo imposta sobre os demais, mas é imprescindível que ela respeite a pluralidade das sociedades contemporâneas e sua complexidade.

Após as reflexões trazidas por esta obra percebeu-se que os precedentes não funcionam adequadamente no Brasil e são vistos com desconfiança justamente porque, muito embora existam práticas constitucionais compartilhadas, não resta identificado o pré-compromisso a embasar a moral institucional e os direitos se encontram em forte disputa, de modo que as Cortes, a cada decisão, tendem para um ou outro conteúdo, de forma incoerente e instável, como exemplificados nos julgamentos apresentados.

Ou seja, foi importado um mecanismo processual diretamente de uma realidade de *common law* sem que o legislador se atentasse e fosse cuidadoso com o fato de que todo arcabouço teórico anterior a tal mecanismo não continha muita semelhança ao brasileiro. Importou-se o resultado, a ferramenta, mas não a estrutura cultural e relativa aos costumes que lhe servia de base.

Logo, enquanto essa questão anterior, ou seja, a identificação, construção e reafirmação de uma moral institucional a direcionar e dar conteúdo ao direito quando de sua abertura à moral, não for pensada e solucionada, não há como se alcançar o adequado funcionamento dos precedentes.

Reitera-se que os julgados que serviram de exemplo neste trabalho demonstram que as Cortes funcionam de forma incoerente, preenchendo conceitos jurídicos e direcionando o direito de forma populista. Um outro exemplo de incoerência institucional são a súmula vinculante número 5 do STF: "A falta de defesa técnica por advogado no processo administrativo disciplinar não ofende a Constituição" e a súmula 343 do STJ: "É obrigatória a presença de advogado em todas as fases do processo administrativo disciplinar". Ora, diante disso, parece razoável que os magistrados eventualmente demonstrem insegurança quanto às súmulas.

Nesta obra, acredita-se apontar o problema central das instituições e Cortes brasileiras, de modo que a desconfiança dos precedentes é apenas um reflexo disso. Afinal, a reflexão e os caminhos postos nesta tese são preliminares a qualquer discussão que se possa ter sobre o comportamento das Cortes, órgãos e instituições.

7
CONSIDERAÇÕES FINAIS

A trajetória metodológica deste trabalho se inicia com um panorama do positivismo jurídico clássico. A primeira teoria a ser tratada é a Hans Kelsen, principal positivista jurídico continental, apresentando-se sua ideia de sistema fechado e autorreferente. Em seguida, aborda-se o positivismo jurídico anglo-saxão de H. L. A. Hart, segundo o qual, não há uma relação obrigatória entre direito e moral, ainda que o direito seja um sistema jurídico aberto. Para ele, a norma jurídica se expressa por meio de regras primárias e secundárias, passíveis de interpretação, dada a textura aberta da linguagem.

Então, passa-se ao principal crítico de Hart: Ronald Dworkin, que constrói uma teoria interpretacionista, a partir do ferramental positivista, combatendo os pressupostos hartianos. Para Dworkin, não-positivista, a moral e o direito estão intrinsecamente relacionados. O direito conteria princípios morais que lhe dão base e substância, tornando necessária a interpretação do direito posto. Diante disso, por identificar direito com a ideia de integridade, haveria uma única resposta correta, a qual ficaria a cargo do Juiz Hércules. Explica Dworkin que, por ser uma teoria descritiva, o positivismo tem como falha não se atentar à existência de desacordos acerca da concepção de direito, e o resultado disso seria o que ele chama de aguilhão semântico. O aguilhão semântico pressupõe que os juízes têm concepções diferentes acerca de normas e precedentes.

Assim, trata-se da resposta que Hart oferece a Dworkin, revendo alguns pontos de sua teoria e reafirmando outros. Desse debate, há uma cisão entre positivismo jurídico inclusivista e exclusivista. Os chamados inclusivistas defendem o aperfeiçoamento da teoria de Hart, ainda que sem rejeitar a estrutura positivista clássica, ao que passam a permitir uma relação contingente entre direito e moral. Já os chamados exclusivistas compreendem que o positivismo não deveria se modificar a partir das críticas dworkinianas, mantendo hígida a separação entre direito e moral.

Esta obra filia-se ao positivismo inclusivista a partir de dois autores: Neil MacCormick e José Juan Moreso.

Muito embora MacCormick, a partir de 1995, tenha alterado seu pensamento e se tornado o que ele chama de pós-positivista, o recorte deste trabalho é de sua fase anterior, inclusivista, a qual se considera rica e de grande valia. E é justamente nessa fase que ele trata de um conceito central para este trabalho: o de moralidade institucional, que "é o conjunto de doutrinas morais e princípios que melhor se encaixam às instituições existentes com o menor sacrifício de uma visão moral ideal ou histórica de como a vida em uma sociedade organizada deveria ser para os indivíduos" [525]

Para que esse conceito seja adaptável à realidade latina, tem-se como necessária a observância de dois pressupostos, extraídos da obra de Moreso: a objetividade moral e o pluralismo, base de uma democracia constitucional. A fim de garantir o pluralismo no debate público, Moreso formula um argumento muitíssimo interessante, utilizado neste livro, que ele chama de *reductio ad Ratzingerum.*

Diante disso, simula-se como seria o comportamento do conceito de moralidade institucional, aperfeiçoada a partir dos pressupostos de objetividade moral e pluralismo, frente às três teses positivistas: 1) tese da separação: a moralidade institucional implica numa relação contingente entre direito e moral, pois o direito pode vir a ser identificado a partir dela, mas não obrigatoriamente; 2) tese das fontes sociais: tem-se que o direito é um fenômeno convencional, havendo convenções compartilhadas por um determinado grupo que permitam a identificação do direito, ao que são permitidos critérios últimos de validade que podem incorporar a moralidade institucional e integrar o conteúdo das restrições jurídicas constitucionais; 3) tese da discricionariedade: a moralidade institucional se apresenta como uma limitação à discricionariedade judicial, ao mesmo

[525] Tradução livre de: "[...] *it is the set of moral doctrines and principles which best fits actual existing institutions at the least sacrifice an ideal or background moral view of how life is an organized society ought to be for individuals.*" MACCORMICK, Neil; WEINBERGER, Ota. *Op. cit.*, p. 180.

tempo que direciona e dá conteúdo ao direito, não havendo apenas uma, mais várias respostas corretas, reafirmando os direitos em disputa.

Note-se que, com a identificação e construção da moralidade institucional, o aguilhão semântico de Dworkin seria reduzido, afinal, estar-se-ia mais próximo de uma convenção acerca do conteúdo do direito.

Chegando ao final do livro, debruça-se no problema da incoerência judicial e da atual disputa acerca do conteúdo dos direitos no contexto brasileiro.

Fato é que, diferentemente da realidade de *common law*, em que as teorias de Hart, Dworkin e MacCormick foram desenvolvidas, no Brasil, e nesse ponto nos aproximamos da estrutura kelseniana de *civil law*, não se formulou a Constituição de 1988 somente como uma positivação de costumes e valores. A Constituição brasileira surge após um regime militar que assolou o país, de maneira que a Assembleia Constituinte previu e idealizou na Carta Magna um país para o futuro, com diversos princípios e conceitos indeterminados. Contudo, passados mais de trinta anos da promulgação constitucional, os direitos continuam em disputa. Isso se dá justamente porque as tentativas de unificação dos direitos não se atentaram ao verdadeiro problema: o pré-compromisso moral ou a moralidade institucional que serve de base para o direcionamento do direito.

Diante de tudo isso, resta escancarado o problema da necessidade de construção e identificação clara da moralidade institucional brasileira, a fim de dar conteúdo coerente e unificado aos direitos e princípios, contribuindo para a construção de segurança e credibilidade institucional. Os primeiros passos para a solução desse problema devem ser tomados tendo como pressuposto a objetividade moral a tendo a pluralidade um lugar irrenunciável no debate público, de modo que discursos que a desrespeitem não podem ter voz.

REFERÊNCIAS

ATIENZA, Manuel. ***Entrevista a Neil MacCormick.*** Doxa: *Cuadernos de Filosofía del Derecho*, n. 29, 2006, p. 479-489.

BANDA B. **Justiça suspende revogação de normas de proteção a mangues e restingas.** Disponível em: https://www.bandab.com.br/politica/justica-suspende-revogacao-de-normas-de-protecao-a-mangues-e-restingas/. Acesso em 03 out. 2020.

BIX, Brian H. ***Nature Law: The Modern Tradition.*** *In* COLEMAN, Jules L.; HIMMA, Kenneth Einar; SHAPIRO, Scott J. *The Oxford Handbook of Jurisprudence and Philosophy of Law*. Oxford University Press: New York, 2002.

BOBBIO, Norberto. **Teoria Geral do Direito**. Trad. Denise Agostinetti. 3ª ed. São Paulo: Martins Fontes, 2010.

BOLZANI, Cesar F. **Coerência, Fontes e Incorporação**: Investigações sobre a relação entre direito e moral. Dissertação (Mestrado em Direito) – Faculdade de Direito, Universidade Federal do Paraná. Curitiba, Paraná, 2016.

______. A teoria do direito de Joseph Raz: autoridade, direito e moral. *In* TORRANO, Bruno; OMMATI, José Emílio Medauar (coord.) **O Positivismo Jurídico no século XXI** – Coleção Teoria Crítica do Direito, vol. 5. Rio de Janeiro: Lumen Juris, 2018.

BRASIL. Supremo Tribunal Federal. **Medida Cautelar em Mandado de Segurança MS 34070 MC/DF**. Partido Popular Socialista e Presidente da República. Relator: Ministro Gilmar Mendes, DJe-54. Publicado em 28 mar. 2016.

______. **Medida Cautelar em Mandado de Segurança MS 34609 MC/DF.** Rede Sustentabilidade – Diretório Nacional e Presidente da República. Relator: Ministro Celso de Mello, DJe-31. Publicado em 16 fev. 2017.

CELLA, José Renato Graziero. **Legalidade e Discricionariedade: o debate ente Hart e Dworkin.** Comunicação apresentada nas XIX Jornadas Argentinas y Primeras Jornadas Argentino-Brasileñas de Filosofía Jurídica y Social (San Carlos de Bariloche, Río Negro, Argentina, 7, 8 y 9 de octubre de 2005), com exposição em 08 de outubro de 2005, organizado pela *Asociación Argentina de Filosofia Del Derecho* – AAFD e pela Associação Brasileira de Filosofia do Direito e Sociologia do Direito – ABRAFI, respectivas seções nacionais da *International Association for Philosophy of Law and Social Philosophy – IVR (Internationale Vereinigung für Rechts – und Sozialphilosophie)*.

______; OLIVEIRA, Marlus Heriberto Arns. ***The debate between Bulygin and Kelsen on the validity and efficacy of law.***

Revista Brasileira de Direito. Vol. 11 n. 02 (2005). Disponível em: https://seer.imed.edu.br/index.php/revistadedireito/article/view/955/955. Acesso em 19 fev. 2020.

CHIASSONI, Pierluigi. Wiener Realism. *In* ***Kelsen Revisited: New Essays on the Pure Theory of Law***. D'ALMEIDA, Luís Duarte; GARDNER, John; GREEN, Leslie. Oxford: Hart Publishing. 2013.

CHUEIRI, Vera Karam de. Ronald Dworkin. *In* BARRETO, Vicente de Paulo (coord.) **Dicionário de Filosofia do Direito.** São Leopoldo: Editora Unisinos, 2009.

______; SAMPAIO, Joanna Maria de Araújo. **Coerência, Integridade e Decisões Judiciais**. Nomos – Revista do Programa de Pós-Graduaçãm em Direito da UFC. v. 32 n. 1 (2012): jan./jun. 2012 Disponível em: http://periodicos.ufc.br/nomos/article/view/379. Acesso em 14 dez. 2019.

COELHO, André L. S. **Teorias Analíticas Contemporâneas – Segunda fase do pensamento de Dworkin – Desacordos Teóricos.** Palestra proferida no Seminário Jurídico Avançado do Mestrado em Direito Unichristus. Publicado em 20 out. 2017. Disponível em: https://www.youtube.com/watch?v=TOjjAPSsvJY. Acesso 04 jul. 2019.

______. **Más leituras de Dworkin**. Disponível em: http://aquitemfilosofiasim.blogspot.com/2009/11/mas-leituras-de-dworkin.html. Acesso em 27 nov. 2019.

______. **O que é o aguilhão semântico?** Disponível em: https://aquitemfilosofiasim.blogspot.com/search?q=imp%C3%A9rio+do+direito. Acesso em 10 jul. 2019.

______. Palestra **"Levando os Direitos a Sério"** e **"Uma questão de princípios"**. *In* II Jornada de Teoria do Direito: As Contribuições de Ronald Dworkin para o pensamento jurídico contemporâneo. Disponível em: https://www.youtube.com/watch?v=5AGAGSdsVVE&t=274s. Acesso em 03 jul. 2019.

COLEMAN, Jules L. *Incorporationism, Conventionality, and the Practical Difference Theses*. *In* COLEMAN, Jules (ed.). ***Hart's Poscript: Essays on the Postscript to the Concept of Law.*** New York: Oxford University Press. 2005.

______. ***Negative and Positive Positivism.*** *Journal of Legal Studies*: Vol. 11 : No. 1 , Article 8, 1982. Disponível em: http://faculty.tcu.edu/rgalvin/readings/Jules%20Coleman--Negative%20and%20Positive%20Postivism.doc. Acesso em 20 set. 2020.

COSTA, Pietro. Democracia Política e Estado Constitucional *In* COSTA, Pietro. **Soberania, representação, democracia**: ensaios de história do pensamento jurídico. Curitiba: Juruá Editora, 2010.

DEUTSCHE WELLE. **Salles revoga regras que protegem restingas e manguezais.** Disponível em: https://p.dw.com/p/3j8L8. Acesso em 01 out. 2020.

DI PIETRO, Maria Sylvia Zanella. **Direito Administrativo**. 23ª edição. São Paulo: Editora Atlas, 2010.

DIMOULIS, Dimitri. **Positivismo jurídico: significado e correntes**. Enciclopédia jurídica da PUC-SP. Celso Fernandes Campilongo, Alvaro de Azevedo Gonzaga e André Luiz Freire (coords.). Tomo: Teoria Geral e Filosofia do Direito. Celso Fernandes Campilongo, Alvaro de Azevedo Gonzaga, André Luiz Freire (coord. de tomo). 1. ed. São Paulo: Pontifícia Universidade Católica de São Paulo, 2017. Disponível em: https://enciclopediajuridica.pucsp.br/verbete/84/edicao-1/positivismo-juridico:-significado-e-correntes. Acesso em 26 jul. 2020.

DWORKIN, Ronald. ***Law's Empire.*** Oxford: Hart Publishing, 1998.

______. **Levando os Direitos a Sério.** Trad. Nelson Boeira. 3ed. São Paulo: Ed. WMF Martins Fontes 2016.

______. **O Império do Direito**. Trad. Jeferson Luiz Camargo. 3. ed. São Paulo: Martins Fontes, 2014.

ETCHEVERRY, Juan B. *El caso del positivismo jurídico incluyente.* ***Persona y Derecho.*** *Revista Semestral de la Facultad de Derecho de Navarra.* Números 67. Navarra: 2012.

FINNIS, John, ***Natural Law Theories.*** *The Stanford Encyclopedia of Philosophy (Winter 2016 Edition)*, Edward N. Zalta (ed.), Disponível em https://plato.stanford.edu/archives/win2016/entries/natural-law-theories/. Acesso em 12 fev. 2019.

FROEHLICH, Charles André. **A Diferenciação entre Direito e Moral na Tradição do Positivismo Jurídico.** Tese defendida no PPG-Filosofia da Universidade Federal de Santa Maria em 2017. Disponível em: https://repositorio.ufsm.br/handle/1/13750. Acesso em 09 jul. 2019.

GIZBERT-STUDDNICKI, Tomasz; PIETRZYKOWSKI, Tomasz. ***Positivismo Blando y la distinción entre el derecho y la moral.*** Doxa: *cuadernos de filosofía del derecho*, n. 27. 2004.

HABERMAS, Jürgen, '*Reconciliation through the Public Use of Reason: Remarks on John Rawls's Political Liberalism*', ***The Journal of Philosophy***, 92 (1995): 109-131.

HART, H. L. A. **O Conceito de Direito.** Pós-Escrito organizado por Penelope A. Bulloch e Joseph Raz. Trad. Antônio de Oliveira Sette-Câmara. São Paulo: WMF Martins Fontes, 2009.

______. ***Positivism and the Separation of Law and Morals.*** Harvard Law Review, Vol. 71, No. 4 (Feb., 1958), pp. 593-629. Disponível em http://www.jstor.org/stable/1338225. Acesso em 15 fev. 2019.

______. **Ensaios sobre teoria e filosofia do direito.** Trad. José Garcez Ghirardi e Lenita Maria Romoli Esteves. Rio de Janeiro: Elsevier, 2010.

HIMMA, Kenneth Einar. ***Inclusive Legal Positivism.*** COLEMAN, Jules L.; HIMMA, Kenneth Einar; SHAPIRO, Scott J. *The Oxford Handbook of Jurisprudence and Philosophy of Law*. Oxford University Press: New York, 2002, *Online publication*: 2012.

HUFFPOST BRASIL. **Um ano após 1º decreto de armas de Bolsonaro, confusão sobre regras em vigor impera.** Disponível em: https://www.huffpostbrasil.com/entry/1-ano-decreto-armas_br_5e1f57b6c5b673621f6f73ae. Acesso em 17 ago. 2020.

ILATINA – Iusfilosofía del mundo latino. Disponível em: https://www.conpedi.org.br/eventos/ilatina/#apresenta%C3%A7%C3%A3o. Acesso em 20 set. 2020.

KELSEN, Hans. **Teoria Pura do Direito.** 3ª. ed. brasileira. Trad. João Baptista Machado. São Paulo: Martins Fontes, 1991.

______. ***The Pure Theory of Law And Analytical Jurisprudence.*** *In* Harvard Law Review, vol. 55, n. 1 (nov. 1941) p. 44-70. Disponível em: www.jstor.org/stable/1334739. Acesso: 06 abr. 2017.

LOSANO, Mário G. Introdução à edição italiana, *in* KELSEN, Hans. **O problema da justiça.** São Paulo: Martins Fontes, 1998.

MACCORMICK, Neil. **Argumentação Jurídica e Teoria do Direito**. Trad. Waldéa Barcelos. São Paulo: WMF Martins Fontes, 2009.

______. WEINBERGER, Ota. ***An Institutional Theory of Law:*** *New Approaches to Legal Positivism*, Dordrecht: Ed. Kluwer, 1986.

______. ***Instiutions of Law***. *An essay in Legal Theory*, Oxford: Oxford University Press, 2007.

MACEDO JUNIOR, Ronaldo Porto. **Do xadrez à cortesia:** Dworkin e a Teoria do Direito Contemporânea. São Paulo: Saraiva, 2013.

______. A Crítica de Dworkin ao Convencionalismo e sua Relevância: um esquema de crítica conceitual. Direito, Estado e Sociedade, Rio de Janeiro, v. 1, n. 47, p. 128-155, jul. 2015. Disponível em: https://revistades.jur.puc-rio.br/index.php/revistades/article/view/602/394. Acesso em 16 out. 2020.

MANERO, Juan Ruiz. ***Entrevista con Joseph Raz.*** DOXA: *Cuadernos de Filosofía del Derecho*, núm. 9 (1991).

MARANHÃO, Juliano. **Positivismo jurídico lógico-inclusivo.** Marcial Pons: São Paulo, 2012.

MARMOR, Andrei. ***Exclusive Legal Positivism.*** COLEMAN, Jules L.; HIMMA, Kenneth Einar; SHAPIRO, Scott J. *The Oxford Handbook of Jurisprudence and Philosophy of Law*. Oxford University Press: New York, 2002. *Online publication,* 2012.

______. ***Philosophy of Law***. Princeton University Press. New Jersey: 2011.

MERLIN DE ANDRADE, Melanie. **Entre J.J. Moreso e R. Dworkin: Conexões Entre Objetivismo Moral, Liberalismo Político E Democracia.** *In* SERBENA, Cesar Antonio (ed). *Colloquia philosophica*: diálogos com Joseph J. Moreso. Curitiba: UFPR, 2019.

MIGALHAS. **Ministros do STJ criticam TJ-SP por desobediência de jurisprudência criminal**. Disponível em: https://www.conjur.com.br/2020-ago-04/ministros-stj-criticam-desobediencia-jurisprudencia-criminal. Acesso em 10 ago. 2020.

MINISTÉRIO PÚBLICO DO ESTADO DE MINAS GERAIS. **TJMG declara a inconstitucionalidade do artigo 67 do Novo Código Florestal.** Disponível em: https://www.mpmg.mp.br/areas-de-atuacao/defesa-do-cidadao/meio-ambiente/noticias/tjmg-declara-a-inconstitucionalidade-do-artigo-67-do-novo-codigo-florestal.htm. Acesso em 21 ago. 2020.

MINISTÉRIO PÚBLICO DO ESTADO DE SÃO PAULO. **Para Ministério Público de SP, novo Código Florestal é injusto e caótico.** Disponível em: http://www.mpsp.mp.br/portal/page/portal/cao_criminal/Boas_praticas/Relacao_Projetos/projetoflorestar1/Entrevista-Revista-Epoca.pdf. Acesso em 17 ago. 2020.

MORESO, José Juan. ***El Positivismo Jurídico Contemporâneo.*** *In* J. Fabra Zamora, A. Núñez (eds.), *Enciclopedia de teoria y filosofia del derecho*, México: UNAM, 2015.

______. ***El Derecho: Diagramas Conceptuales.*** Univeridad Externado de Colombia, Bogotá: 2017.

______. ***Es el Poscript de Hart uma versión del positivismo jurídico incluyente?*** Disponível em Academia.edu. Acesso em 22 out. 2019.

______; VILAJOSANA, Josep Maria. ***Introducción a La Teoría del Derecho.*** Barcelona: Marcial Pons, 2004.

______. ***La Constituición: Modelo para Armar***. Marcial Pons: Madrid, 2009.

______. ***La Indeterminación del Derecho y la Interpretación de la Com Constitución.*** *Centro de Estudios Políticos y Constitucionales*: Madid, 1997.

______. ***Lo normativo: variedades y variaciones.***, Madrid: Centro de Estudios Políticos y Constitucionales, 2020.

______. 'Rawls, *El derecho y el hecho del pluralismo'*, ***Anales de la Cátedra Francisco Suárez,*** 55 (2021): 49-74.

MORRISON, Wayne. **Filosofia do Direito** – Dos Gregos ao Pós-Modernismo. 2ª ed. Trad. Jeferson Luiz Camargo São Paulo: Wmf Martins Fontes, 2012.

NEVES, Marcelo da Costa Pinto Neves. **Entre Hidra e Hércules:** princípios e regras constitucionais como diferença paradoxal do sistema jurídico. Tese apresentada em concurso para professor titular do Departamento de Direito da UNB, edital 6/2010. Brasília: UNB, 2010.

NINO, Carlos Santiago. **Introdução à Análise do Direito.** Trad. Elza Maria Gasparotto. São Paulo: Editora WMF Martins Fontes, 2010.

PALOMBELLA, Gianluigi. **Filosofia do Direito**. Trad. Ivone C. Benedetti. São Paulo: Martins Fontes, 2005.

QUINE, Willard v.O. Quine. **O sentido da nova lógica**, 1 ed. 1944, Curitiba: Editora UFPR, 1996.

RADBRUCH, Gustav. **Filosofia do Direito.** Trad. L. Cabral de Moncada. 6 ed. rev. Coimbra: Armenio Amado, 1997.

RATZINGER, J. **Homilia do Cardeal Joseph Ratzinger Decano do Colégio Cardinalício na Santa Missa *Pro Eligendo Romano Pontifice.*** Disponível em: http://www.vatican.va/gpII/documents/homily-pro-eligendo-pontifice_20050418_po.html. Acesso em 19 ago. 2020.

RAWLS, John. **Uma Teoria da Justiça.** Trad. Jussara Simões. São Paulo: Martins Fontes, 2016.

RAWLS, John. 'The Idea of Public Reason Revisited', ***The University of Chicago Law Review***, 64 (1997): 765-807.

REVISTA CONSULTOR JURÍDICO. **Retrato da Magistratura: Lucas Silva e Melanie Andrade: Quem somos e os precedentes que queremos**. Disponível em: https://www.conjur.com.br/2020-set-03/concurso-artigos-cpjamb-leia-artigo-ficou-lugar. Acesso 07 set. 2020.

SEBOK, Anthony J. ***Legal Positivism in American Jurisprudence.*** Cambridge University Press: Cambridge, 1998.

SCHIAVELLO, Aldo. ***Neil MacCormick's Second Thoughts on Legal Reasoning and Legal Theory. A Defence of the Original View.*** Disponível em https://www.academia.edu/2614939/Neil_MacCormick_s_Second_Thoughts_on_Legal_Reasoning_and_Legal_Theory_A_Defence_of_the_Original_View. Acesso em 19 out. 2020.

SERBENA, Cesar Antonio. **Três Argumentos Sobre o Realismo Jurídico Europeu-Continental.** Tese apresentada como requisito parcial à progressão como Professor Titular de Filosofia do Direito do Departamento de Direito Privado do Setor de Ciências Jurídicas da Universidade Federal do Paraná. Curitiba: UFPR, outubro de 2019 – A.

______ (ed). ***Colloquia philosophica*:** diálogos com Joseph J. Moreso. Curitiba: UFPR, 2019 – B.

SHAPIRO, Scott J. *The "Hart–Dworkin" Debate: A Short Guide for the Perplexed In* RIPSTEIN, Arthur (ed.) ***Ronald Dworkin.*** New York: Cambridge University Press, 2007.

SCHAUER, Frederick. ***Institutions and the Concept of Law: a Reply to Ronald Dworkin (With Some Help From Neil MacCormick)***. Disponível em: http://ssrn.com/abstract=1403311. Acesso em 28 out. 2020.

SIFUENTES, Francisco M. Mora. Os intocáveis do Direito. Entrevista com Josep Joan Moreso. *In* SERBENA, Cesar Antonio (ed). ***Colloquia philosophica*:** diálogos com Josep J. Moreso. Curitiba: UFPR, 2019.

SMITH, Adam. **Teoria dos Sentimentos Morais.** 2. ed. São Paulo: Wmf Martins Fontes, 2015.

SUPERIOR TRIBUNAL DE JUSTIÇA. **Para Primeira Turma, constitucionalidade de artigo do Código Florestal**

não significa aplicação retroativa da regra. Disponível em: http://www.stj.jus.br/sites/portalp/Paginas/Comunicacao/Noticias/31072020-Para-Primeira-Turma--constitucionalidade-de-artigo-do-Codigo-Florestal-nao-significa-aplicacao-retroativa-da-regra.aspx. Acesso em 17 ago. 2020.

SUPREMO TRIBUNAL FEDERAL. **Partidos pedem que STF declare nulidade de decretos que regulamentam o Estatuto do Desarmamento**. Disponível em: stf.jus.br/portal/cms/verNoticiaDetalhe.asp?idConteudo=412975&caixaBusca=N. Acesso em 17 ago. 2020.

______. **Suspensa decisão que determinava retirada de cultura de café em fazenda em MG.** Disponível em: http://www.stf.jus.br/portal/cms/verNoticiaDetalhe.asp?idConteudo=438284. Acesso em 17 ago. 2020.

TORRANO, Bruno; OMMATI, José Emílio Medauar (coord.) **O Positivismo Jurídico no século XXI** – Coleção Teoria Crítica do Direito, vol. 5. Rio de Janeiro: Lumen Juris, 2018.

UNIVERSITAT POMPEU FABRA BARCELONA. Disponível em: https://www.upf.edu/web/moreso. Acesso em 20 out. 2020.

URIBE, Gustavo. **Bolsonaro diz que ministro "terrivelmente evangélico" da AGU é bom nome para o STF.** Disponível em: https://www1.folha.uol.com.br/poder/2019/07/bolsonaro-diz-que-ministro-terrivelmente-evangelico-da-agu-e-bom-nome-para-o-stf.shtml. Acesso em 12 set. 2020.

URIBE, Gustavo. **Sem fé, jovens do Brasil são 'zumbis existenciais', diz ministro da Educação.** Folha de São Paulo. 11 set. 2020. Disponível em: https://www1.folha.uol.com.br/educacao/2020/09/sem-fe-jovens-do-brasil-sao-zumbis-existenciais-diz-ministro-da-educacao.shtml. Acesso em 12 set. 2020.

WALUCHOW, Wil J. ***Four Concepts of Validity***: *Reflections on Inclusive and Exclusive Positivism* (November 6, 2008). *The Rule of Recognition and the United States Constitution*, Matt Adler, Ken Himma, eds., Oxford University Press, 2009. Disponível em: https://ssrn.com/abstract=1296840. Acesso em 03 nov. 2019.

______. ***Inclusive Legal Positivism.*** Claredon Press: Oxford, 1994.